内容营销

数字营销新时代

窦文宇◎著

Content Marketing

The New Era of Digital Marketing

北京大学出版社
PEKING UNIVERSITY PRESS

图书在版编目(CIP)数据

内容营销:数字营销新时代/窦文宇著.—北京:北京大学出版社,2021.1
ISBN 978-7-301-31855-3

Ⅰ.①内⋯ Ⅱ.①窦⋯ Ⅲ.①网络营销 Ⅳ.①F713.365.2

中国版本图书馆 CIP 数据核字(2020)第 226124 号

书　　　名	内容营销:数字营销新时代 NEIRONG YINGXIAO:SHUZI YINGXIAO XINSHIDAI
著作责任者	窦文宇　著
责 任 编 辑	贾米娜
标 准 书 号	ISBN 978-7-301-31855-3
出 版 发 行	北京大学出版社
地　　　址	北京市海淀区成府路 205 号　100871
网　　　址	http://www.pup.cn
微信公众号	北京大学经管书苑(pupembook)
电 子 信 箱	em@pup.cn
电　　　话	邮购部 010-62752015　发行部 010-62750672　编辑部 010-62752926
印 刷 者	北京宏伟双华印刷有限公司
经 销 者	新华书店
	787 毫米×1092 毫米　16 开本　19.75 印张　351 千字 2021 年 1 月第 1 版　2022 年 1 月第 3 次印刷
定　　　价	68.00 元

未经许可,不得以任何方式复制或抄袭本书之部分或全部内容。
版权所有,侵权必究
举报电话:010-62752024　电子信箱:fd@pup.pku.edu.cn
图书如有印装质量问题,请与出版部联系,电话:010-62756370

目录

引言 1

第一章　内容营销基础

内容营销的前世今生 3
社交媒体环境下的消费者行为 10
内容营销与线下营销:融合与促进 16
内容营销持续的源泉 19
内容营销的四个层次 22

第二章　内容营销在企业战略中的运用

确立品牌定位 29
改变消费者认知 32
颠覆品牌成见 35
内容营销与竞争战略 39
初创企业如何运用内容营销助力成长? 43
内容营销与企业市场拓展 48

第三章 内容营销常用技巧

热点内容营销 …………………………………………… 55
节日内容营销 …………………………………………… 66
用户创造内容战略 ……………………………………… 71
内容营销与品牌社区 …………………………………… 83
常青内容营销 …………………………………………… 86
内容营销中的故事战略 ………………………………… 92
内容把手：从内容到销售的技巧 ……………………… 95
基于超现实的内容营销 ………………………………… 97

第四章 内容营销进阶技巧

有冲击力的图片营销 …………………………………… 103
信息图营销 ……………………………………………… 107
效果导向的视频营销 …………………………………… 112
视频营销中的幽默战略 ………………………………… 121
品牌导向的直播营销 …………………………………… 131
内容营销如何创意飞扬？ ……………………………… 135
黑科技与内容营销 ……………………………………… 148
内容营销中的声音魅力 ………………………………… 152
社交媒体品牌互动的奥妙 ……………………………… 155

第五章 内容营销的传播策略

解码内容传播的秘诀 …………………………………… 163
社交媒体时代的品牌代言策略 ………………………… 172

目录

网红营销：内容传播的新时尚 ····· 177

第六章 不同行业的内容营销

零售业内容营销 ····· 195
B2B 企业：内容营销如何舞出精彩？ ····· 204
服务业内容营销 ····· 213
美妆界搅局者的内容营销 ····· 220
老派传统行业可以做内容营销吗？ ····· 229
荣耀与梦想：中国制造如何提升品牌力？ ····· 232

第七章 社会大视角下的内容营销

内容营销的文化境界 ····· 257
音乐奏响内容营销 ····· 261
亚文化内容营销 ····· 265
如何打造有品位的内容营销？ ····· 269

第八章 面向国际市场的社交媒体内容营销

国际市场营销：如何结合内容营销与传统营销？ ····· 279
如何提振海外游客入境游——内容营销战略解析 ····· 286
国际品牌的 TikTok 营销 ····· 297

参考文献 ····· 301
后记 ····· 306

引言

万豪（Marriott）是世界上最大的酒店集团之一，拥有近百年的历史，是酒店业的国际巨头——无论是酒店的客房管理、餐饮服务水准还是酒店的品牌塑造都堪称一流。

但这个国际一流的酒店业专家，从 2014 年起在营销上却风格大变，让人完全看不懂了：它从美国广播公司挖来了金牌电视制作人大卫·比比（David Bebe），给了他一个新设立的全球创意副总裁的职位，由他领衔建立了一个集团内容工作室。这个工作室的主要任务，不是为公司设计广告，而是（看似有点不务正业地）拍摄电影。第一个作品：一部以两个酒店门童为主角的 17 分钟动作喜剧电影——《两个门童》（*Two Bellmen*）。2015 年 3 月 10 日，该影片在 YouTube 上线，同时也在美国部分影院上映。

不过，拍摄和发行一部电影，似乎还只是万豪营销风格大变的开始。同年，集团旗下的子品牌 Renaissance Hotels 进军音乐领域：与不同城市的音乐家合作，制作了 10 集（每集约 6 分钟）系列短片 *The Navigator Live*，以音乐人的眼光，诠释他们对不同城市，如纽约、洛杉矶等的理解。观众在欣赏各地特色音乐的同时，可顺带了解当地音乐家推荐的特色游览地。

2016 年 1 月，受到第一部品牌电影成功的鼓舞，万豪推出了门童动作喜剧电影的续集——《两个门童 2》（*Two Bellmen 2*）。这次两位主演大显身手的地方，转移到了充满异国风情的迪拜。一年之后，《两个门童 3》（*Two Bellmen 3*）问世，场景设置在东方情调浓郁的韩国首尔，这部片子的主角，除了两位愈加收放自如的饰演门童的演员，还有特邀出演的韩国明星郑秀妍和美籍韩星李起弘（Ki Hong Lee），意指亚裔旅游市场。

万豪的内容营销，甚至在关键的新产品上市环节，也大胆尝试。2016年，集团推出了一个新品——城市嬉皮风格酒店慕奇夕（Moxy），其在推广宣传中就采用了真人秀电视节目的形式。一个25分钟的视频——《酒店开业倒计时》（Hotel Countdown）——记录了美国新奥尔良市的第一家Moxy酒店在筹备开业过程中遇到的各种挑战，以及员工如何克服困难，按时开业的故事。随着视频在Youtube及其他媒体上的传播，这家Moxy酒店也成了新奥尔良市的网红酒店。

如今的万豪，到底是酒店还是媒体公司？大卫·比比认为，万豪就是一家致力于旅游及生活方式内容的媒体公司。而之所以要这样做，是因为千禧一代的消费者（相当于中国的"80后""90后"）已成为旅游市场的主流，他们成长于数字时代，具有较强的自我意识，在做消费决策时更愿意自己探索和了解；他们抗拒传统广告的说教，但对于有价值或有趣的内容会接受和欢迎——哪怕是来自企业的。

万豪这一系列看似令人眼花缭乱却制作精良的品牌内容，赢得了广泛好评。其"门童三部曲"系列电影在YouTube上的平均播放量达700万次以上，关于Moxy酒店开业的真人秀纪录片在社交媒体上也有130万次的播放量。

万豪酒店集团率先迈入内容营销时代，你的公司准备好了吗？

第一章

内容营销基础

数字社交媒体时代,最火的营销工具是什么?恐怕难有能和内容营销争夺这个荣誉的。不过,内容营销究竟指的是什么?渊源何在?和传统营销相比有什么特点及优势?这些问题对于理解和掌握内容营销的精髓至关重要。社交媒体是内容营销的主战场,要想做好内容营销,必须对社交媒体环境下的消费者心理和行为有精准的了解;最后,切勿忽视内容营销和线下营销的相辅相成,它们的融合可以提升企业的总体营销有效性。

拉开帷幕,让我们走近内容营销!

内容营销的前世今生

通用电气（GE）公司成立于1892年，是一家跨国综合企业集团，产业包括电子工业、能源、运输工业、航空航天、医疗等技术领域。2008年，GE在其网站上推出了一个自家的报道专栏——GE报道（GE Reports），报道和分析人类科技新发现。其内容极具专业媒体水准，图文并茂，且颇有深度。比如，一篇名为《本周地球上最酷的五件事》（5 Coolest Things on Earth This Week）的文章，讲的是一个脑神经科技的前沿发现，该研究出自艾伦脑科学研究所（Allen Institute for Brain Science）和斯坦福大学。虽然GE报道的文章中提到的技术创新不一定与GE相关，但这些颇有"干货"的文章极具专业含量，可吸引对科技感兴趣的读者。在潜移默化中，读者会对GE具有技术视野及实力这一点形成良好的印象，再逐渐演变为对GE技术权威性的认可。

GE这种潜移默化的营销手法，就是内容营销。

内容营销（content marketing），指的是利用有价值的内容，首先吸引消费者的关注，进而增进其对品牌的了解，培养好感，最终导致购买，培养长期忠诚度的一种营销手段。在这个定义中，内容指的是企业通过创作或收集整理，主动发布的文字、图片、信息图、视频、直播等各种形式的内容。

▇ 内容营销的来龙去脉

虽然说内容营销这个词的走红是近几年的事，但它作为一种营销手法，并非现在才从天而降。事实上，从营销的历史发展来看，一直都有企业在尝试将内容（而不是硬广）作为一种营销手段，来巧妙传播品牌的信息，从而建立品牌声誉。

■ 纸质媒体介质的内容营销

在纸质媒体时代，就有企业通过发行自己的出版物的方式，来吸引顾客，维护顾客关系。比如，早在1732年，本杰明·富兰克林就发行了北美大陆第一本面向普通民众的年鉴：《穷理查年鉴》（Poor Richard's Almanack），借机推广他的印刷业务。进入19世纪，一些当时规模较大的企业也纷纷发行纸质刊物。比如：

1888年，强生公司发行了出版物《现代抗菌伤口治疗方法》（Modern Methods of Antiseptic Wound Treatment），向外科医生介绍治疗伤口的最新医学进展，顺带介绍公司绷带产品的功效。

1895年，农业机械公司约翰迪尔发行了杂志《耕》（The Furrow），为农民提供有价值的信息，包括新技术、农业发展趋势等。这本杂志被认为是第一本定制刊物，该案例也是最早的品牌内容营销案例。直到现在，《耕》杂志仍在全球四十多个国家发行。

1900年，轮胎商米其林出版了世界上第一份为开车出行人士专门制作的出行参考书——《米其林指南》（Michelin Guide）。其中包含大量开车出行可能会用到的实用信息，如汽车维修、加油站、城市地图、酒店、餐厅、景点等。

1982年，孩之宝玩具公司推出以旗下动作玩偶大兵乔（Joe）的故事为主题的漫画杂志《大兵乔》（G. I. Joe）。

1987年，乐高公司推出杂志《积木秘籍》（Brick Kicks），促进了后来乐高俱乐部的建立。杂志的主要内容是关于乐高玩具的玩法、游戏、漫画等。

2005年，红牛公司发行杂志《红色公报》（The Red Bulletin）。主要包括与其目标群体（年轻人）喜爱的音乐、体育、文化、夜生活等主题相关的内容。

……

报纸、杂志一直是企业内容营销的主要工具，也是内容营销最初始的实施工具。不过，直到 2001 年，美国俄亥俄州的定制出版公司 Penton Custom Media 才首次正式提出"内容营销"这个词。在当时，内容营销主要指 B2B（企业与企业之间）的定制出版杂志，即企业通过自己的媒体或者出版商的媒体发行出版物，以直接接触消费者的形式传播信息。

■ 广播电视媒体的内容营销

1910 年，广播的出现使消费者可以接收到有声的信息，为企业提供了传播有声商业信息的媒介。1922 年，西尔斯——当时世界上最大的零售连锁超市——播出广播节目，向农民提供来自农业基金会的信息，顺带引出超市的名称，这开创了广播媒体内容营销的先河。

1924 年，电视机诞生。1954 年，彩色电视机诞生。电视的出现使信息内容的形式从纯文字或声音上升到更丰富的视觉、听觉和文字相结合的形式。随着电视媒体的发展壮大，很多企业开始尝试借助电视进行内容营销活动。比如：

1933 年，宝洁公司的 Oxydol 洗衣皂赞助无线电视连续剧，将营销信息融入连续剧中。"肥皂剧"这一术语就此诞生。

1957 年，卡西欧公司赞助拍摄日本动画片《铁臂阿童木》。

1983 年，孩之宝公司制作了一套 5 集以大兵乔玩具人物为主角的广告动画片《物质转移机》，紧接着又推出动画片《大兵乔》。这些受玩具粉丝追捧的动画片使得大兵乔玩具大卖。

1995 年，海尔集团投资出品以品牌标识为主角形象的动画片《海尔兄弟》。

……

在电视媒体阶段，企业开启了更多直接以视觉内容传播打动消费者的模式。不过，这种内容传播更多的是企业单向的，而且内容制作、传播主要还在电视媒体的掌控之下。

■ 互联网媒体的内容营销

20世纪90年代中期，互联网蓬勃发展，带来了电子邮件、门户网站、即时通信等新技术，也逐渐催生了众多社交媒体平台：2004年，脸书（Facebook）成立；2005年，YouTube成立；2006年，推特（Twitter）成立；2009年，新浪微博成立；2012年，微信公众平台上线。

社交媒体平台的出现，给有意从事内容营销的企业（尤其是中小企业）带来了革命性的变化：企业不需要像过去那样，花费人力、财力发行出版物或是制作电视广播节目，只需要注册自己的社交媒体账号，就可随时发布各种内容（通常是免费的），这无疑降低了企业内容营销的难度和成本。并且，由于社交媒体平台的开放性可以覆盖到全球的用户，所以企业发布的内容有可能获得受众广泛的关注、反馈和传播。

于是企业纷纷建立自己的内容团队，利用社交媒体平台传播内容，塑造品牌。比如：

2004年，微软推出首个企业博客Channel 9。

2005年，企业信息备份服务公司Live Vault制作并发布了一个以IT（信息和技术）经理为传播目标的病毒视频，该视频发布后爆红，刺激其软件下载量在短时间内即达到数十万次。

2007年，家用小电器公司Blendtec在YouTube上发布系列视频《搅得烂吗？》（*Will It Blend?*），以夸张的手法展示自家搅拌机的强大功效（如搅碎一部iPhone手机），视频的点击量超过600万次，为公司带来了700%的销售增长。

2011年，可口可乐宣布"2020内容战略"，将讲述品牌故事作为其营销的重心。

……

在先行企业内容营销成功的示范效应下，企业及营销专业人士对内容营销的兴趣与热度持续高涨：在谷歌（Google）上进行关键词查询，搜索出31亿个相关网页，在亚马逊（Amazon）上关于内容营销的书籍达2 000多本（2019年5月28日数据）。在中国，虽然内容营销这个概念只是近年来兴起的舶来品，但关注热度也很高——百度搜索有 3 600 万个相关网页（2019 年 12 月 25 日数据）。此外，随着小米、海尔、江小白等一批企业在新媒体环境下进行内容营销并取得成功，内容营销已成为中国企业在新媒体时代的一个重要营销手段。

> **小 结**
>
> 　　纵观内容营销在营销发展史中的演化历程，尽管企业营销的内容经历了从纸质媒体到广播电视媒体再到数字媒体的变迁，但变化的只是内容的载体、内容的创作技术，以及向受众传播的具体途径，而让消费者觉得有价值的内容本身，一直是内容营销成功的关键。

　　过去百余年来，现代商业社会的营销发展史中，根据营销的四要素（4P）模型，广告一直是营销传播的重要手段。而在今日的数字社交媒体环境下，与营销传播功能最接近的内容营销，则被认为是企业重要的营销传播手段。

■ 内容营销导向

　　内容营销近年来横空出世的根本原因在于，在数字商业环境及社交媒体生态圈下，消费者的购买行为发生了巨大变化。过去，消费者的购买决定大多依靠商家的广告或推销。于是在商业环境中，广告泛滥，有研究机构认为，每个消费者平均每天被动接触的广告信息，可能多达千条；它们来自电视、户外、地铁、公交、电梯等渠道。显然，没有人能够处理如此大量的广告信息；为了应付信息过载，消费者培养出自我过滤广告的反应机制：他们对大部分广告熟视无睹，甚至安装广告拦截软件，据统计，全球目前有 2 亿多互联网用户安装了这类软件。

　　与此同时，逐渐成为全球消费者主力的千禧一代，其消费自主意识更强：抗拒广告的硬性推销，而更愿意自己了解产品。Google 2011 年的研究项目"决策的关键时刻"表明，每个消费者平均浏览 10 条关于产品的相关信息后才会做出购买决定。然而 5 年前，他们平均只需看 5 条产品信息。在消费者主动寻找的购买信息中，很大一部分来自其他消费者的点评、分享与推荐；

专业点评网站 Review 42 2019 年的调查数据表明，88%的消费者在做出购买决定前，会主动搜寻和关注别人的点评。

此消彼长，传统广告效率的下降及新时代消费者自主意识的觉醒，为新媒体环境下内容营销的兴起提供了完美的舞台。如今的商家，从营销手法来看可能更像媒体公司，它们辛勤地组织创作，为消费者提供有价值的"干货"，或者积极促进消费者分享内容（如购买和使用心得）；通过组织这些内容来吸引潜在消费者主动关注和了解产品，解答购买中可能遇到的问题，加深与消费者的情感联系。在这个过程中，企业可以润物细无声地传达品牌信息，树立品牌形象，从而达到说服的效果，刺激消费者购买。

如果把传统广告的导向定义为向消费者大声吆喝的"推"，内容营销的重要特征则是基于内容价值把用户吸引过来的"拉"。二者之间的区别还体现在消费者反应心理、可控性、精准性、长期性、分享性等层面上，表 1-1 总结了主要区别。

表 1-1　内容营销与传统营销的区别

企业行为导向	推送（传统营销）	吸引（内容营销）
消费者反应心理	躲避（广告时间，或许就是观众去上厕所的时间？）	愿意体验
可控性	媒体掌握： 发布时间、形式，甚至内容	企业可以自己控制
精准性	广告希望发布给尽可能多的潜在消费者，较难做到具有较强的针对性	根据目标消费者的需求组织和创造内容——具有较强的针对性
长期性	广告费花完，就是传播的结束	可能有长效传播
分享性	比较难	好的内容，消费者愿意主动推荐和传播

总体来说，从传播的角度而言，企业通过内容营销更容易控制自己的品牌传播，而不需要完全依赖媒体；内容营销也具备更精准的匹配性，因为潜在消费者被企业的相关内容吸引而来。同时，内容的传播效果，也不会像传统广告的传播那样，受到节目时间（或报刊版面）的限制；很少有消费者会主动搜寻回放广告，但有价值的内容具有常青的生命力，有可能源源不断地吸引消费者。

■ 内容营销有何软肋？

在商界及营销人员为内容营销着迷的同时，也有人似乎觉得这个新营销工具能无往不胜，独步天下，但是他们却忘了在复杂多变的商业环境下，没有一种营销理念是放之四海而皆准的。和历史上曾出现过的各种营销思潮工具[如营销学中的市场目标定位（STP）理论]一样，内容营销有其适用的范围，也不可能是解决企业所有营销问题的万应灵药。

首先，从某种角度而言，传统广告的简单粗暴有时可能有其效果——企业只要肯撒钱，至少可以达到一定的市场覆盖率。但内容营销需要通过有价值的内容来沉着地"拉"消费者，讲究的是慢工出细活，润物细无声；一般需要相对比较长时间的积累方能吸引足够的消费者关注，品牌一夜蹿红的可能性不大。

其次，内容营销是一个技巧含量比较高的新营销工具。从业人员需要有较强的市场敏锐性，以及娴熟的内容营销技巧。即便这样，创作的内容也不一定正好能摸准消费者的兴趣点，往往需要不断地尝试，才能找到有效的内容策略。

因此，如果企业刚开始进行内容营销，由于经验不足，不要期待它单枪匹马就能带来立竿见影的市场反应和效果。企业应该考虑综合使用其他营销手段，如传统广告、销售推广、打折促销、线下活动等，来配合内容营销，这样才能使不同营销工具形成合力，让内容营销更快出彩，显著提升企业的总体营销战略。

小　结

近年来迅猛蹿红的内容营销，与广告的单向推广不同，它更多的是以有价值的内容来吸引消费者的关注，从而在其心目中塑造品牌。虽然它不是营销的万应灵药，但在今日的数字社交媒体环境下，面对自主意识更强的新一代消费者，内容营销有望为企业的总体营销成功做出不可低估的贡献。

内容营销：数字营销新时代

社交媒体环境下的消费者行为[*]

虽然内容营销这种手法在过去早已出现（如《米其林指南》），但它的全面兴起还是在近几年。随着社交媒体的成长与成熟，其已成为内容营销的主战场。

社交媒体指的是基于用户关系的内容生产与交换的互联网平台，比如，美国的Facebook、YouTube、Twitter，中国的微博、微信、QQ空间、百度贴吧、知乎、今日头条、抖音、快手等。与传统媒体（如电视、报纸）等不同，社交媒体平台既具有媒体的特征（比如，头条新闻），又具有社交的属性（比如，微博用户之间的互动），因此，在社交媒体平台上，若只沿用传统媒体的单向宣传手法，会招致用户反感。只有通过提供沟通价值、进行互动交流的营销手法才能契合社交媒体平台的社交属性，达到润物细无声的营销效果，而这正是内容营销的强项，也是内容营销在社交媒体时代得到广泛运用的一个重要原因。

在社交媒体这个崭新的媒体环境下，用户的心理和行为与在传统媒体环境下相比发生了不少变化（比如，强烈的分享倾向）。因此，企业如果想要做好内容营销，就必须深入了解用户的心理和行为特征，从而提炼出恰当的营销内容及方法，这样方能获得用户共鸣，自然流畅地传递品牌信息，成为新媒体营销的弄潮儿。

---

[*] 本部分改编自窦文宇，《那佛，那蛙，那个让人迷恋的总裁》，FT中文网，2018年1月30日。

■ 社交媒体环境下的消费者行为

传统营销学中有成熟的消费者行为理论，但它主要以直接营销效果为导向，并不一定适合照搬到社交媒体的环境中——用户使用社交媒体的主要原因，不是为了购买，而是为了享受媒体的特性，体验社交的属性。

传播学理论，如使用与满足理论（uses and gratifications theory）也总结了用户使用不同媒体的动机，但这种分析仅限于传统意义上的媒体，并未涉及社交的范畴。此外，社交媒体的社交属性也意味着，社会学的相关理论，比如社会身份理论（social identity theory），也应纳入社交媒体环境下消费者行为的考虑范畴。

综合营销学、传播学、社会学的相关概念及理论，本书提出了如图 1-1 所示的社交媒体环境下的消费者行为模型。

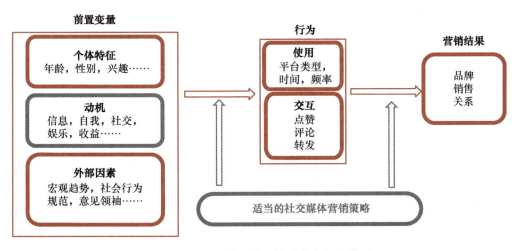

图 1-1　社交媒体环境下的消费者行为模型

在这个模型中，企业社交媒体营销的最终目标包括塑造品牌（形象、态度）、促进销售（含线索），以及提高用户忠诚度。但为了达到这些预期效果，企业通常需要建立自己的社交媒体账号，通过内容运营（即内容营销战略），吸引粉丝，激励粉丝的参与（如账号访问、内容浏览）及互动（如点赞、转发）。

除了企业自己的营销举措，还有哪些因素能够影响用户的社交媒体参与及互动行为？

第一，用户的个人特质（如年龄、性别、兴趣等）在一定程度上决定了其社交媒体使用喜好。如美国的年轻人更喜欢用 Snapchat 而不是父母那一辈用的 Facebook，美图类平台如 Instagram 拥有更多的女性用户；开挖掘机的用户，可能对某重型设备企业发布的视频形式（相比文章而言）的内容反响更好，等等。虽然这些因素无法控制，但企业应该充分了解用户群的特征，以便采取的社交媒体营销策略适合用户特征。

第二，社交媒体用户的心理和行为不可避免地受到社会大环境的影响。首当其冲的就是社会风潮，例如，2018 年年初，《旅行青蛙》游戏火了，用户打开微博时，可能就会有意识地浏览一下最新的主题讨论，同时也就更容易对品牌发布的借势帖子（杜蕾斯、江小白、ofo 小黄车等都这样做了）产生共鸣，做出反应。

第三，人们在社交媒体上表现出来的行为，不少情况下可能受到外部环境或力量的影响。比如，员工在朋友圈为老板发的帖子点赞，不一定是真心喜欢，可能是出于社会（职场）规范方面的考虑。或者，当好朋友们都在玩一款手机游戏时，你为了和大家有共同语言，也下载使用，这就是同伴影响的力量。再如，一个原来害羞的人，突然可以做到在社交媒体上以歌会友，原因可能是技术的促进，比如抖音中可使用滤镜、特效等功能，这样，即使对才艺表演不太自信的人，也可以在音乐的社交媒体平台上一展身手。当然，外在环境因素对社交媒体用户的影响，企业通常不能直接控制，但在制定社交媒体营销战略时，企业应对这些因素有预见，从而做到顺势而为。

长远来看，要从根本上洞察和掌握社交媒体用户的心理，仅靠忙碌扫视纷繁世界是不够的——毕竟再大的风潮也会过去，社交媒体营销人员需要审视用户使用社交媒体的基本动机：为什么用户要使用社交媒体？他们通过使用这种新媒体形式能获得什么样的好处？这些核心问题，才是决定社交媒体用户行为规律的关键因素。

传媒理论认为，用户使用社交媒体可以满足信息需求（如知乎问答），或娱乐需求（如快手短视频）。营销学理论则指出，社交媒体的使用可能直接带来用户奖励，如直播问答类节目《冲顶大会》《芝士超人》等。当然，用户使用社交媒体，并不一定只是为了追求具体收获，比如掌握新知等。社会学理论认为，用户把时间花在社交媒体平台上，可能还期望满足丰富的自我需求，或是体验社交满足。

从自我的角度来看，社交媒体可促进用户自我表达（self-expression），比如根本停不下来的自拍；自我发现（self-discovery），比如在兴趣社交媒体平台 Pinterest 上找到自己真正关心的兴趣社区（如老爷车），以及志同道合的网友；抑或是自我身份（self-identity），比如跑步达人@孙菲 Runner 的微博内容，无论是话题还是工作，是家庭还是运动，都围绕着她清晰的跑步达人身份定位。

从其社交属性来看，社交媒体可以：① 帮助用户体验社交连接（social connectedness），比如，2016 年 12 月 6 日，演员罗晋在微博上公布其与演员唐嫣的恋情后，众多用户都赶去抢帖子评论区的"沙发"，这种热闹的即时参与感，让用户体验到基于感兴趣的话题，与其他参与者之间的连接及共同的愉悦；② 带来社会认可（social validation），比如，有的社交媒体用户有焦虑感，需要获得他人认可，于是出现了相关的"点赞党现象"；③ 建立社会认同（social identity），比如，小米公司从创立起，就苦心经营粉丝社群，打造粉丝们作为"米粉"的共同社会认同。

社交媒体消费者行为框架与社交媒体营销实战

以下内容将从最关键的用户社交媒体使用动因出发，解析几个经典的社交媒体营销案例，以及背后的消费者心理和行为基础。鉴于用户信息、娱乐、奖励的动因及相应营销手法比较直接，我们将选取案例的重点放在个人及社交动因上。

自我表达

旅游，可能是社交媒体上用户展示自我生活品位最常见的主题，也是社交媒体营销中的一个有效技巧——用户创造内容（user generated content）的重要来源。位于澳大利亚悉尼的精品酒店 57 Hotel，深知住客在其酒店的自拍不仅仅是他们进行自我表达的途径，更是他们通过内容扩散影响"朋友圈"的好机会。于是酒店设计了统一的住客自拍发帖主题标签 #57hotel、#57selfie，不仅如此，其还在浴室的镜子上写上带有住客姓名的欢迎词（可涂掉），并附上这两个标签——这意外的小惊喜巧妙鼓励了住客自拍，采用的官方统一标签有助于社交媒体上的发布，从而提高了 57 Hotel 的品牌知名度，扩大了其影响力。

■ 自我身份

户外之声（Outdoor Voices）是 2013 年在美国创立的一个户外运动及休闲品牌。面对诸多强大的竞争对手［如露露乐蒙（Lululemon）、哥伦比亚（Columbia）］，品牌的社交媒体营销始终围绕着对于热爱大自然及运动的生活方式的提倡。在其拥有 41 万个粉丝的 Instagram 上，照片的内容多是身着 Outdoor Voices 服装的优雅模特和美丽的大自然风光，或者二者的结合。内容重心落在彰显用户的个人身份上，较好地满足了用户访问账号的自我身份动因：我热爱大自然及运动，但同时也不会忽视女性的优雅与美丽。

■ 社交连接

专业展会是不少机构提高知名度、加深用户联系、收集销售线索的一个重要营销手段。不过，在传统展会上，如何激发用户互动是一个挑战。不少参展人员可能只是匆匆走过不同展台，随便瞥几眼，拿上产品简介，与展会工作人员的互动寥寥，更谈不上与其他参展人员有交流。但其实专业参展人员一般属于同一个行业，有类似的兴趣，因此他们之间有一定的交往需求。

人们的这种建立社交连接的心理需求，在社交媒体环境下得到充分的强化与释放，于是精明的企业开始利用这种心理进行展会营销。2018 年 4 月，在德国斯图加特举办的面向非营利性社会组织的 Open Transfer Bar Camp 展会上，展会主办方 Stiftung Bürgermut 在会场上竖立了一个巨大的实体社交媒体墙（social media wall）。参展人员可以根据展会当年的主题标签#OCT18，在社交媒体平台（比如，Twitter，Facebook，Instagram）上发表对于展会的看法、进行评论等。这些发言会被实时投射到社交媒体墙上。这个新奇的、带有强烈视觉冲击力的装置，通过展示参展人员的实时发言，可在他们之间建立起联系。比如，某位参展人员可能在墙上看到另外一位参展人员的发言，发现其与自己的观点一致，于是可在社交媒体平台上与其进行联系，甚至可以马上相约进行线下面谈。

利用参展人员的社交连接心理，社交媒体墙扩大了展会功能，为参展人员带来更多的收获，因此在今日的展会营销中获得越来越多的运用。

■ 社会认同

2017年5月，重型机械制造商卡特彼勒在中国推出了一个视频——《为历史上色》，回顾了它进入中国市场四十多年来，与中国基建行业共同成长的一些珍贵画面。

这些依稀可辨的黑白照片，拨动了中国第一代挖掘机手的心弦，唤起了他们共同的人生记忆，强化了其作为中国第一代卡特挖掘机手的社会认同。在他们临近退休之际，其共同的身份认同应该会更加强烈。因此，卡特彼勒的这段以珍贵历史照片为主体的视频，在其官方微信公众号上发布以后，获得了不少忠粉的赞许。

> **小 结**
>
> 今日内容营销的主战场在社交媒体，因此了解和抓住社交媒体环境下消费者的心理需求，比如强烈的自我表达欲望，将有助于企业因势利导，提炼出适应、满足、强化消费者动机的内容战略，以达到最佳的营销效果。

内容营销与线下营销：融合与促进

数字商业时代，企业内容营销的主战场在线上，比如其中最常用的社交媒体平台，但这并不意味着内容营销的场景只应该局限于线上。

其实，对于大多数企业而言，内容营销可以，也应该和线下营销活动相结合：一方面，利用线上内容为线下营销活动积攒人气；另一方面，通过线下活动，加强线上用户之间以及用户与企业之间的交流。此外，还可以利用线下活动产生更多的鲜活内容，丰富线上的内容营销。这种线上、线下之间的联动，充分利用了各种营销手段的不同优势，可丰富用户体验，增强凝聚力，加深品牌印象。

> **案例**

2017年6月，纽约市布鲁克林区威廉斯堡街区某个建筑物的外墙上，画上了9个热门旅游城市的经典景观：火奴鲁鲁、巴黎、洛杉矶、比萨、伦敦、墨西哥城、阿姆斯特丹、莫斯科及苏黎世。人们来到这堵墙面前，就可以和画上的经典场景合影留念，比如在玛雅金字塔画前自拍，就仿佛亲身游历了墨西哥。墙面顶部有一个鼓舞人心的口号：国际旅游者在交友网站上更受欢迎！这，就是达美（Delta）航空公司联手婚恋交友平台Tinder做的一个被称为Delta数字约会墙（Delta Dating Wall）的主题宣传活动。

这个活动的设计初衷是为了迎合社交媒体用户的自我表现动机——这个动机也是手机摄影及自拍异常火爆的原因。旅游目的地，尤其是大家趋之若鹜的热门景点，更是自拍的极佳场所。不过，对于不少刚参加工作不久的年轻人，国际旅游可能奢侈了些。因此，Delta 在纽约的闹市区设置的世界知名景点墙，给了纽约的年轻人一个不用花钱就可以在照片中模拟畅游海外景点的绝佳机会——顺便可以装酷，在朋友中显摆一番。

Delta 本次宣传活动的合作方，是年轻人熟悉的婚恋交友平台 Tinder。男女之间的交往，第一印象非常重要。在 Tinder 平台上，如果你看了资料后喜欢某个人，就可以向右滑动屏幕（swipe right），选择和这个人继续联系，而向左滑动（swipe left）则意味着对此人不感兴趣。所以，"swipe right"在年轻人中是个预示着好兆头的词。

此外，在 Tinder 这样的婚恋交友平台上，男女双方对彼此的第一印象往往又都是从个人介绍照片开始的，一张好的个人介绍照片，据说可以将约会配对率提高 5 倍以上。那么，什么样的照片才是好的个人介绍照片呢？

根据为 Delta 和 Tinder 筹划此次营销活动的广告公司 W+K 的调查，在 Tinder 用户中，一半以上对旅游有浓厚的兴趣，且很多人喜欢以旅游为背景的个人照。于是，在 Delta 联手 Tinder 推出这个世界风景拍照墙之后，大量慕名而来的拍客心中或许都藏着一个小目标——拍出一张酷炫的旅游照，然后把它用作自己的 Tinder 个人介绍照片。

人们在世界风景拍照墙旁留下的身影，除了可以用来做 Tinder 的个人照，也适合在社交媒体上炫耀。社交媒体时代，图片是用户乐于传播扩散的一种重要内容形式。立意及构思新颖、独特的照片，更有可能引发别人的关注、点赞、评论及转发。Delta 和 Tinder 这次合作的线下活动创意新颖、出其不意，两个不同行业知名品牌的合作也为此次活动带来了崭新的风格：Delta 的国际范儿配上 Tinder 的温馨情感风。活动主题标签#DeltaDatingWall，聚集用户在社交媒体上分享的个人照及此次活动心得，有效地促进了信息的聚合及二次传播。

小　结

　　新媒体时代，所谓线上、线下的二元区分，已经越来越不重要了。Delta + Tinder 世界风景拍照墙案例表明，社交媒体营销的触发点可以在线下，但大量的二次传播其实发生在线上。线上、线下的有机结合，拓宽了此次活动的内容传播面，同时也延长了内容传播的寿命。

内容营销持续的源泉

当企业投入内容营销的洪流之中时,管理者可能信誓旦旦地要求内容做到及时、新颖、出彩,可过不了多久,企业负责内容营销的员工就开始哭丧着脸了:一周两周还可以,但长期出新,哪有那么多的精彩内容供应呀?其实,做内容或许没有富有魔力的源泉,但企业至少可以挖掘以下四种踏实、可靠的内容源泉,以保证企业的内容营销可以做到持续富有新意。

■ 原创

企业内容营销的核心竞争力及差异化的最大驱动力就是原创内容,这也应该是内容营销人员的独门秘籍。如果没有一两个独特的、令人艳羡的原创内容招式,企业在内容营销的竞争中就会丢掉一件最重要的武器。放眼内容营销界,凡是被大家公认为做得好的企业,自身一定具备强大的原创能力。

比如被中国营销圈公认为社交媒体营销水准一流的杜蕾斯,其内容原创能力包括创意及图文制作能力都很强。比如它的一个原创微博帖子,配图描绘了一个古驰(Gucci)包如何变形为一对面对面相拥的恋人——虽然有点脑洞大开,却诙谐地讽刺了拜金主义的爱情。

■ 整合

原创固然可敬,值得大力提倡,但对不少企业而言,做到经常性(甚至每天）原创的难度太大，这时也可以考虑采用内部整合的方式挖掘内容；其实，很多时候企业或许就坐在内部的内容金矿上，却浑然不知。

这方面还是应该向内容整合的高手迪士尼学习。迪士尼最擅长的就是将现有内容重新组合、包装之后再推出。比如，很多观众对迪士尼电影中的不少场景印象深刻，于是它在自家的网站 Oh My Disney 上推出了一个专题：迪士尼动画电影中的经典旅游目的地（Pixar Location Travel Bucket List）。比如，其中说道：

> 如果你觉得电影《汽车总动员》（Cars）里的公路场景雄浑奇妙，那你该去 66 号公路驾车驰骋。这条美国昔日的腾飞发展之路，沿途有壮美的大峡谷景观及浓郁的牛仔风情。取景佳地，迪士尼请你切勿错过。

当然，整合作为一种内容源泉不只局限于企业内部，企业也可以去外部整合恰当的内容为己所用。的确，无论你的企业历史多么源远流长，产品线如何丰富多彩，只在企业内部的内容线上做文章，思路难免有枯竭的时候。聪明的内容营销人员，总会不断地在企业之外寻找内容的灵感源泉，无论是时事政治、财经要闻，还是文体娱乐，都有可能带来新的思路及火花，激发不同寻常的内容营销途径。

案例

2014 年 11 月 17 日，上海与香港之间的股票市场实现交易互联互通，沪港通一时成为财经头条。当时，企业的内容营销多半从财经角度跟风，但香港城市大学 EMBA 的官方微博却独辟蹊径，推出"鲜为人知的沪港通专题报道"，从历史及文化的角度，回味其实在多年前就已经火热的沪港相通历史。

比如，很多人可能不知道，作家张爱玲虽然出生在上海，但她 1939 年就踏足香港。当年 19 岁的她就读于香港大学文学院，选修中文及英文科目——有学生证记录为证，算得上"港漂"先驱。这个饶有趣味的关于沪港通历史的专题内容，为香港城市大学 EMBA 的微博吸引了不少的目光。

用户创造内容

社交媒体时代的用户，不满足于仅仅被动当听众，如果有机会展示自我、发挥聪明才智，他们一定当仁不让。企业只要稍加引导，比如提供聚合内容的统一标签，往往就能收获意外的惊喜。例如，小米手机的微博深谙此道，鼓励用户积极贡献品牌内容；连小米投放的电梯广告，都有粉丝自发把它们分享到社交媒体上。

专业媒体合作

虽然如今的企业可以充分享受自媒体的红利，不少都有雄心勃勃的品牌内容梦想，不过它们得明白，专业传统媒体有悠久的历史、品牌效应、客户渠道和专业的写作班子，若论内容的制作和传播，它们确实有一套。所以，与专业媒体或咨询、广告公司合作，也是企业内容的一个可能的来源。比如，2014年，知名投行高盛与《纽约时报》共同推出了一个"资本市场互动指南"（An Interactive Guide to Capital Markets）专题。高盛贡献权威的金融知识，《纽约时报》提供专业的采编技能及读者群，这样的内容产品提供方，堪称珠联璧合。

小 结

企业的内容营销要做到持之以恒、长期出彩是一个巨大的挑战。精彩内容从哪里来？综合国内外内容营销的前沿实践，本书总结了四个重要的内容源泉：原创、整合、用户创造内容、专业媒体合作。紧抓四味源泉，施展内容魔力！

内容营销的四个层次

在内容营销的应用上,每个企业的能力及经验不同,因此在实战中体现出的层次可能也不尽相同:有的可能处在打基础阶段,内容营销的主要目的是让用户更多地了解企业及产品;有的则已经不满足于简单的产品介绍,而是开始上移到技巧层次,采用娴熟的内容技巧增加用户的兴趣;还有的更进一步,不但掌握了内容技巧,而且展示出独特的内容风格(亮点),因此能在内容竞争中脱颖而出,找到合适的定位。

当然,企业内容营销的最高境界,是超越产品、技巧和风格,进入品牌价值观的塑造中。只有清晰地打造和传递品牌价值观,并获得用户认同,才是建立用户忠诚度的关键。

在不同的内容营销层次,企业的内容营销实战考虑的因素也会有所不同,以下具体进行分析。

■ 基础

在内容营销的基础阶段,企业在实施中应该围绕以下几个维度发力:核心内容、相关内容、发布频率及内容传播。这里,可以对照一下家具业的搅局者——美国床垫零售业创新企业 Casper 的扎实内容营销。

Casper 是美国床垫业的一家电商新军,2014 年在纽约成立。在 Serta、Seely 等床垫名牌已牢牢占据线下渠道,掌握消费者心理的情况下,它利用博客及社交媒体内容营销实现了异军突起。

内容营销的根基是关于企业核心产品的内容。如果企业只顾发布风花雪月的内容，没有把产品融入进去，迟早会让对品牌感兴趣的用户感到失望。在 Casper 开设的企业博客上，用户关注的产品基本信息，如床垫、体验店、用户使用体会等，应有尽有，具体翔实。

若企业的内容营销只涉及自家产品，就会显得单调乏味，也不利于塑造客观的行业领袖形象。因此，企业有时需要扩展内容营销的范围，从自家产品到整个品类，甚至到相关的生活方式——这就是相关内容维度。比如，Casper 推出的网络杂志 *Van Winkle*，定位为传播人类睡眠的相关知识，公司为此特意聘请了编辑及睡眠研究人员。在杂志上，读者可以读到诸如《如何挺过工作里的通宵班》这样专业性很强的文章。

内容营销基础阶段的第三个维度是频率，即内容（原创而非转载）发布的频次。今天的内容世界竞争激烈，不少企业可能低估了要脱颖而出所需付出的努力。总体而言，企业发布内容的频次越高，内容营销的效果就会越明显。就以内容营销中投入相对较大的长（博客）文章为例，数字营销公司 Hubspot 的研究数据表明，在相同的行业里，每个月能发布 16 篇以上文章的博客，比只能发布 4 篇以下文章的博客带来的销售线索，要多出 4 倍到 5 倍。

内容营销基础阶段的第四个维度是内容传播，因为"酒香也怕巷子深"，因此企业应该通过主要社交媒体平台及其他途径（如与第三方媒体合作）发布内容，从而提高内容曝光度，增大被读者发现的可能性。Casper 在内容传播上不遗余力，它在主要社交媒体平台上都开设了账号，火力全开推广自家内容。比如，博客文章《5 种从夏时制迅速恢复的方法》，也同时发布在 Facebook 上；杂志里《关于打盹能够影响我们的健康、梦想和生活的 12 个有趣事实》的文章，配上了一张萌萌的打盹小狗的照片，在 Twitter 上脱颖而出。

▮ 技巧

企业在同一个行业中进行内容营销，做出来的内容或多或少有类似之处，独一无二的可能性不大。不过哪怕是近似的内容，如果能用恰当的技巧表现得不一样，也有可能激发读者的兴趣。因此内容营销的第二个层次为技巧，以下举两个相关的例子。

消费者每天面对海量的信息，不得不快速甄选自己真正想读的内容，所以标题设计是内容营销的一个重要技巧。比如，一个卖打折机票的网站，文章标题为"便宜机票，打折机票"（Cheap Flights, Cheap Airline Tickets），就不足为奇。

但同样的企业及内容，若在标题上略施技巧，改为"我如何'忽悠'航空公司给我廉价机票"（How I Fooled an Airline into Giving Me a Cheap Flight），就显得颇有新意。首先，用第一人称，增加真实感。其次，能从航空公司那里拿到折扣，一种个人用户战胜企业巨头的豪迈感油然而生。最后，"Fool"（忽悠）这个字眼吊足了人们的胃口。越是禁忌，越是令人好奇……

另一个重要的内容技巧是图片运用。精巧的图片不仅能让内容更加生动，而且能够激发读者的情感反应，带来更大的阅读兴趣及更多的期望行为，如点击、转发等。但在现实中，各企业的图片技巧也有不小的差别。比如，某咨询公司写了一篇关于如何让网络点击广告更有效的文章，该公司决定为文章配一张自己制作的定制图片：画面中，猴子抢到香蕉后开心不已，幽默诙谐的场景巧妙传达了轻松完成任务的意味。图片技巧高超，所以更加引人入胜。

■ 亮点

有时，企业自认为自己在进行内容营销时的内容有用，表达也算有技巧，但为什么最终在内容的大海里却掀不起波澜呢？因为类似的内容可能已经有很多，再多一篇也不会激发读者太大的兴趣。所以，必须找到内容营销的亮点，即内容的风格、个性或闪光点。只有独特的声音，才能让企业的内容从内容营销的"红海"中冒出头来，被清晰地记住，并旗帜鲜明地扩散开来。

比如，在新浪微博拥有5 500万个粉丝的歌手兼段子手薛之谦，为企业发的营销段子软文，就采取了统一的独特风格，所有文字均单句为一段，开头以个人身边的事情为引子，插科打诨，调侃人生，结尾却突然过渡到商家的广告上。这种跳跃的对比，在他的生花妙笔下不但不突兀，反而妙趣横生，甚至有读者表示，就是等着看他结尾的广告。

■ 价值观

如果两个企业的内容营销都有着扎实的根基、娴熟的技巧、清晰的定位，那么最终谁将略胜一筹呢？这个层次的竞争，胜负或许已经不重要了。但若真的还有什么因素能分出高下，估计只能看背后的品牌价值观了。企业价值观的差异，往往会在内容营销中反映出来，从而吸引认同企业价值观的忠实用户。

比如，在时装界，内容营销的目标是帮助展现服装的时尚感吗？也许是，不过那可能只是低层次的追求。真正引领时尚的品牌，需要跟上甚至引领社会潮流变革。比如，路易威登（Louis Vuitton，LV）于2016年推出"中性服饰运动"（Gender Fluid Clothing），邀请好莱坞影星威尔·史密斯（Will Smith）的儿子贾登·史密斯（Jaden Smith）在纽约时装周服饰展中以裙装走秀，以此来打破社会上对服饰性别角色的偏见。这个大胆的举动符合LV追求潮流变革的价值观，也赚取了高曝光率——除了《纽约时报》等主流媒体聚焦此事进行专题报道，社交媒体上也是讨论热烈。这件事本身，而不是衣服，成为当年纽约时装周的热点，巩固了LV在时尚界的社会先锋形象——不仅仅是一个华美的箱包服饰品牌。

小　结

根据每个企业的能力及经验，企业的内容营销可以在不同层次上实施：刚开始试水内容营销的企业需要打好扎实的基础，在积累了一定经验后再实践更丰富的内容技巧；逐渐形成自己的内容风格，在竞争中确立企业的内容定位；最后，在价值观的层面打造品牌内容，赢得用户认可，培育用户忠诚度。

第二章

内容营销在企业战略中的运用

　　内容营销是近年来涌现出的一个企业营销新武器,有人乍一看以为它只是锦上添花,但无论是文章还是视频,其实都可以为企业营销带来实实在在的效果。从品牌战略的角度来看,它可以确立理想的品牌定位,引导消费者的品牌认知,颠覆其可能有的对品牌的成见。从更高层面的企业营销战略而言,内容营销可以助力成熟企业的竞争战略,拓展市场,也可以帮助初创企业快速进入成长期。

　　如此丰盛的收获,自然让人充满期待!

确立品牌定位

品牌定位指的是将品牌的印象根植于顾客心目中的过程。一个成功的品牌定位,代表着品牌在顾客心目中建立起与众不同、具有价值的形象,让品牌可以与其他竞争产品做出区分。一般来说,企业确立品牌定位的过程包括:① 了解品牌目前在消费者心目中的形象;② 了解竞争对手,知晓它们的强项与弱点;③ 找出品牌的独特之处;④ 提炼品牌定位宣言;⑤ 传播品牌定位。

案例

在美国餐饮市场上,一般而言,日餐馆比中餐馆的定位似乎要高端一些,这可以从它们平均价格的区别上看出端倪:2016 年,纽约大学食品学教授克里什内都·雷(Krishnendu Ray)研究发现,在餐馆点评网站 Zagat 上,同样的星级排名,一家日本餐馆的人均消费为 68.94 美元,而一家中餐馆的则只需 35.76 美元,其中的原因包括人们觉得中餐馆经营老派、食材好像不如日本餐馆新鲜等。

虽然这个发现是关于市场平均值的,但在这种不利的市场大环境下,一家中餐餐饮品牌,有无可能跳出低端定位的惯性怪圈,把自己打造成高端餐饮品牌呢?看起来有些难度,但美国连锁中餐馆 P. F. Chang's(华馆),为了长期的发展,决定把这个充满挑战的重任扛起来。

P. F. Chang's 由保罗·弗莱明(Paul Fleming)和菲利普·常(Philip Chang)于 1993 年在美国亚利桑那州斯科茨代尔市创立。截至 2018 年,它在全球拥有305家店,其中210家在美国。在数字媒体创业公司Business Insider最近几年的全美前20强连锁餐馆排行榜中,P. F. Chang's是其中唯一一家入围的中餐馆——不过基本排在榜尾。

以中华文明五千年博大精深的饮食文化为底蕴,P. F. Chang's自然不甘于榜尾的排名。对它而言,其收入增长战略需要确立一个高端中餐的定位。具体战略步骤则包括:① 确立目标市场定位,对中式菜肴感兴趣、关注食材品质及就餐气氛、收入较高的中高端消费者,他们目前可能觉得中餐品牌总体上不够高端;② 确定主要竞争对手,在中高端异国风情菜肴市场布局的日餐、墨西哥餐、泰餐等餐饮品牌;③ 确定品牌独特之处,中餐有中华民族五千年的饮食文化积淀,菜系丰富,美味可口;④ 确立品牌定位宣言,现代范儿的中餐,食材新鲜,环境高雅时尚。而在确立这个全新的品牌定位宣言后,P. F. Chang's就决定采用内容营销的手法将其传播给目标客户群体。

为了用内容营销打造P. F. Chang's在餐饮市场上的高端定位,2015年,P. F. Chang's推出了一个名为"从农场到炒锅"(Farm to Wok)的主题内容营销活动,强调它在烹调中使用的食材天然、新鲜,配得上其高端中餐馆的定位。

这个宣传攻势中的一个视频,介绍的是P. F. Chang's的一家具有代表性的原料供应商——位于加州洛杉矶附近的村中(Muranaka)农场。这个由日裔美国人村中家族从1947年起开创的家庭农场,专攻高品质的青葱种植、生产和加工,这保证了P. F. Chang's的大厨在烹饪中可用到最新鲜的青葱调配菜肴。视频结尾的字幕:"意愿,目标,故事",烘托出了这个宣传攻势的目标:让消费者看到,P. F. Chang's的原料供应商都像村中农场那样,怀揣着追求良好品质的愿景。

社交媒体营销塑造品牌时尚感

在美国,传统中餐馆的运营给人一种老旧的感觉,包括装饰布置及营销手法。P. F. Chang's除了在店铺装修上采用更现代化的设计风格及元素(如照明),从2017年开始,更是决定不再把营销广告费用投放到传统媒体上,而是把营销力量投放到年轻人常用的社交媒体上。自2012年起,P. F. Chang's在Facebook、Twitter、Instagram、Pinterest、Google Plus上开设账号,时尚新潮品牌的气息开始酝酿升华。

比如，打开 P. F. Chang's 的 Instagram 界面，首先映入眼帘的并不是火热的烹炒场景，或者自信满满的大厨，而是浪漫的葡萄园及葡萄美酒，感觉不像是传统中餐馆的风格。的确，为了适应 Instagram 唯美的风格追求，P. F. Chang's 在内容美感上下足了功夫，哪怕是一道简单的炒青菜，拍摄时也要把桌面上的物件摆放得整整齐齐，富有艺术气息，此外还要配上一杯纳帕谷红葡萄酒。这样的内容、形式及风格，与高端餐饮消费者追求的情调与气氛相契合，有助于提升 P. F. Chang's 的高端中餐品牌形象。

小　结

为了确立高端中餐品牌的定位，美国中餐连锁品牌 P. F. Chang's 采用一系列内容营销工具（如供应商故事视频）、情调化的社交媒体内容等，成功地向目标消费者传递出中餐一样可以自然、清新、高端的品牌理念，在连锁快餐业争夺高端消费者的心智竞争中占得先机。

改变消费者认知

消费者认知,指的是消费者心目中对企业或产品的看法。广告固然会对消费者认知产生一定的影响,比如,消费者看了法拉利汽车的广告,觉得它开起来应该风驰电掣,但其实对消费者认知影响最大的因素,莫过于消费者对产品的亲身体验,若这种体验是负面的,则多少广告都难以挽救。

所以,为了改变消费者认知,需要给他们提供不一样的体验,有时,甚至要在(拥有负面认知的)消费者不愿体验的情况下,提供模拟体验,让他们感受到不同,同时,辅之以内容营销,诠释这种不同的心情与感受,从而改变消费者的认知。

案例

从20世纪90年代开始,欧美发达国家掀起了一股文青风潮:他们注重生活品质,关心社会公益及环保,在食物上追求有机和天然。也正是这股文青风潮的兴起,促进了美国新派墨西哥风味快餐店Chipotle从90年代到今天的成长与快速发展。

1993年,Chipotle的创始人史蒂夫·埃尔斯(Steve Ells)在丹佛开了第一家店,宣扬"食物正义"(Food with Integrity)的理念。从一开始,Chipotle的营业哲学就是与工业化的食品生产模式决裂:强调天然有机的原材料,无添加剂,重视动物福利及环境保护,而这些都是文青们在意的价值观。到2019年,Chipotle已发展到在全美拥有2 500家店,在大众心目中被认为是连锁快餐店中少有的"潮牌"。

不过，成也萧何，败也萧何。正因为 Chipotle 在餐馆食物备料中有意避免中央化的食品处理模式，更多依赖源头（如农户）直供，所以它的食品质量一致性较难保证，在食品卫生把控上容易出现纰漏。

2015 年，美国 14 个州的 Chipotle 店里发现了大肠埃希菌（俗名大肠杆菌），随之而来的消费者恐慌重创了其销售及增长。虽然这个声誉危机发生后 Chipotle 也在不断强化其在食品质量管控上的投入，但大众难免还是心有余悸。

Chipotle 最核心、忠诚的客户是文青群体，但大肠埃希菌事件让他们中的一些人对 Chipotle 品牌产生了负面认知：食材不卫生！如果要让这些核心用户重新回到品牌的怀抱，就需要提供不同的顾客体验改变他们的认知。虽然马上让他们回到餐馆就餐不太容易，但可以提供模拟体验，那就从与一个具有文青气质的明星合作开始！

2017 年 7 月，Chipotle 推出了全新的宣传攻势，邀请嘻哈乐队武当派（Wu-Tang Clan）的主唱，同时也是素食主义者的著名嘻哈歌手 RZA，以 Chipotle 的 51 种天然食材（如牛油果、青椒等）为灵感，用天然乐器创作音乐与数字艺术作品。

为了此次宣传活动，Chipotle 制作了一个网站——Chipotle：SAVOR.WAVS，网站上显示的每一种 Chipotle 食材，都对应着一种乐器，用户可以自己尝试创作"食物音乐"。比如，制作牛油果果酱需要用到对应着小提琴的牛油果、对应着其他乐器的香菜和青椒等，当用户把这些原料混合在一起时，一支乐曲就诞生了。用软件创作出的乐曲的曲风，主要是流行风格的，偶尔还有雄浑的交响乐或爵士打击乐等。随着每一首乐曲的创作完成，一个新潮的数字艺术内容作品也会呈现出来。

试玩这个网站的用户，在游戏中可以真切地了解 Chipotle 的 51 种天然食材，还可以在创作内容（乐曲）的过程中，实实在在地模拟在 Chipotle 厨房里如何把原料制作成菜肴。用户在网站上制作出虚拟菜品后，甚至可以去 Chipotle 店里购买对应的实体菜品，并享受买一送一的优惠。

当然，并不是每一个在网上制作菜品的用户都一定会去 Chipotle 的店里下单，但这个虚拟做菜的游戏，较好地模拟了在 Chipotle 店里的菜品体验；再加上嘻哈歌手 RZA 作为明星站台，以及用户自己悉心创作的乐曲，进一步提升了虚拟体验的良好感受，对改变用户可能存在的品牌负面认知颇有益处。这次极具创意的内容营销活动，还吸引了不少媒体关注，扭转了不利的社会舆论，激励了 Chipotle 的忠实用户——文青群体回头。

小　结

提到内容营销，人们通常会想到它可以起到促进销售增长的正向作用，但其实内容营销的作用，有时可能在于力挽狂澜，重塑品牌定位，拯救下降的销量，这也是它的另一种重要贡献。

颠覆品牌成见

人类社会中，偏见（stereotyping）屡见不鲜，比如，认为犹太人小气就是一种偏见。从20世纪80年代初开始，在社会心理学研究中，偏见一直是一个活跃的主题，研究人员提出过偏见出现的三种可能的机制：

一是记账模型（bookkeeping model），指的是当人们见到越来越多与偏见不符的例子（如近年来我遇到的犹太人其实并不抠门）时，他们的偏见将逐渐弱化。

二是亚型模型（subtyping model），指的是当人们碰到更多的与偏见不符的例子（如遇到的高学历犹太人都比较大方）时，他们原有的偏见框架里可能会分出一个亚型，比如，高学历的犹太人大方，那么，原有的偏见框架可能也就少用一些。

三是归附模型（conversion model），指的是当人们遇到戏剧性的，与偏见不符的例子时，可能会欣然感慨，打破偏见，比如，"昨晚我遇到的这个犹太人真是异乎寻常的大方：无论是对合作伙伴、员工，还是对服务员，都是如此，这彻底颠覆了我原有的认为犹太人小气的成见"。

在相关文献中，这三种机制基于不同的场景都有出现的可能。那么，企业可以如何利用以上社会心理学机制，去改变消费者关于品牌的偏见呢？从商家期待快速见到效果，以及营销偏爱创意爆棚、惊世骇俗的风格来猜测，它们很有可能会从"归附"机制着手。

> **案例**

多年以来，日化巨头联合利华（Unilever）旗下的丝华芙（Suave），一直是一个低端洗发香波品牌。在零售店里，它通常被放在货架的最底层，即使这个品牌经常打折（有时99美分就能买到一瓶），但似乎瓶子上总有落着灰的感觉——因为买的人委实不多。对于一般消费者来说，这种通常被放在货架最底层，旁边贴满打折标签的产品，应该算是低端货，质量不会太好，效果估计也不尽如人意。比如，Suave香波洗头发的效果应该不会太好——消费者哪怕自己从没试过，心里可能也有这种想法。

从品牌的角度来看，消费者的这种想法，有时可能是正确的。这可能就是商家故意打造的低端品牌，面向价格敏感的消费者。比如，宝洁（P&G）旗下的低端洗碗液品牌为滴然（Gain），高端品牌为多恩（Dawn），从去油污的功效来看，大众一般认为Dawn更出色，因此符合其高端洗碗液品牌的定位。

但也有另一种可能，那就是品牌本身质量不错，但出于种种原因，比如历史因素——Suave在1937年由国家矿业公司（National Mineral Company）创立时定位就是面向打折店——消费者就是觉得品牌低端。这种消费者的品牌认知，在商家的眼中，也就等同于需要克服的偏见，尤其在品牌管理层易手之后（1996年联合利华收购了Suave品牌）。

作为全球排名数一数二的家化产品集团，联合利华大概不会甘于永远让Suave落在行业的底端，而是一直在等待提升该品牌的最佳时机。终于，经过周密的筹划，联合利华在2017年出手了：它提出了一个雄心勃勃的设想，要彻底改变消费者对Suave的偏见，将其打造成一个高端的洗发香波品牌，对标Redken、Kérastase之类的专业沙龙级别的洗发香波。

可是，这些沙龙级别的洗发香波的价格都在一瓶30美元左右，怎样才能让习惯了Suave是低端便宜货的消费者颠覆成见，认可它的高端定位呢？这个难度一定不小，常规的营销手段估计难以奏效，需要异乎寻常的创意与执行方有可能颠覆消费者的成见。借用社会心理学中的偏见理论，联合利华需要让消费者看到以戏剧性方式呈现的与偏见不符的例子——原来Suave的质量这么棒——这样才有可能消除偏见。

2017年4月，来自洛杉矶的生活方式博主Brianna V.收到了一个叫作Evaus的香波品牌给她寄来的试用装。她用了之后感觉效果不错，头发亮泽、柔顺、清爽，于是她像往常一样，和粉丝分享了她对Evaus香波的正面评价。

几天之后，Suave的营销团队上门找到她，告诉她所谓的Evaus，其实就是到处都能买到的Suave，这不过就是Suave做的一个营销小实验：Evaus，就是把Suave倒过来拼写得来的。Brianna听到这个消息之后，惊讶与欣喜溢于言表。

这种营销方式听起来有点匪夷所思，但其实Brianna所经历的，是联合利华推出的一个主题为"Suave Believer"的宣传活动：这个活动选取了像Brianna这样的一批美妆意见领袖，给她们寄送Evaus香波。这些网红意见领袖，在使用了之后通常感觉不错，最后才知道自己用的原来就是Suave香波，于是又惊又喜。

她们在个人的社交媒体账号上以#SuaveBeliever为标签，分享自己使用Suave的心得，同时鼓励粉丝们也试用。粉丝们看到其偶像在使用Suave香波之后的认可和喜爱，在心理上也就可能"归附"，开始消除原来对于Suave的偏见，认同品牌的质量。

联合利华此次改变消费者对于Suave的偏见的营销活动，获得了2017年的克里奥（Clio）创意营销铜奖。它之所以在这个时候通过营销活动来改变消费者的偏见，也是因为看到了千禧一代消费者的心理和行为与上一代相比发生了变化：在联合利华的前期市场调研中，有92%的被调查者认为，若低价产品并不影响使用效果，则她们不介意选择，因为这会让她们产生自己是聪明消费者的满足感。因此，这次Suave Believer营销活动成功的原因之一在于，赶上了消费者变化的天时。

Suave Believer营销活动成功的第二个原因在于，联合利华为了此次宣传采用了丰富的内容表现形式，比如视频、信息图、意见领袖Instagram图片、顾客以#SuaveBeliever为主题标签发帖等。因为联合利华充分意识到，颠覆消费者对于品牌的偏见不可能一蹴而就，需要从不同的角度传递和诠释品牌信息，保持持续的宣传强度，刺激用户的参与和试用。产品试用之后的用户正面反馈，才是全面击碎品牌偏见，一劳永逸地提升Suave形象的终极王道。

小 结

在市场上，总有一些品牌认为，它们被消费者当作低端品牌是一种偏见，因为它们的质量其实不错。Suave 的案例表明，颠覆消费者的品牌偏见并非不可能，但需要极富创意、持之以恒地进行营销。比如，提供戏剧化的反面案例，让消费者接纳和认可。在这个过程中，内容营销可以起到重要作用，助力"低端品牌"翻身上位。

内容营销与竞争战略

在营销战略中，竞争战略是其中的重要一环。在一个充分竞争的行业中，无论是市场的领先者、跟随者、挑战者，还是利基者，它们都需要筹划实施自己恰当的竞争战略，这样才能在竞争激烈的市场中存活下来或成长起来。营销大师菲利普·科特勒指出，在挑战行业领导品牌时，挑战者可以采取以下策略，比如正面攻击（攻击领导品牌的长处）、侧面攻击（攻击领导品牌的弱点）、包围攻击（从多个方面攻击领导品牌），以及游击战（采取难以预测，类似于随机性的攻击策略）等。

传统的营销攻击手段包括改变产品、价格以及广告策略；在社交媒体时代，内容营销也开始成为挑战者新的攻击手段。

案例

来自夏威夷的小众啤酒品牌科纳（Kona Brewing），本来只是太平洋地区的一个区域性品牌，美国大陆的啤酒市场则由三巨头安海斯-布希（Anheuser-Busch）、米勒康胜（MillerCoors）、星座（Constellation Brands）牢牢控制，所以在 2014 年，当科纳啤酒准备进军美国大陆啤酒市场时，就成为一个不折不扣的挑战者品牌。美国大陆的啤酒市场高度发达，拥有世界上最娴熟的品牌营销高手，如百威（Budweiser）、喜力（Heineken）等。在这个强手如云的市场上，若论产品质量（如口味），这些啤酒巨头想必不差，而且一般消费者也难以辨别，所以如果科纳啤酒和这些巨头在产品上正面对战，则难有胜算。若是比广告水平，这些啤酒巨头是各大广告奖项的常客，创意水准一流。鉴于主要消费群体是千禧一代，大部分啤酒品牌的卖点都落在快乐上：百威突出自信的快乐，符合它啤酒之王的权威定位；米勒宣扬群体快乐，和朋友们在一起；康胜传达小资快乐，快乐且有格调；喜力提倡的则是探索冒险的快乐，刺激并快乐着。

科纳进入美国大陆市场，也是定位在消费量最大的年轻群体身上，也得打快乐牌，但既然需要和已牢牢把控不同快乐定位的巨头们分开，科纳需要从它们没有想到（或没有用过）的快乐角度进击；于是，根据其品牌来源地及文化基因，科纳决定主打夏威夷返璞归真、悠闲自在的快乐卖点。

2014年3月，科纳以"亲爱的大陆"（Dear Mainland）为主题，拉开了大规模进军美国大陆啤酒市场的宣传攻势。主题聚焦于对比美国大陆快节奏、高压力的都市文化与夏威夷悠闲乐活的岛屿文化：你们手头同时忙活一堆事，我们则一件一件来，急什么？就像科纳啤酒需要慢慢品一样。

"亲爱的大陆"宣传攻势的第二个点，放在假期这个主题上，提醒美国大陆的上班族：你们中不少人，根本没机会把休假用完！这个提醒醍醐灌顶，切中痛点，让受众们在痛悟中理解并接受了科纳啤酒代表的悠闲文化理念；出于爱屋及乌的心理效应，消费者对于品牌反响热烈，当年科纳啤酒在美国大陆市场的销量飙升了37%。

2017年夏，伴随着一对乐天、阳光的好哥们（Bruddahs，夏威夷俚语）弹着尤克里里的欢快视频，科纳啤酒（及其广告）再次洒脱登陆美国大陆市场。

这个由旧金山Duncan/Channon广告公司策划的视频，在美丽的夏威夷海滩实景拍摄。在一系列话题短视频中，两位演员——当地原住民戴夫·贝尔（Dave Bell）和布莱克·布鲁特斯·奔驰（Blake "Brutus" La Benz）——出镜，他俩像相声演员一样捧逗结合，涉及时下在美国大陆快节奏、高压力的生活环境下的各种话题。

话题1：关于手机游戏应用程序（App）

最近大家都在玩一个手机游戏App。
做什么？

你可以和别人比排名高低呀!

那又有啥用呢?

排名高你就可以兑奖品呀!

(摇摇头)我才不在乎呢!北美大陆人民如此会玩,可夏威夷的乡亲们似乎永远不懂——还是来杯科纳啤酒靠谱。

话题2:关于电视真人秀节目

那个挺火的家庭真人秀节目你看了吗?

讲的啥?

其中有一集就是关于姐姐和妹妹之间发生了争吵,可她们的妈妈并不认为她们之间真的在争吵……

谢谢你,打住,这样的家长里短真人秀,我毫无兴趣——还是手里的这瓶科纳啤酒实在。

话题3:关于病毒视频

哥们,最近有个视频特别热门,大家都在传,你看了吗?

没,讲的啥?

就是有一只猫被主人打扮成蜘蛛侠,打扮成消防栓,打扮成……

呵呵,真无聊,省省吧,还是喝一口科纳啤酒清爽自在!

通过一系列短小精悍、对比强烈、让人忍俊不禁的话题性视频,科纳啤酒向生活节奏紧绷、被各种数码终端绑架的美国大陆上班族清晰传达了一个理念:生活中,除了应付不间断的信息轰炸,还应该拥有诗和远方——当然,也别忘了带上科纳啤酒!

科纳啤酒这次的"好哥们"视频宣传攻势,又一次在美国大陆市场引发了热烈反应。科纳啤酒作为一个挑战者,在强者如林的竞争环境下之所以能够实现销售增长,至少有以下两个方面的原因:

首先,在信息爆炸的数字时代,人们的生活被各种数码终端绑架,如果能摆脱这种令人窒息的压力,那会产生终于长出一口气的快乐。但人们的这种快乐需求是最近几年才萌发的,在市场的领导者——传统啤酒巨头——未及时注意、反应时,科纳这个挑战者获得了从侧翼攻击的机会:宣扬打破数字枷锁,回归本真的悠闲快乐,填补人们的情感需求空白。

其次，对于科纳提出的这个品牌定位卖点，消费者之所以相信并愿意为其买单，是因为它具有天然的品牌基因优势。科纳的文化根植于自然淳朴的夏威夷式文化，推崇家庭、和谐、自然、知足——这与美国大陆强调的竞争、追求卓越的理念不同，因此，由来自夏威夷的科纳啤酒来宣扬悠闲快乐的夏威夷式文化，顺理成章，自带说服力。

小 结

内容营销不是一个孤立的营销工具，它可以，也应该融入企业的总体营销战略框架之中。通过分析消费者痛点，来自夏威夷的啤酒挑战者品牌科纳，采取侧翼攻击的手段，打造出区别于啤酒领先品牌的定位（悠闲快乐），并通过精巧的内容设计，令人信服地表达出来。所以，无论品牌规模大小，内容营销作为一种有效的竞争战略手段，作用都不容小觑。

初创企业如何运用内容营销助力成长？*

数字商业时代，越来越多的人开始实践创业梦想。可创业路程充满艰辛，从营销角度而言的挑战有：知名度缺乏，渠道及消费者不太信任，覆盖面窄，营销费用有限，等等。这时，初创企业可考虑运用内容营销来助力成长。

内容营销对于初创企业而言具有成本低、覆盖面广（如社交媒体）、起步壁垒低（如开通企业社交媒体账号即可开始运营）等优势。它的运用可能帮助初创企业达到以下营销效果：提高品牌知名度，确立品牌独特卖点，塑造品牌个性及确立市场定位，增加消费者及渠道对品牌的信任，培育初始用户及粉丝，带来销售线索。

案例

多年以来，在美国饮料市场上可口可乐和百事可乐一直是两大领先品牌，占据着70%以上的市场份额。但这个市场中消费者的口味变化快，尤其是注重健康的千禧一代消费者逐渐成为主流，再加上可乐饮料的消费持续下跌，因此，初创企业看到了机会。

2009年，在美国新泽西州普林斯顿的一个地下室里，咖啡行业的"老兵"本·韦斯（Ben Weiss）决定创立一个新的饮料品牌。他用汉字

---

* 本部分改编自窦文宇，《美国非碳酸饮料Bai如何实现品牌逆袭？》，FT中文网，2017年8月29日。

"白"（Bai）命名这个新品牌，寓示着它与当时使用各种添加剂的饮料不同——只用天然成分，纯净得就像一张白纸。

快进 7 年，那个当初名字及销售额都仿佛一张白纸的初创饮料品牌 Bai，年销售额已经爆炸性地增长到 4 亿美元。2016 年 11 月 22 日，老牌饮料集团胡椒博士（Dr. Pepper Snapple）出价 17 亿美元收购了 Bai，并让这个被收购的品牌继续保持独立运作。

Bai 到底是什么？

Bai 是一种含抗氧化剂的饮料，关键成分有白茶、多酚抗氧化剂及咖啡果提取物，其中，咖啡果提取物被认为是 Bai 成分秘密的关键。咖啡果是包裹咖啡豆的外皮，过去它在咖啡种植业中被弃用，因为人们认为它没有多大的用处而且在剥开后会很快腐烂，但实际上咖啡果中蕴含着丰富的抗氧化成分。Bai 开发出一种创新性的技术，可以从咖啡果的外皮中提取抗氧化成分。

Bai 的另外一个卖点是味道可口。的确，虽然人们都知道白开水最健康，但毕竟饮之无味，人类还是需要由味蕾驱动的。传统饮料如碳酸饮料可乐，是靠糖提味，Bai 也有甜味，但不是靠糖，而是靠两种天然甜味剂：甜菊叶和赤藻糖醇。刚果苹果梨、马拉维芒果、利马柠檬……这些都是 Bai 的饮料口味，用世界著名咖啡出产地的特色水果来命名。奇妙的是，虽然口味多元，但 Bai 的卡路里含量却非常低：每瓶（237 毫升）约 5 卡路里，比纯净水也就只高一点。

站在风口

整个世界都在抛弃可乐饮料吗？Bai 的成功，与它面世的时机恰当不无关系。2016 年，可乐饮料的发源地及大本营美国，可乐的销售额继续下降，达到 31 年来的最低。这一潮流般的改变反映出消费者健康意识的觉醒，以及对碳酸饮料（如可乐）导致肥胖、糖尿病、心脏病等慢性疾病的担忧。整个社会对于碳酸饮料的态度也发生了根本性的转变，政府及非官方组织开始更有力地阻击它们的销售，就像对付香烟一样。

在碳酸饮料销量一路走低的同时，人们对于健康饮料的需求却在稳步增长：2016 年，美国瓶装水的销量首次超过碳酸饮料，达到 128 亿加仑。不过，消费者在追求"健康"饮料上却呈现出贪心的特征：一方面，人们希望饮料中使用的人工添加剂越少越好；另一方面，他们又期待饮料具有一定的功能性，比如含有维生素、矿物质、抗氧化剂等营养成分，味道还要可口。有的消费者希望饮料能增加精力或提高运动能力，有的甚至准备把饮料作为简餐型的代餐。

于是在美国，从 2010 年到 2015 年，各式各样打着营养、健康或是功能旗号的饮料产品市场扩张了近 40%，达到 130 亿美元。因此，2009 年，当本·韦斯开创 Bai 的时候，正是站在了饮料行业向健康功能转型的风口。

坚韧的初始市场拓展

不过，虽然起步站在了风口，Bai 的成长之路其实并不容易：

首先，饮料市场的传统品牌实力强大，像可口可乐、百事可乐均历史悠久，行业经验丰富，营销能力超群，更致命的是对于流通及终端的把控一流，有个说法称，世界上凡是有人的地方就会有可口可乐。像 Bai 这样的行业闯入竞争者，一定会引起老牌产品的警惕，各种明显或者隐性打压在所难免。

其次，饮料产品的口感体验很关键，消费者需要有品尝的机会，而能让消费者有机会大规模品尝的场所，还是在零售店内，但传统饮料巨头已经牢牢占据了零售店里最好的货架位置，一个没有背景、没有过去成功经验可以炫耀的初创小品牌，如何才能说服零售店，获得宝贵的市场展示机会？

Bai 的初始零售终端切入采取了两个策略：

一是聚焦，因为品牌在初创期资源有限，所以 Bai 把零售市场突破口放在美国东北部地区（波士顿、纽约等），且合作的零售商也集中在三类：仓储卖场如好市多，超市如塔吉特，副食超市如西夫韦，避开诸如加油站、便利店等更分散的零售业态，保证了有限的市场资源用在用户密度最高的零售形式上。

二是接地气，虽然 Bai 的定位是高端的、有品位追求的消费人群，但在大家熟悉这个难以发音的品牌到底是何方神圣之前，Bai 的营销还是脚踏实地的：在卖场做产品路演，鼓励尝试，并收集顾客反馈。这些一个店接一个店、一场接一场的产品演示品尝活动刺激了产品试用，而且由于品尝过的顾客反馈良好，这些初始的正面口碑帮助 Bai 保住了在大零售卖场获得的宝贵货架位置。

内容塑造鲜明的品牌个性

健康饮料这个强劲的风口，想抓住的当然不止 Bai 一家。传统饮料巨头近年来也纷纷打起了自己的健康牌。比如可口可乐旗下，听起来就觉得清爽的 Zico 椰子水。又如百事可乐出品，名字带嘻哈范儿的 IZZE，号称集可乐、果汁、苏打水的味道于一体，这个一罐只有 70 卡路里的新潮饮料，用的也是和 Bai 一样的天然甜味剂，主攻千禧一代的消费者。

群雄混战的健康饮料市场，随着参与竞争者的增加，如何找到品牌的独特定位，树立鲜明的品牌个性就成为其脱颖而出的利器。

通过缜密的市场研究及测试，Bai 决定把目标客户定位于稍微成熟一些（年纪为 30 岁至 40 岁之间）、颇具雅痞范儿的消费者群体。他们注重健康，崇尚天然食品，同时期望饮料的健康性不以口味的缺失为代价。在营销手段上，Bai 采用了内容营销的方法，用颇具创意的思路强调自己与传统饮料不搭界，彰显出不走寻常路的精灵诡异。这种不羁的营销风格，在 2017 年美国第 51 届橄榄球超级碗的广告中展露无遗。

广告的开头是一个豪华的家庭客厅中的场景，74 岁的老戏骨克里斯托弗·沃肯（Christopher Walken）表情严肃地坐在沙发上，开始念叨下面这段话："Might sound crazy but it ain't no lie. Baby Bai Bai Bai."听起来耳熟？没错，它来自 20 世纪 90 年代热门男子演唱组合超级男孩在 2000 年发布的单曲 *Bye Bye Bye*，只不过沃肯把结尾改成了"Bai Bai Bai"。

这段演绎结束后，镜头切换到沙发的另一端，那里坐着的正是歌星贾斯汀·汀布莱克（Justin Timberlake），作为超级男孩的一员，贾斯汀面露吃惊的表情，但还是欣赏完了老爷子对这首歌曲的演绎以及对 Bai 品牌的植入。这一老一少的对比，歌词及品牌的串烧，让观众忍俊不禁。结尾打出广告语："5 卡路里的热量，无人工甜味剂，味道棒极了！"Bai 的这则古灵精怪的广告的风格与那届超级碗其他广告的温情风格迥异；在赛后的观众调查中被评为排名前三位的广告，进一步强化了 Bai 独特鲜明的品牌形象。

内容营销助力品牌主流化

2016 年年底，Bai 被传统饮料巨头胡椒博士集团收购后，得以借助母公司庞大的零售渠道，开始被更广泛的消费者接受和了解。当潜在的受众群体逐渐扩展到最初的中青年雅痞之外时，原来采用的古灵精怪的营销风格需要进化、升级，以适应主流消费者群体的欣赏品位。

2017年夏，Bai推出主题为"我就不信"（Unbelieve）的主体内容攻势，这个主题将Bai一直提倡的品牌理念——不可思议的低热量配以不可思议的好口味——提升到一个更高的抽象层面：在生活中，只要你不被条条框框束缚，敢于Unbelieve，不可思议的事情就有可能发生。

通过与纽约翠贝卡（Tribeca）电影节合作，Bai制作了一系列视频，反映普通人如何消除社会及环境的偏见，实现自己的梦想。比如，来自北卡罗来纳州的29岁的黑人女孩杰萨米·斯坦利（Jessamyn Stanley），小时候因为家庭变故而变胖，这与经典的瑜伽女孩形象似乎不搭界，所以当她开始练习瑜伽时，受到不少的讥讽和嘲笑，但她勇敢地面对挑战，不懈地练习，并且在Instagram上记录和分享自己的进步。如今的她，在Instagram上拥有40万个粉丝，并写了一本书——《每个人都可以做瑜伽》（*Everybody Yoga*）。Bai拍摄的这则视频故事，充分展示了杰萨米的Unbelieve精神，同时也宣扬了品牌的这一理念。

小 结

面对传统品牌的市场及经验优势，初创品牌的成长之路艰难而漫长。如何才能实现逆袭？从营销的角度，Bai的成功案例表明，在打造好品牌运营基础（比如进入零售渠道）的前提下，精准的内容营销可以帮助初创企业塑造鲜明的品牌形象，确立独特的定位，吸引精准的种子用户，并逐渐提升品牌在主流消费者心目中的信任度与接受度，实现从初创品牌到成熟品牌的蜕变。

内容营销与企业市场拓展

企业发展到一定阶段,感觉市场规模(消费者总数)似乎到了瓶颈,怎样才能找到实现继续成长的战略?营销战略管理中得到广泛运用的安索夫矩阵理论,提供了思路及方向:该理论框架以产品和市场两个维度,组合出可以让企业收入或利润提高的四种产品/市场选择。比如,其中的"产品延伸战略"(product development strategy)指的是扩展现有产品的深度和广度,向现有顾客推出新产品,提高企业的产品使用率,即在顾客荷包中的占有率。当然,对于媒体而言,娱乐产业(如影视、游戏、音乐等),内容本身就是产品,所以,开发内容新颖的产品,也就是利用产品延伸战略,往往是使企业扩大市场的关键。

> **案例**

Teen Vogue 是老牌时尚杂志 Vogue 在 2003 年创立的一个面向年轻女孩的时尚杂志,一直主打时装、美容、明星三大主题。不过,从 2016 年年中起,在时年 29 岁的新总编伊莱恩·韦尔特罗特(Elaine Welteroth)的带领下,Teen Vogue 在内容选题上扩展原来的"老三样",悄悄加入时政话题,从风花雪月变得先锋前卫。从 2016 年年末到 2017 年春,Teen Vogue 美国网站的浏览人数从 350 万人猛增到 800 万人。

Teen Vogue 的内容战略改变是不声不响逐渐发生的,不过其媒体影响力的爆发,可能还是因为 Teen Vogue 政治专栏作者劳伦·杜卡(Lauren

Duca）2016 年 12 月 10 日发布的那篇爆款文章——《唐纳德·特朗普正在精神蒙蔽美国》（Donald Trump Is Gaslighting America）。该文在 Twitter 上发布后获得 3 万次转发，资深媒体人丹·拉瑟（Dan Rather）亲自推荐，众多主流媒体转载。从此，Teen Vogue 在大众及潜在目标读者的心目中展现出了全新的形象：不仅仅谈口红、时装、男朋友，也可以指点江山，激扬文字。

Teen Vogue 的这一举措，正是经典的产品延伸战略：在用户的产品使用达到一定的饱和度后，比如，Teen Vogue 的读者花在杂志网站上的时间不再增加，其通过开发新产品——与原来风花雪月的内容不同，而是击中社会情绪热点的政治性内容——再次引发读者的兴趣，占据他们更多的阅读时间。对于 Teen Vogue 这样的时尚杂志而言，这就意味着更高的广告收入及更大的成长。

当然，作为一直以来都是在时装、美容、明星"老三样"上耕耘的少女时尚杂志，Teen Vogue 这样不避争议、切入社会热点话题的做法似乎有点冒险。那么它为什么敢于这样做？因为时代变了，读者特征变了。

Teen Vogue 的"00 后"读者群，成长于美国多元文化主义兴起的时代，社交媒体的兴起意味着她们的视野更加开阔。每日可见于手掌之间（手机）的世界风云变幻，让她们更有社会智慧，也更愿意发表自己的见解。因此，在不改女孩爱美之心的同时，她们更愿意接受社会及政治方面的主题。所以媒体若能在帮助她们提升外在形象之外，还能促进她们对于社会及人生方面的思考，则更有可能获得她们的青睐，从而提升杂志的影响力，扩大其覆盖面。这种社会变化，就为 Teen Vogue 的产品延伸战略打下了基础。

除了类似评价特朗普这样的时政热点内容，Teen Vogue 也打造社会问题的深度报道内容。比如，2018 年 7 月，它推出了类似《在美国做一个穆斯林女孩的心路历程与困惑》这样的深度报道。哈利马·亚丁（Halima Aden），一个 20 岁的索马里裔美国女孩（7 岁移民到美国），成为 Teen Vogue 杂志首位以包头巾装束登上杂志封面的封面女郎。

在采访文章中，哈利马公开袒露了自己作为美国人及索马里后裔的身份认同，当年作为一个难民的孩子在美国生活的酸甜苦辣，以及如今作为联合国教科文组织亲善大使的她是如何回馈社会的。随着美国社会多元文化主义的兴起，哈利马的故事给诸多少数族裔读者带来了激励与鼓舞。

作为一个数字化运营的媒体，Teen Vogue 的产品扩展除用在杂志上之外，也投入其多媒体内容，如视频中。比如，它推出了专题纪录片《弗林特小姐姐》（Little Miss Flint），讲述了一个叫科本尼（Copeny）的10岁女孩，在密歇根州弗林特市——一个自来水系统遭系统性污染的城市——如何成长为一个社会活动家及环保主义者，为父老乡亲的福祉大声疾呼抗争的故事。

2014年，密歇根州弗林特市爆发了美国历史上最大的公共饮水危机，由于官员的渎职，该市的家庭自来水系统发生了严重的铅污染，直接导致12人死亡、87人落下严重后遗症、10万人遭受铅污染（其中包括近1万名儿童），严重影响了当地居民的正常生活。可当地及州政府的政客却只顾扯皮，推卸责任。2015年，当时8岁的科本尼写信给美国总统奥巴马，恳求他出手拯救处于困境之中的弗林特居民。2016年，奥巴马亲临弗林特考察，回去之后推动通过了联邦紧急救助拨款，以修复弗林特遭受严重污染的供水系统。

为了儿童的权益，小小年纪的科本尼还成为弗林特的社区运动活跃分子，在2016年及2017年当地中小学开学之前，科本尼和一个叫作"背上你的背包"（Pack Your Back）的慈善机构收集爱心捐款，给贫困家庭的孩子赠送上学背的双肩包。

纪录片《弗林特小姐姐》特别聚焦了以下事件：2017年1月，科本尼作为最年轻的大使，参加了在首都华盛顿举行的"女性大游行"（Women's March），在游行过程中科本尼向参加者、媒体，以及通过社交媒体平台向全世界展示了在经过近三年的煎熬之后，弗林特的居民依然在等待着市政饮水系统的恢复，当地人依然每天靠瓶装水满足基本的生活需求。在周围游行大人的映衬下，科本尼的身影显得格外瘦小，但她的精神却慷慨激昂。

这个纪录片中的人物背景与 Teen Vogue 的读者群类似，她们容易感同身受，也能从科本尼的故事中汲取精神力量，鼓舞自我。

> **小　结**
>
> 　　*Teen Vogue* 的案例揭示了产品延伸战略作为一种成长战略的可行性。这一战略建立在对目标消费者群体深刻洞察的基础之上：如果能精准抓住潜在的、尚未得到满足的消费者需求，提炼新产品，将可能刺激新的消费，实现市场扩张的目标。

第三章

内容营销常用技巧

　　内容营销虽然是一种创意性较强的营销手段,但并非没有规律可循。比如营销人员都知道,紧跟热点是内容引起广泛回响的必杀技,每逢节日精心制作的相关内容,比平日更容易打动受众,用户创造的内容通常比品牌自己的更为客观,明智的企业不满足于仅仅让用户阅读内容,而是通过内容聚集滋养社区。此外,虽说在内容营销的主战场——社交媒体上,短平快的内容更讨喜,但其实有深度的常青内容具有更强大的生命力;还有,以讲故事为形式的内容总能让读者如痴如醉;最后,别忘了内容营销的目的是销售,而内容"把手"就是一个与此相关的技巧。

　　掌握了这些常见技巧,你的内容营销就可以轻松起航!

热点内容营销*

在内容营销中,热点内容营销是个强大但同时也充满风险的利器。如果缺乏恰当的战略,盲目跟风,不但会浪费精力,而且可能会招致反感。在营销宣传中追逐热点并不是一个前无古人的崭新概念,但可以确定的是,随着数字营销的普及,以及社交媒体的兴起,热点内容营销的走红有了技术及受众基础。

也许,热点内容营销的爆发,始于那个月黑风高的夜晚……

> **案例**

2013年2月3日,美国新奥尔良市超级穹顶体育场内,巴尔的摩乌鸦队和旧金山淘金者队(也称旧金山49人队)之间的超级碗决赛正在如火如荼地进行中。当比赛进行到第三节时,突然停电了,白昼般的球场瞬间陷入一片漆黑之中,但此时却有另外一批人觉得眼前突然一亮。360i和MediaVest——两家为奥利奥饼干服务的数字营销公司——嗅到了这个发生在全美电视观众眼前的热点,在Twitter上果断制作和发布了一条推文《停电了?没问题!》,并配上奥利奥饼干在类似黑夜的黑暗背景中的一张图,配文:"有了奥利奥饼干,黑暗中你仍然可以威武扣篮!"

---

* 本部分改编自窦文字,《520过去了,该怎样抓住下一个热点?》,FT中文网,2017年5月24日。

在这个令全美电视观众都为之瞩目的时刻,球场却突然停电,人们开始变得不安及无所适从起来,从电视屏幕转向手机屏幕(社交媒体)。主打实时信息流的 Twitter 成了打听相关信息或寻找慰藉的主战场。趁着这股势头,奥利奥发的帖子火了,本来大家都挺焦虑的,看了奥利奥的巧妙解释,不禁会心一笑。不到 24 个小时,这个 Twitter 上的帖子就被转发了 12 600 次,获得 4 000 个赞。在奥利奥的 Facebook 上,这个帖子也获得 19 000 个赞及 6 500 次转发。

奥利奥这次在全美电视观众面前实时蹭热点,热度范围并不限于自己的社交媒体账号。它的机智与新颖吸引了大量主流媒体(如《华尔街日报》《华盛顿邮报》《今日美国》《时代周刊》《福布斯杂志》《连线杂志》《快公司》等)和新锐媒体(如《赫芬顿邮报》《热门快报》等)的报道与关注。根据谷歌新闻(Google News)的搜索结果,这一新闻至少获得几百家媒体的报道。对于奥利奥来说,这个热帖绝对算得上是一次内容营销的"威武扣篮"。

这个经典案例,一般人可能认为就是蹭热点,不过,在内容营销领域,它有一个专业术语,叫作热点内容营销。

热点内容营销(newsjacking)这个词,由美国营销公关专家大卫·米尔曼·斯科特(David Meerman Scott)在 2011 年出版的一本同名书中首次使用,指的是把企业或品牌的想法及理念巧妙融入新闻性突发事件中,以期达到以下目的:媒体曝光,吸引顾客,塑造品牌,促进销售。虽然这个概念提出的时间不长,但是随着社交媒体的飞速发展,它在全球范围内的使用已经日趋普遍。

不过,虽然有不少热点内容营销大获成功的案例,但也不乏缺少正确思路、盲目追逐热点导致的败笔。这说明内容营销也需慎用。2005 年 8 月 29 日,卡特里娜飓风登陆美国新奥尔良市,冲毁了防洪堤,全市基本被洪水淹没。卡特里娜飓风造成的经济损失高达 750 亿美元,致使 1 800 人死亡,成为美国历史上破坏力最强的飓风。

卡特里娜飓风灾害发生后,有一些商家觉得这是一个可以跟风的热点,于是在仓促中发布了一些不合时宜的帖子,比如时装零售店 Urban Outfitters 称:"这场飓风真猛烈,但我们的包邮活动依然有效哟,就在今天。"类似这样的帖子，虽然追上了热点，却或者显得格调不高、令人生厌，或者没什么人响应，或者遭到批评。

显然，热点内容营销是个高收益、高风险的内容营销策略。由于它正式开展的历史不长，不少企业都处于摸索及积累经验的阶段。对于那些准备或者刚刚开始尝试的企业，有哪些规律及方法可以参考，以趋其利而避其害呢？下面将从热点内容营销的基本概念讲起。

■ 何谓热点？

从社会学的角度来看，热点指的是具有广泛社会影响力的事件。它通常会吸引大量而集中的媒体报道，以及社会自发的关注。一般而言，热点可以分为两类：确定性热点和突发性热点。

确定性热点指的可能是重大节日或活动，像春节、情人节、"双十一"、母亲节等，也可能是固定发生的重大社会事件（如高考），或者自然事件（赏红叶等）。既然是热点，当然也是热点内容营销的对象，比如一年一度的高考就是众多品牌关注的固定热点内容营销时节，像益达口香糖就推出了专门鼓励考生的"笑出强大"专题系列广告。总体而言，因为确定性热点可以预期并提前准备，而且有大量经验可以参考和模仿，所以追逐起来相对有规律可循。

但其实热点内容营销中更刺激、更有创意空间的是突发性热点，它又大致可以分为以下几类：

商业——比如美联航航班赶客、打人事件。

娱乐——比如歌手贾斯汀·比伯因酒驾、毒驾被拘捕。

体育——比如中国男足在2017年世界杯亚洲区预选赛上以1∶0战胜韩国男足。

政治——比如特朗普在2016年美国总统大选中胜出。

自然——比如卡特里娜飓风袭击美国新奥尔良市。

事故——比如2013年超级碗比赛场地突然停电。

社会——比如全球范围内竞猜裙子的颜色是白金色还是蓝黑色。

由于突发性热点事件的随机性及不可预见性，它往往更能激发大众的好奇及关注。同时，由于没有过去的规律或者样本可循，企业的热点营销大致处在同一个起跑线上，做好了，出彩的可能性更大。此外，突发性事件的特征可能各不相同，大家首先比拼的是对事件的反应及解读能力，看谁能从事件中找到合适的品牌切入点，然后才是内容创意、执行力及传播效率。

以下关于热点内容营销的分析将把重点放在突发性热点上。

■ 热点内容营销：真的应该去做吗？

虽然说热点内容营销可以成为内容营销的利器，但前面提到的一些令人沮丧的负面例子（如 Urban Outfitters 的案例）说明，盲目跟风热点是有风险的。那么，企业应该如何判断哪些热点是值得追逐的呢？图 3-1 所示的为热点内容营销决策框架。

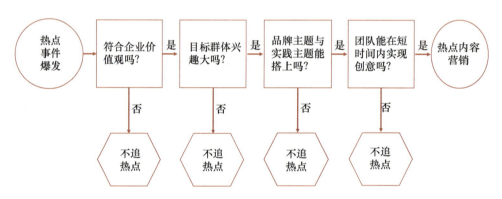

图 3-1　热点内容营销决策框架

在热点事件爆发后，有意跟风营销的企业首先应该问自己一个严肃的问题：这个事件的主题符合企业的价值观吗？如果事件的主题违背企业提倡的价值观，那么再大的热点也不应该去蹭。因为在公众心目中，建立对价值观的信任比打破要容易得多。

如果企业认定了事件主题不会损害企业的价值观，下面就可以研究跟风的必要性及可能的收益。第一个要考虑的问题是企业的目标客户对热点事件的兴趣有多大，比如某明星八卦事件占据头条，但企业目标客户对此类事件并不热衷，那么这个热点就可以考虑放弃。

接下来就是关注热点内容营销能否把品牌主题和热点事件主题有机联系在一起。毕竟，人们关注的是热点，而不是品牌信息，企业只有把品牌主题与热点事件主题糅在一起，才能借助目标客户群体对热点的关注传播品牌信息。但如果品牌主题与热点事件主题并不搭界，那就没有必要跟风这个热点。

最后，企业该审视的是自己的热点内容营销能力。热点内容营销不同于常规营销，要求企业必须在短时间内提炼创意、制作和发布热点内容营销作品。由于时效性是热点内容营销的生命，所以如果企业不具备高效、快速反应的能力，就不能实施热点内容营销策略。

■ 热点内容营销：受众、特征与机制

从社会心理学的角度看，突发性热点事件爆发后，大众的认知和情感会呈现以下特点：

认知方面，他们会迫切希望了解更多的信息，比如事件的来龙去脉、幕后因素、未来影响等。例如，2017年4月28日，美联航与被殴打并拖下飞机的旅客陶大卫（David Tao）医生达成庭外和解一事。虽然补偿金额没有披露，但据分析是天价，于是这个消息迅速成为热门商业新闻。人们好奇这个和解金额的同时，也想知道幕后双方律师博弈的细节，以及此事对美联航的长远影响。趁着这条新闻成为社交媒体的热点，香港城市大学 EMBA 官方微信很快组织了一篇分析文章，并在当天下午发布。这篇热点文章，由于其及时性（距离和解消息爆出只过了4个小时），引发了广大读者的阅读兴趣。

情感方面，突发性事件通常会引发人们强烈的正面或负面情感反应，这种情感和期待被相关内容放大、诠释，令人回味。比如，2016年12月6日，演员罗晋和唐嫣公布恋情，一时成为热议的娱乐焦点，网络上一片祝福之声。海尔第一时间运用热点内容营销策略巧妙切入："啥时候成亲，需要冰箱、空调、洗衣机吗？"俏皮之余，进一步放大了这种正面的祝福情绪。

在数字媒体时代，社会舆论热点传播发酵最快的地方莫过于社交媒体。每当热点事件发生之时，人们都会在社交媒体上蜂拥而至，他们除了解最新情况之外，也会通过评论、点赞、转发等行为，在自己的社交圈子里表达自身对热点事件的态度，寻求意见认同。所以突发性热点事件爆发之时，往往也是人们社交需求强烈、社交媒体刷屏的时候。一般在这种情况下，社交媒体平台（如微博）可能就会根据热点信息搜索量，聚合出实时热搜榜。

总的来说，热点事件的爆发激发了大众强烈的信息、情感及社交需求，这些需求转化成内容需求，为企业进行热点内容营销统一了方向，如图 3-2 所示。

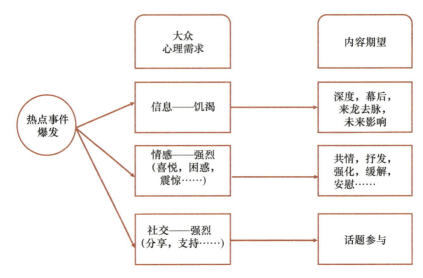

图 3-2　热点内容营销：受众心理需求与内容期望

■ 热点内容营销策略：热点与品牌怎样融合？

品牌的热点内容营销究竟怎样才能做好？完全依赖营销人员每次在突发事件爆发时刻都能"创意如泉涌"是不现实的。那么其中有哪些规律可循呢？

这个问题的答案可能来自营销中赞助和植入领域的研究。热点内容营销与赞助、植入的相似性在于，企业的营销活动，作为副体都希望能参与到主体的活动中去。在赞助情境中，主体是观众的关注中心，比如电影《变形金刚3》，副体指的是品牌赞助，如男主角山姆（Sam）身上穿的美斯特邦威 T 恤衫。类似地，在热点内容营销情境中，主体是大众关注的热点本身以及媒体的报道和解读，副体是品牌内容参与。

赞助，作为一种营销现象，近十余年以来越来越常见，学术界有很多相关的研究。总体来看，大部分研究都认为植入品牌与主体活动的关联度是决定赞助效果的一个重要因素。消费者感知到的赞助商品牌与主题活动的关联性越强、越自然，植入的效果就越好。比如，在电影《壮志凌云》中，汤姆·克鲁斯扮演一位战斗机飞行员，他戴着雷朋墨镜的镜头令观众印象深刻，墨镜与他自身的潇洒帅气完美结合。这次植入被誉为电影史上最成功的产品植入之一，雷朋墨镜也在影片上映之后销量大涨。

但有些植入与主体没有太多的有机关联，那样就会引起观众的负面反应。比如，现代汽车赞助美国恐怖电视系列剧《行尸走肉》。这次植入出现了两个问题：一是现代汽车与电视剧中的情节以及角色形象都缺乏有机联系；二是剧中的现代汽车在镜头里显得太新了，没有灰尘，没有血迹，甚至连个刮痕都看不到，产品植入得非常生硬。针对这次植入，有网友拍摄了《行尸走肉恶搞版》，打趣现代汽车能在任何地方神奇地出现，而且不论僵尸如何疯狂反扑，车辆总是完好如新……

现有研究发现，有两个因素决定了人们对品牌植入相关程度的感知。一是相关，表示品牌的植入对于活动或场景有意义，能起到锦上添花的作用。比如电影《壮志凌云》中汤姆·克鲁斯佩戴雷朋墨镜，就对其桀骜不驯的人物性格起到画龙点睛的作用。二是预期，即观众觉得品牌在主体活动中的植入是自然的，是可以预料到的。比如，因为高空射线强烈，飞行员戴墨镜可以保护眼睛，所以《壮志凌云》中墨镜的植入就非常自然。但如果植入飞行员喝某品牌咖啡的镜头，观众就会觉得突兀。

热点事件爆发时，人们关注的是热点事件主体本身及其方方面面。很少有人会主动去关心企业的热点内容营销，除非确实与热点相关。那么，企业的热点内容营销怎样才能提高与热点的相关性呢？可以借鉴关于品牌植入相关性的研究，将其类推到热点内容营销上，从相关及预期两个维度入手，提高其相关性。

当热点事件发生时，企业的首要任务是确定热点事件的核心主题或者关键词。虽然对于热点事件的解读都是见仁见智，但一般而言，会有一个大多数人关注的核心主题。比如，美联航赶客的核心主题是消费者权益保护。企业在确定了热点事件的主题或关键词之后，就能以此为参照组织自己的热点内容营销主题，具体可分为以下几种情况：

1. 分毫不差——热点内容营销主题与热点事件主题类似

2015年2月27日，苏格兰的一位女士参加好友的婚礼，看到不少人

在争论新娘妈妈身上裙子的颜色是白金色还是蓝黑色,于是索性把裙子的照片发到社交媒体平台 Tumbler 上让网友评判。敏锐的新闻聚合网站 BuzzFeed 捕捉到了这个信息,在半个小时后把这个问题制作成投票问卷,扩散给广大受众。一时间,人们的好奇心爆棚,从明星到普通用户,都在社交媒体上发表自己的意见,各自选边站队。高峰时段,BuzzFeed 网站上同时有 70 万人在看这个帖子,刷新了其有史以来最大访问量的纪录。这个几乎在全球同时发酵的社会热点,理所当然地成为众多品牌进行热点内容营销的对象。

衣服漂白水品牌 Clorox 的热点内容营销只用了短短一句话:"听我的没错,裙子是白色的",虽然朴实无华,但直接聚焦裙子颜色这个事件主题,同时又巧妙地联系到品牌的核心属性,即漂白水可以让衣物更白。在这个热点内容营销中,Clorox 作为一个对服装进行彩漂的品牌,与事件的场景直接相关,同时它的出现对于衣服颜色这个主题又是可预期的。因此,其热点内容营销非常自然,幽默中得出的结论令人印象深刻。

2. 意料之中——热点内容营销主题与热点事件主题下的子主题类似

> **案例**

裙子颜色事件的关键词是人们对于颜色认知的差异,但表面特征其实就是两组颜色:蓝黑与白金。美国快餐连锁品牌唐恩都乐(Dunkin' Donuts)的热点营销是这样做的:在 Twitter 上展示两个甜甜圈的图片,一个的奶油表面是蓝底黑线,另一个则是白底金线,并配文"不管是蓝黑还是白金,我们的甜甜圈吃起来都一样可口"。

唐恩都乐的热点内容营销策略是从事件的子主题(次要主题),也就是这条裙子可能的颜色入手。虽然颜色并不是甜甜圈本来的核心产品功能,但通过奶油颜色这个切入点,唐恩都乐在甜甜圈和裙子的颜色这一事件之间建立了一定的相关度及可预期性,从而巧妙地插入自己的品牌卖点,丝毫不显得突兀。

3. 剑走偏锋——热点内容营销主题与热点事件主题偏离

虽然说热点内容营销的主题一般情况下应该尽量靠近热点事件的主题或者子主题，这样更易于获得受众对于相关性的认可，但在有些情况下，故意将热点内容营销的主题偏离事件主题去布局，剑走偏锋，也是一种可能的策略。

这种策略有可能在两种情况下用到：一是品牌的主题确实与事件主题相差甚远，如医疗仪器与忠诚；二是有太多的品牌都沿着事件的主题去布局，会使受众倦怠，这时剑走偏锋可能会产生出其不意的效果。

> **案例**
>
> 裙子颜色事件发生后，当不同行业品牌从不同角度诠释"颜色"时，棒约翰比萨（Papa John's Pizza）宣称："大家为了这些颜色争论不休有什么意思，够了！每个人都喜欢比萨，不是吗？"
>
> 这种不靠近事件主题、不走寻常路的热点内容营销策略有其适用的场合，不过需要谨慎使用，毕竟大家对于热点事件的关注，主要聚焦于热点主题，而不是其他。

■ 热点内容营销如何系统化？

开篇案例中，奥利奥饼干利用 2013 年超级碗比赛场地停电事件为主题进行热点内容营销，反映的是热点内容营销的敏锐性，以及在事件子主题（漆黑）上做的巧妙文章。那么，这个点赞和互动均过万的"神帖"，是否仅仅靠的是内容营销人员的灵光一现呢？当然不是，它后面有一套完整的热点内容营销系统，我把它总结为"Ready-Set-Go"（瞄准—战斗—发射）模型。

瞄准

突发性热点事件的特点是爆发鲜有先兆。比如，2017 年 3 月 23 日晚，世界杯亚洲区预选赛中国男足对战韩国男足，大多数媒体、观众都不看好中国男足。当中国队以 1∶0 锁定胜局时，举国沸腾。进行热点内容营销的企业也开始忙碌起来，基本上第二天上午各家的作品就已出炉，再往后出来的则错过了最佳时机。

怎样才能在第一时间抓准热点？回到奥利奥的案例上，它之所以对热点事件有闪电般的反应速度，是因为当天奥利奥自己的营销人员及其广告公司 360i 的工作人员，都同处在位于曼哈顿翠贝卡区的一个"社交媒体作战室"（social media war room）中，实时观察超级碗的进程及社交媒体的反应。赛场停电事件一发生，广告公司的代表就提出进行热点内容营销的建议，并立即获得奥利奥品牌方的批准，360i 公司十几个人的团队里包括战略、创意、制作等方面的专家，所以从事件发生、决定跟风、获得批准到完成发布只用了不到半个小时的时间。

奥利奥的成功案例有以下启示：首先，需要在内容营销人员的配备上进行全天候的执勤安排，因为突发性热点事件的发生不会区分是工作日还是周末和节假日。其次，相关人员应该养成经常搜索网络热点的习惯，并熟悉相应的分析工具，比如 Google News、微博实时热搜榜等。再次，负责热点内容营销的专员应该有相应的授权，否则，如果按常规做法逐层汇报批准，往往会耽误最佳的热点时机。并且，企业应该尽早对热点内容营销专员进行专业判断力、法律、风险防范等方面的培训，这样，当突发性热点事件爆发时，热点内容营销专员才能在较短的时间内做出是否适合跟风的判断。最后，热点内容营销的准备工作还应该包括常用素材库、模板等的收集和保存，比如品牌标志（logo）、产品照片、视频等素材，需要时可以迅速选取或加工整理。

战斗

企业一旦做出进行热点内容营销的决定，下一步就进入具体的创意阶段。出于热点的特殊性方面的考虑，这个紧凑的过程就像一场战斗。首先，热点内容营销专员要提炼突发事件的主题（或者关键词），然后决定创意策略。企业需要选择用什么策略将品牌主题与事件主题相关联：是围绕"分毫不差"的核心事件主题，还是聚焦于"意料之中"的事件子主题，抑或是干脆"剑走偏锋"，另起话题？热点内容营销专员需要快速确定战略方向，以便创意人员尽快提出具体的创意实施方案，并让制作人员尽快实现。

发射

热点内容营销通常由企业自身的社交媒体账号予以发布，因为这是企业自己可以完全控制的发布渠道。但除此之外，还有什么方式可以让企业辛辛苦苦做出来的热点内容营销作品传播得更快、更广呢？

首先，企业应该考虑除社交媒体之外，也在自己的其他平台，比如网站、电邮订阅群组等上发布以增大扩散面。其次，企业可以考虑在第三方平台如YouTube、Medium、Reddit、界面、知乎等上发布，鉴于热点话题的吸引力，这样做有可能争取到有利的展示位置。最后，在热点事件爆发初期，大众（包括媒体）都可能处于信息真空期，媒体记者也在寻找更多的信息渠道，所以如果企业的热点内容营销确实有"干货"，就应该主动联系媒体投稿。若是成功了，就可以获得免费的媒体报道和传播。这一策略也适用于和意见领袖的合作。

所以，热点内容营销的作品发布出来只是成功的一半，把它发射（传播）得更广、更远，方为正道！

小　结

热点内容营销并非盲目跟风，而是需要了解热点事件背后受众的社会心理特征，找到合适的主题创意方法，最后，根据文中提出的瞄准—战斗—发射三阶段模型全面铺开。

节日内容营销*

在社会心理学框架中,节日指的是人们生活中的特定日子,用于纪念特别事件(如国庆节)、历史典故(如端午节)、人物角色(如母亲节)等。人们对节日通常有情感性期待,也伴有特定行为(过节)。在节日期间人们一般会展现正面情绪,也乐意分享节日的喜悦。这种强烈的情感特征意味着,节日是企业进行内容营销的好时机,可以体现出品牌的共情(empathy),拉近与用户的距离。

每个节日通常都会有其特定的含义(核心主题),比如情人节是情侣之间的爱情;伴随着共同认可的仪式,比如情人节送花、吃烛光晚餐等;有明确的符号,比如情人节的玫瑰、心形巧克力、粉色等;而且还有可能牵涉到对节日含义的延展,比如在国外,情人节虽然主要表现情侣之间的爱情,但后来也逐渐扩展到广义的"爱",比如亲人、朋友及其他利益相关者(对企业来说可能指客户)之间的关爱。

从核心主题、仪式、符号到延展主题,人们对节日内涵的诠释逐渐放宽,但大致上依然保持了对节日的敬意。的确,节日有社会主流习惯认可的庆祝方式,但人与社会都有复杂多样性,社会心理学中的抵触理论(resistance theory)认为,社会中的部分群体,可能出于种种不同的原因,展现出与他人(如主流群体)在理念或行为上的差异。在节日场景下,他们或者规避节日庆

---

* 本部分改编自窦文宇,《如何让节日内容营销出彩?》,FT 中文网,2017 年 2 月 22 日。

祝，或者以与主流不一致的方式表达自己对节日的独特理解与感受。

综合以上分析，本书提出一个关于节日内容营销的框架（见图3-3），它涵盖了节日的主要元素及相应的可能的内容主题。

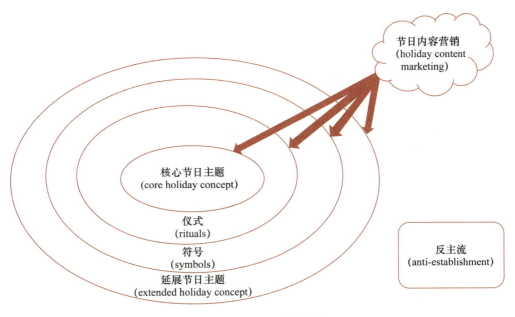

图3-3 节日内容营销框架

为了验证以上理论框架的实用性，本书分析了中国及其他国家的社交媒体上知名品牌的情人节内容营销手法。

在中国社交媒体上选取的研究样本是2017年新浪微博企业官V排行榜中前十位的品牌（账号）：OPPO、网易阴阳师手游、魅族科技、完美女人CChannel（后改名为美少女星球CCHANNEL）、网易云音乐、支付宝、天猫、彩妆资讯羊咩咩、英雄联盟和vivo，分析它们的情人节内容营销手法。对每个品牌，选取其官方微博在2017年2月14日发布的帖子，其中每个品牌都发布了至少一个关于情人节的帖子；一天内发布的帖子多于一个的，则重点研究营销内容最具体的那个。通过对帖子的内容进行图文分析，总结出内容要素。

在国际社交媒体上选取的研究样本为Econsultancy发布的全球30个具有优秀社交媒体营销战略的品牌。其中包括《财富》500强公司，如GE、可口可乐、耐克，也包括新晋品牌，如Net-A-Porter、Paddy Power、Innocent Drinks等。对于每个国际品牌，调研其官方主要社交媒体账号（Facebook、Twitter、

Instagram）在 2017 年 2 月 14 日发布的帖子，重点选取营销内容最具体的帖子。在 30 个国际品牌中，约有一半没有发布与情人节相关的帖子，在剩余的品牌中，为了与中国样本品牌数相匹配，选取了 10 个情人节内容较为突出的品牌。

由于篇幅限制，以下将选取和展示不同种类的情人节内容营销案例。

1. 与核心节日主题直接相关

情人节的核心内涵，当然是与（寻找）爱情息息相关。显然，这一天应该是年轻人这个念头最强烈的时刻，也是对这个题材的内容最关注的时刻。

于是在这一天，魅族科技在其官方微博上讲述了一个长长的女孩单相思的故事：有一个女孩，在大学里认识了一个男孩。两人不时在一起自习，参加各种活动。女孩对男孩颇有好感，但男孩却从未向她表白过。毕业季来临时，女孩只能怅然地告别男孩，二人各奔前程。

本以为这个一千多字的长微博讲述的是一个凄凄切切的暗恋故事，没想到结尾却峰回路转——男孩在情人节当天给女孩发了一条短信："明天北京演艺中心魅蓝新品发布会，你来不来？"女孩看到后，毫不犹豫地跑去向经理请示："领导，这次发布会，我去。"

爱，可以疯狂；品牌植入，却不动声色。魅族科技的这次情人节营销，直奔主题，却又毫无违和感。

2. 与节日仪式相关

情人节吃巧克力，是一种常见的节日风俗。每年情人节，巧克力的销量和鲜花一样，都有明显的增长。

美少女星球 CCHANNEL 是一个关于日本美容、美食及生活的女性内容频道。它的情人节帖子没有偏离其美食基因，所附的小视频介绍了如何用巧克力及棉花糖制作夹心小饼干，传递出这样的品牌意境：甜蜜的日子，当然也要吃得甜甜蜜蜜！

3. 与节日符号相关

什么样的符号最能代表情人节的内涵，估计没有比心形更合适的了！荷兰航空的微博图片帖中，一架翱翔在蓝天的荷兰航空的飞机正在穿越一块心形的云朵，那一瞬间，荷兰航空仿佛将旅客带进美好的爱的天地，契合其社交媒体粉丝当日的心情。

4. 与延展节日主题相关

一般人可能认为情人节只与情侣之间的爱有关，但其实在这个节日的发源地——西方国家，情人节也有广义的爱的含义，比如家人之爱、朋友之爱，等等。

一家表面上看起来和情人节不太沾边的家装零售商——劳氏（Lowe's）——发布了一个独具特色的情人节图片帖：一个可爱的小女孩张开双手躺在地上，摆出英文字母 V 的造型，配上她在旁边用粉笔写的字母 L、O、E，拼出来正好就是英文的 LOVE（爱）。画面中孩童的眼睛里流露出天真无邪的爱意：爱父母，爱老师，爱同学。

劳氏想通过图片传达的意境就是：只要心中有爱，每一天可能都是温暖的情人节（且有劳氏的陪伴）。

5. 反主流

在年轻人的心目中，情人节可能是一个两极分化严重的节日：既有幸福的"情侣喵"，也有孤独的"单身汪"。虽有不少品牌的情人节营销是讴歌爱情，但也有另辟蹊径，把关注点放在单身一族身上的。

比如，将年轻人作为主要目标客户群体的 OPPO 手机，联合德芙巧克力，发起了一个情人节大比拼活动：宣称情人节不再只属于情侣。这一天，不但可以拥有情侣之间的甜蜜欢愉，也可以享受单身的潇洒快乐。OPPO 在其官方微博上邀请单身一族和情侣晒照片，发出自己的快乐宣言，赢取 OPPO 手机、德芙巧克力等奖品！

OPPO 的这种反主流的节日营销做法，为这个节日里可能感到孤单的人带来了快乐，同时，也加深了目标客户群体对 OPPO 快乐品牌调性的认知。

小 结

节日对于人类而言是情感浓度很高的日子，同时也是企业内容营销展现与用户共情的良机。本书从社会心理学的角度出发，分析并提出了一个节日内容营销框架，其中包含核心节日主题、仪式、符号、延展节日主题及反主流五个维度。该框架在实证研究中获得支持，企业在实战中可以通过聚焦不同的维度诠释品牌心目中的节日，达到理想的节日内容营销效果。

用户创造内容战略*

假设你的公司参加了一个展示品牌及产品的线下活动,有人来到公司的展台附近,忙前忙后地拍照,拍完后认真修图,并贴心地在每张图片上加上让读者容易理解的文字,最后把图文报道上传到社交媒体上发布。

这个人应该是公司市场部或公关部的员工吧?

错了,这个人可能只是一个粉丝。

案例

2019年5月12日,中国第十一个防灾减灾日,歌手蔡徐坤作为中国扶贫基金会减灾形象大使,出席了"向灾害SAY NO"公益科普活动的启动仪式。

蔡徐坤的一个粉丝(网名:捏捏胖蔡的肥脸叭)恰好在活动现场,其显然在观众席中占据了一个居中的不错的位置,抓拍了一系列清晰的画面,之后又配上简明生动的文字,比如,一张照片上蔡徐坤在领形象大使委任证书,配文:"自豪!骄傲!";另一张照片是他打开证书在看,配文:"瞅瞅这里面表演了啥。"……虽然这个网友的微博账号当时只有10个粉丝,但因为其现场直击报道对其他粉丝而言弥足珍贵,所以被收录进"蔡徐坤粉丝群超话"专栏。

---

* 本部分改编自窦文宇,《社交媒体营销中的UGC战略》,FT中文网,2019年8月6日。

这个网友的报道，就是经典的"用户创造内容"。在企业的社交媒体及内容营销中，用户创造内容具有以下三个优势：

一是真实感（authenticity）。据咨询公司 Stackla 2017 年发布的调查报告称，90% 的受访消费者认为，是否真实不造作，是他们会否喜欢品牌的一个重要因素。

在上述案例中，虽然蔡徐坤是当红的明星，但他的黑粉其实还不少，比如质疑篮球身手不佳的他，为何能作为美国职业篮球联赛（NBA）在中国的代言人，或者质疑他作为迪士尼新片《狮子王》的宣传大使，与影片主题的关联性。

在这种背景下，假设上述的减灾科普活动现场报道，不是来自这个网友，而是由蔡徐坤工作室发布，给人的感觉就像是企业公关稿，难免又会有人质疑蔡徐坤与减灾的关联性：是不是在为自己贴金？相比之下，这个网友的报道属于个人行为，无任何商业利益，其文字和图片中传达出的喜悦及自豪，未经修饰——这种真实感，传达出可信度。

二是关联感（relatability）。用户自己创造的内容，自然和用户有更紧密的关联。咨询公司 Mavrck 2017 年公布的数据显示，在 Facebook 上，读者和用户创造内容的互动程度比和品牌发布内容（如广告）的互动程度高 6 倍以上，体现出读者对于前者更能感同身受，因此容易与之互动（比如评论、点赞）。

比如，蔡徐坤工作室的主要任务之一，是维持和加强偶像在粉丝群里的品牌影响力，虽然工作室自身在这方面有不少工作可做，但毕竟是其向用户的传播，而用户对于商业宣传或多或少有点戒心或者距离感。相比之下，来自普通用户的品牌分享，其他用户更容易理解与接受。比如，其他粉丝看到这个粉丝的报道更容易感同身受，为偶像的社会正能量感到骄傲，同时可能还有一丝嫉妒——真希望我也能在现场！

三是社会认同（social proof）。社会认同（或社交认同）是社会心理学中关于人际影响力的一个重要理论，指的是当人们在做决策时，如果缺乏或未掌握足够的信息，往往会倾向于参照他人的决策做出自己的决定。这种倾向性，在便利的数字社交媒体环境下得到了充分的发展和运用，如美国最大的点评网站 Yelp 以及中国的大众点评、知乎、小红书等的兴起，而用户创造的品牌内容，正是社会认同的内容表现。这个趋势也在研究中获得证实，比如，澳洲软件公司 Stackla 2019 年的调查显示，79% 的消费者表明用户创造内容对其购买决策有直接影响。

■ 用户创造内容的营销意义

在社交媒体营销环境下，用户创造内容指的是用户在社交媒体平台上自愿发布的提及企业品牌（或相关主题）的内容，包括文字、图片和视频等形式。

为什么用户创造内容近年来越来越风行？一个原因是，在智能手机高度普及的数字社交时代，年轻一代的消费者更容易，也更热衷于自己创造内容，比如在餐馆吃饭时，不急于下筷而是先忙于拍照。社交网络的内容聚合平台 Tintup 2020 年的调查表明，千禧一代的消费者贡献了社交网络上 70% 的用户创造内容。另一个原因是，在社交媒体环境下，人们更愿意分享，这种分享更便捷，传播范围更广——在他们的分享中，有相当多的内容就是自己创造的。比如，2019 年社交内容营销平台 Stackla 发布的调查表明，79% 的旅行者会分享他们的旅行经历（记得朋友圈每逢假期的旅行晒照大赛吗？），而这些真切的购物经验和体验（如朋友购买的旅游产品）分享，通常是影响用户购物（如旅游产品）决策的关键因素。

用户创造内容的流行及其成为一种不可小觑的消费力量，意味着商家需要在营销战略中更多地考虑如何运用和发挥其优势，以达到企业的营销目的。

不过，虽说用户创造内容可能是企业社交媒体营销的新工具，但在实际运用中企业可能会遇到挑战，比如，从传达的情感角度而言，用户创造内容具有正负属性（valence）：不必诧异，在一个开放的、参与人数动辄上亿的社交平台上，用户提及品牌的内容，不一定都是正面的溢美之词，实际情况也确实并非如此。

> **案例**

社交媒体有史以来可能最早也最为出名的用户创造内容——歌曲 United Breaks Guitars——很遗憾，就是负面的。

2008 年夏日的一天，加拿大歌手戴夫·卡罗尔（Dave Carroll）乘坐美联航的飞机从哈利法克斯飞往奥马哈，在芝加哥机场转机时，恰好看到美联航的地勤人员野蛮装卸他托运的价值3 500美元的泰勒（Talor）牌吉他。到了目的地，他发现吉他果然已经破损，无法使用了。戴夫先是给美联航客服打电话要求赔偿，但一直无果。一气之下，作为歌手的他发挥特长，以此事件为主题创作了一首歌曲——United Breaks Guitars。2009年7月6日，他把歌曲的MV（音乐短片）上传到YouTube上，当天就实现15万次播放，1个月之内达到500万次。这个病毒般快速传播的视频终于让曾经傲慢的美联航低下了头，其顾客关系部主任罗布·布拉德福德（Rob Bradford）亲自给戴夫打电话致歉，并请求戴夫许可美联航在以后的顾客服务培训课中使用这个MV。

为什么一个关于托运行李受损的用户创造内容，就能掀起如此轩然大波呢？

在时机等巧合因素之外，一个根本的原因在于，在企业与顾客的交往关系中，企业忽视了顾客发出的社交信号（social signals），而顾客对于这种忽视感到的不满，又通过社交媒体发布的内容散布了出去。

戴夫·卡罗尔创作的内容由于其有趣性（歌曲形式）及专业性（专业填词、谱曲、制作）获得了大众及媒体的集中关注。在众多的社交媒体上，可能还有不少用户发布的关于产品及服务的负面内容，而企业对这些与品牌相关的"信号"却可能不知或不管，任其发酵，从而一点一滴地腐蚀着品牌声誉。

■ 从信号理论视角看用户创造内容

关于人际关系的社会学理论指出，社交信号指的是人们在与他人交往的过程中做出的举动，目的在于表达自我或是提示（影响）交往对象。社交信号可能是非语言性的，比如面部表情、身体姿势等，也可能是语言性的，比如发出语气词和笑声等。在人际交往中，能及时准确地理解、捕捉交往对象发出的社交信号，并做出自然、恰当、得体的反应，会被交往对象认定为值得信赖，被认为是高情商的一个标志。事实上，在近年来关于智能机器人的研究中，机器人是否能够理解人类发出的社交信号，并做出相应的反应，被认为是判断机器人智能程度的一个重要方面。

社交网络平台，顾名思义，即人们在网络空间建立社交关系的媒介。而企业在此类平台上开通账号,践行社交媒体营销,也就是寄希望于通过在虚拟社交空间与(潜在)顾客进行交往,加深顾客对于品牌的了解与印象,提升顾客关系。而能否及时有效地识别顾客发出的品牌相关信号,则是这种基于社交媒体的营销方式能否达到其效果的重要因素之一。

从这个角度来看,社交媒体上的用户创造内容,其实就是用户——在有意无意间——向品牌(企业)发出的社交信号,而能否把握、处理、应对好这些信号,在某种程度上决定了企业社交媒体营销的用户敏锐性,以及相应的营销效果。

和线下社交信号有约定俗成的规则习俗(如向对方挥手表示再见)类似,在社交媒体平台上也有相应的社交信号规则习俗。其中,品牌社交信号最常用的有:① #(主题标签),表明用户愿意就这个主题发言;② @符,类似于向对方打招呼或引起对方的注意。

基于社会学中关于人际交往的信号理论,结合社交网络上用户创造内容的主要形态,本书从用户信号的属性特征出发,总结提出了企业应对并运用用户创造内容的战略思路,如图3-4所示。

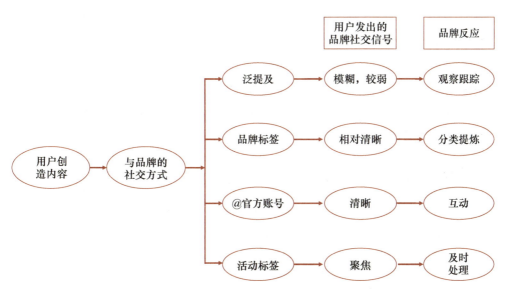

图3-4 用户创造内容的品牌反应模式

该模式框架指出,根据品牌在内容中提及的方式不同所体现出的品牌社交信号的强弱或清晰程度,可将用户创造内容的品牌反应模式分为以下主要类别,而每一类都可能需要企业做出有针对性的营销反应。

1. 泛提及

指的是用户在社交媒体帖子（也包括图片、视频或其他多媒体形式）中，提到品牌或产品名称。比如，"今天下午去喝了一杯喜茶，的确名不虚传"，或是"这张照片是用小米 CC9 拍摄的，不错吧？"由于发帖者没有@官方账号，或是使用品牌产品主题标签（如#小米 CC9#的微博主题标签），品牌方如果不花费一番工夫就难以发现。

这个现象说明：一方面，用户可能不知道官方账号或主题标签；另一方面，可能也反映出用户期待与品牌发生社交互动的意愿不强，内容主要是描述个人的行为或感觉。

比如，2019 年 7 月 31 日，一位韩国女游客在 Instagram 上发布的帖子，提到了 Universal Studio Singapore（新加坡环球影城）的名字，表达了自己的一些游园感想（比如，乐园有点小）。

一般而言，这种用户创造内容传递的品牌社交信号模糊，在众多的社交媒体上较难被企业发现。不过，企业若是能够运用社交监测（social monitoring）类软件工具，比如 Mention、BuzzSumo、Hootsuite 等，就有可能监测到对于品牌的提及。无论是正面的还是负面的提及，只要品牌能及时做出回应，就可能给本身没有太多品牌互动期待的用户带来一点惊喜——认为品牌的社交媒体营销鲜活可亲。例如，上述韩国游客发布的关于新加坡环球影城的内容有一点负面的意味，此时新加坡环球影城若是可以监测到并及时给予礼貌的回应，就相当于完成了新媒体营销中的服务补救。

2. 品牌（或产品）主题标签

指的是用户在社交媒体帖子中加入品牌或产品主题标签。比如，2019 年 7 月 31 日，一位来自马来西亚（或印度尼西亚）的女游客，在 Instagram 上发布了一个帖子，画面中为欢乐的妈妈及儿子，文字中使用了#universalstudiosingapore 的品牌主题标签。

一旦用户在其创造内容中使用品牌主题标签，就意味着用户发出了一个相对清晰的品牌社交信号，品牌便可以便捷地聚合所有用户创造的相关内容。

比如，新加坡环球影城可以找到所有使用#universalstudiosingapore 主题标签的帖子，完成下述营销任务：总结顾客旅游体验的调性（比如，过去一个月内，提及乐园的帖子有多大比例为正面的？），发现谁可能是意见领袖（比如，来自 X 国家的游客 Y，其相关帖子获得上百条评论），分析顾客服务建议（比如，过去一个月内 20% 的帖子都提及乐园需要增加饮水处），等等。

3．品牌官方社交媒体账号

指的是用户在社交媒体帖子中直接嵌入品牌（或产品）的官方社交媒体账号。比如，2019 年 8 月 1 日，一个名叫多米尼克·伯吉斯（Dominic Burgess）的美国网友在 Twitter 上发了个帖子，热切期待好莱坞环球影城发布《万圣节迷宫》游戏的细节，并表示如果这个迷宫中没有使用音乐剧《猫》中的场景，那就是不够档次。

多米尼克的帖子直接@了好莱坞环球影城的官方账号（@unistudios），根据@这个符号在社交媒体上的含义，也就是相当于向好莱坞环球影城喊话：这次的《万圣节迷宫》游戏设置，可千万要做得有档次啊！可以看出这种场景下的品牌社交信号非常清晰，企业在社交媒体营销中应尽可能做出回应，以使用户满意。

4．品牌活动主题标签

指的是用户在社交媒体帖子中，为了响应企业发出的主题活动号召，使用企业指定的品牌（或产品）活动主题标签。

在这种场景下，用户发出的社交信号具体、明确，而且主题活动通常具有时效性，用户可能也有获得回报的期望（比如中奖），所以他们会期待企业给出及时的回应，比如，结果的公布、参与情况的综述发布，等等。

比如，2017 年 9 月 6 日，美国第三大移动运营商 T-Mobile 宣布推出与网络流媒体内容服务商 Netflix（网飞）合作的新产品——ONE Family Plan，加入这个服务计划的用户，可享受观看不限量的 Netflix 节目（比如美剧《纸牌屋》）的服务。

为了宣传这个重磅产品，T-Mobile 在 9 月 7 日这一天在社交媒体上举办了一个用户参与活动——迷因（meme）马拉松大赛（类似于表情包大赛）：@T-Mobile 的官方 Twitter 账号请粉丝参与挑战活动，即让他们根据 Netflix 电影中的经典台词，创作一个迷因，然后加上活动主题标签，在个人社交媒体上发布。

于是大家就以 Netflix 影片中经典台词的迷因参赛，比如，用户杰茜卡·罗丝·库内奥（Jessica Rose Cuneo）的参赛作品是："我闯下大祸了！"（I have made a huge mistake.）

在每个准点，T-Mobile 的官方账号就会进行抽奖，比如，以迪士尼可爱唐老鸭形象获奖的网友萨米（Samiee）的奖品包括免费手机、耳机等。

T-Mobile 的这个用户参与活动对于创意没有限制，唯一的要求就是每个参赛帖子都需要使用活动主题标签（#netflixonus）。类似于#T-Mobile 这样的品牌主题标签，用户发帖时可随时使用，不存在时效性问题；但类似于#netflixonus 这样基于活动的主题标签，则具有很强的时效性，需要企业及时处理用户发布的信息。

因此，企业在处理围绕活动主题产生的用户创造内容时，首先需要保证自身的系统具有及时追踪的能力，同时在用户回应上投入资源，快速响应。这样方能保持用户的参与积极性，培育其对品牌的好感及黏性。比如，前面提及的用户杰茜卡，她在抽奖时虽然没有被抽中，但 T-Mobile 账号的小编依然在她的帖子下给予及时的回应，鼓励她下次再参与。

总之，基于时效性主题的用户参与活动，在恰当的引导及激励机制下，可在短时间内产生大量聚焦性的用户创造内容，为企业营销提供充足的内容弹药，值得尝试！

■ 用户创造内容：可我所在的行业（企业）有点乏味怎么办？

有些人会认为，用户创造内容，只有那些产品有趣、用户有表现欲的企业才适合，比如科技、时装、美食、旅游之类的。如果是下面这样的一家企业，还有戏吗？

它有百余年的历史，不过业务只限于一幢古老的建筑内，用户和它的往来可能只限于匆匆而来又匆匆而去；算不上高科技，也不属于产品经常有变化的那种，甚至容易陷入一成不变的境地。它就是位于纽约市中心的中央车站（Grand Central Terminal，GCT）。

从一开始，GCT 就认清了自己的产品特点：它是一个基本固定，不大可能新意连连的成熟产品；用户使用产品不是为了专程来观光，通常用完就会离开。所以,如果做内容营销,只在产品上打转,并不是一个明智的决定:因为产品可讲的故事可能会很快枯竭,在社交媒体营销上会显得寂寥尴尬。

但另一方面,GCT 的优势在于用户:每天有约 75 万人来到这里。他们中有上班族,也有世界各地的游客。他们的社会背景各异,来到 GCT 的目的可能也多种多样:或许有赶去进行重要商务谈判的,有奔赴约会地点的,有经过这里去游览久闻大名的自由女神的,有下班后从华尔街回到新泽西的家中陪伴孩子的……每一个来到 GCT 的人,心中可能都有一个故事,或者本身就是一个故事……

GCT 于是明智地把内容营销的重点放在用户创造内容上,它的 Twitter 及 Instagram 的内容大约有一半来自用户创造。它用#ShareGCT 的主题标签,集聚用户创作的关于 GCT 的照片和帖子,其中质量高的还能获得在官方账号展示的机会。有时 GCT 也会抽取其中的幸运儿给予物质奖励——让用户获得曝光、产生社区归属感及感到荣耀。

不过,有时 GCT 虽然给了一个大的主题标签(比如,#shareGCT),但有些想参与的用户,可能并不知道具体应该从哪些角度发挥。这时,如果 GCT 能给出一些更具体、更细分的主题标签,会让用户觉得更易于把握,在内容创作上也更好上手。

于是,在#shareGCT 主题标签之外,GCT 还贴心地提供了一些子主题标签,方便用户选用。比如,对于那些喜欢发布车站中的饮食店及食物照片的美食家,GCT 倡议大家都用#GCTeats 子主题标签;对于那些出外旅行却仍不忘自家宠物狗的爱心人士,GCT 提供了#dogsofGCT 子主题标签;对于那些富有艺术气息、深受 GCT 浓厚建筑及人文气息感染的人士,GCT 建议其使用#GCTArt 来聚集这类艺术范儿的帖子……不同的子主题标签,既方便了用户的定向发帖,形成规律之后,也便于读者查找相关内容,还有利于搜索引擎的内容收录。

总之,虽然表现性较强的产品(比如时装、美容)可能相对容易激发用户创造内容,但并不意味着其他表面上没那么光鲜的产品类别(比如,古老的纽约 GCT)就不适合运用这个内容战略。其实,只要把用户放在心中,鼓励用户创造属于自己的独特内容,再辅之以巧妙的标签策略设计,任何企业都有可能利用用户创造内容散发光芒。

■ 用户创造内容中如何利用撬点？

虽然越来越多的企业开始意识到用户创造内容在社交媒体营销中的力量，但用户的时间有限，不愿过多思考费神，因此企业有时需要刺激用户去主动创造与品牌相关的内容。奖励当然是一种激励方式，但另一种可能的做法，则是为用户创造内容提供撬点（trigger point），让他们一看到撬点这个刺激物（机制）就会主动想起去创造内容。

> **案例**

距离洛杉矶两小时车程的棕榈泉（Palm Springs）被称为沙漠中的绿洲城市：那里冬日气候温和，被称为老人（富人）的度假及避寒地，拥有高尔夫、温泉、美食、植物园、空中观光缆车、折扣店等旅游设施，各种活动令人目不暇接。可是，如果你和某类人一样的话，以上活动可能都不是你去棕榈泉旅游的兴趣点，因为你是去心目中那扇灿烂的粉色门（pink door）"朝圣"的！

棕榈泉东锯齿山路（East Sierra Way）上有一栋普通别墅，主人把别墅大门漆成了粉红色。在社交媒体时代，不知从哪一年开始，有人发现了这扇粉色门的独特吸引力，于是在门前自拍后发到社交媒体上，逐渐激发了更多人的兴趣。人们开始只是到棕榈泉旅游时到此顺道打卡，慢慢演变成有人专门来棕榈泉这扇粉色门前拍照打卡，还产生了专有的主题活动标签 #ThatPinkDoor，上面累积了数千张照片。

在棕榈泉，随着粉色门观赏游的兴起，游客们还发现了这个城市其他民宅门的独特风格，比如蓝色门、黄色门、浅绿色门、狮子装饰门等。来自加利福尼亚州萨克拉门托市的时尚及旅游博主 Andrea，甚至不辞辛苦地绘制了棕榈泉赏门路线图供发烧友参考。对棕榈泉的旅游业而言，这扇粉红门的存在及发现，成了该市旅游者创造内容的撬点。

虽然不少撬点是已经存在（被用户发现）的，但品牌其实也可以利用这一心理因势利导，主动制造用户创造内容的撬点。比如，2004 年由阿姆斯特丹市旅游部门竖起的巨大的"I Amsterdam"字母装置（位于阿姆斯特丹国家博物馆附近，每个字母高达 2 米），本来只是传达该市的品牌重塑信息（弘扬城市的多元文化），后来却成了游客趋之若鹜的拍照打卡点，于是在不经意间，成了阿姆斯特丹市旅游用户创造内容的撬点。

■ 用户创造内容：如果以负面为主还有救吗？

案例

1958 年始创于加利福尼亚州的 IHOP（从 International House of Pancakes 简写而来），是一家国际性快餐连锁企业，在全球拥有近 2 000 家店。它的主要菜品以适合早餐的薄饼为主，这也是大多数消费者对这个品牌的印象，但其实其菜单上也有适合午餐和晚餐的汉堡、三明治、沙拉等其他菜品，只是可能了解的人相对比较少而已。这家 24 小时营业的餐饮连锁企业，一半的收入依然来自早餐食品（薄饼）的销售。

于是，为了扭转人们心目中的固有印象，促进午餐和晚餐中非薄饼类菜品的销售，一个大胆的社交媒体营销活动出笼了。

2018 年 6 月 6 日，IHOP 的官方 Twitter 账号宣布：我们将改名为 IHOB——大家猜猜 B 代表什么？一时间网络上议论纷纷，毕竟这么大的快餐连锁企业，改名字哪是这么轻巧的事？各种猜测纷至沓来：有猜 B 代表 Broccoli 的，有猜代表 Burritos 的，还有猜代表 Bitcoin 的……总之，这一改名的消息做足了悬念。

终于，6 月 11 日，IHOP 揭晓了答案：B 原来是指 Burger（汉堡），意在大力宣扬公司全新推出的 Ultimate Steakburgers 汉堡菜单，其中包括牛仔汉堡、双层巨无霸汉堡等 7 个新品。

在一般消费者的心目中，吃汉堡的首选估计是麦当劳、汉堡王之类的地方，一个本来以早餐薄饼知名的餐馆，却要大张旗鼓地进军汉堡市场，让人大跌眼镜，一时间社交媒体上各种议论纷至沓来，其中不少是怀疑的论调和风凉话。

有在其官方账号的这个帖子下直接评论的，比如，网友 Dan Pelletier 问："这是在搞笑吗？"

也有单独发帖评论，带上品牌名的，比如，网友 Kaice Daicy 说：

内容营销：数字营销新时代

"从来就未曾从IHOP买过一个汉堡，将来也绝对不会这样做。"

或者像网友MikeKhoury这样，不客气地@了IHOP的官方账号，说："为了汉堡，你们改名为IHOB，可有人这样要求过吗？"

尽管这个博眼球的活动在社交媒体上的评论褒贬不一，但传播效果却很惊人：在10天内，引起了120万次与帖子相关的讨论、27 000条媒体报道、425亿次点击。它至少达到了一个目的，就是让大众知道IHOP不仅仅是吃早餐薄饼的地方，也有大量的汉堡类菜品可供选择。在这个活动推出后几个月内，IHOP的汉堡销售量比原来翻了4倍。

其实，用户创造的关于品牌的内容，不可能，也不会全都是正面的；对于因服务失误而使用户产生抱怨的相关内容，企业当然应该积极主动地回应，予以改正；但像IHOP这样的营销创新举措，则属于见仁见智，用户创造内容中有不同的声音也不足为奇。IHOP这次的社交媒体营销活动，虽然使得用户在网络上议论纷纷，但公司保持平和容忍的心态让用户畅所欲言，最终的热议反而促进IHOP这个品牌概念的传播，即以后用户在IHOP不仅可以吃到传统的早餐薄饼，也可以吃到汉堡。

小　结

在社交媒体时代，用户创造内容风起云涌，成为品牌社交媒体营销的利器。基于社会学中的人类社交信号相关理论，本书提出，用户创造的与品牌相关的内容，实为用户向品牌发出的社交信号，企业需要根据信号的不同特点做出恰当的回应，以期提升用户对于品牌的认知与喜好。

内容营销与品牌社区

品牌社区指的是由对品牌有相似的兴趣、态度及追求的人聚集起来的一个团体（可以是线上），如奔驰车友会、哈雷摩托车手俱乐部等。社区成员对于社区和品牌具有很高的热情及忠诚度。

研究表明，品牌社区可实现以下目标：维护现有用户，建立亲密的用户关系，了解用户深层次的需求，提出新产品思路等，所以着力打造品牌社区，也是企业品牌营销的一个重要组成部分。拥有强大用户社区的品牌，通常也被认为具有较高的品牌价值。

案例

号称开启了美国有机食品零售业革命的全食超市（Whole Foods），拥有较高的顾客忠诚度及品牌社区归属感，在与传统食品超市的竞争中占有品牌优势，比如，2016年，在与传统食品超市巨头克罗格（Kroger）的经营表现比较中，全食超市的利润率为3.3%（克罗格为2%），全食超市每平方英尺（约0.09平方米）的销售额为935美元（克罗格为672美元）。较强的用户品牌黏性使得全食超市在开设新店方面也有天然优势。2016年2月，全食超市在威斯康星州的沃瓦托萨市开设新店，首日开门之前就有1000多名顾客慕名而来，在门口等待。

2017年8月28日，电商巨头亚马逊（Amazon）以人民币千亿元的高价收购了全食超市，在零售超市业投下了一枚搅局的重磅炸弹。收购消息传出后，沃尔玛、塔吉特、好市多等超市的股价应声下跌——仿佛感受到了最强电商品牌与最大有机食品超市联手带来的竞争寒意。

亚马逊斥巨资收购全食超市，说明亚马逊看重它的品牌价值（亚马逊已宣布将保持全食超市的品牌及其独立运营）。那么，全食超市在营销上有哪些秘诀，这些秘诀如何造就了其较强的用户品牌黏性呢？

其实，全食超市自20世纪70年代末创立以来，一直重视与社区的联系，比如，积极推动当地农户从农场到店铺直供，或是在爱狗一族众多的旧金山诺伊谷店门口安装拴狗桩……这些安排拉近了和本地用户的情感联结，打造出用户认同的品牌社区。

进入社交媒体时代，全食超市的品牌社区在网络上更加活跃，社区兼顾了用户、员工、农户等利益相关者，通过建立社区纽带提升用户品牌价值观认同及忠诚度。在具体的操作手法上，全食超市被专业人士认定为是个卓越的内容营销践行者，它重视以内容教育用户，丰富人们的品牌联想，鼓励用户创造和分享品牌内容，从而打造品牌社区。

比如，全食超市的Instagram账号是食品零售行业中最活跃的账号之一，拥有320万个粉丝。这个美轮美奂的平台展示了食物的美感、格调和情趣。每张照片都是食物艺术的呈现，生动展现了全食超市的食物理念：自然，优美，可口。全食超市还提供了不少主题分类标签，如正餐、快餐、沙拉，方便读者把菜谱运用到不同的场景中去，提升了用户创造内容的实用价值。

在运营自己的有机食品及生活方式社区时，全食超市深知网络意见领袖（网红）在影响一般用户认知、理念及行为上的强大功效，所以也会经常性地"借用"他们的内容。

比如，全食超市的Instagram账号曾转发了一张由演员、素食生活方式博主塔比瑟·布朗（Tabitha Brown）所拍摄的，在得克萨斯州一家全食超市店买到的素食汉堡的照片——收获了6 000多个赞。通过像素食博主塔比瑟这样的专业意见领袖，全食超市引导用户加深对品牌的理解，提升对品牌的信任。

在全食超市构建的有机食品社区中，农户也是其中的关键一环，因此也是其经常在内容上着重强调的重要利益攸关群体。比如，位于得克萨斯州的郊狼溪（Coyote Creek）农场由农场主耶利米·坎宁安（Jeremiah Cunningham）在 1997 年创办，其初衷是为了摆脱工业化的养鸡模式，走一条天然健康的食品之路。农场从建立之初就开发自己的有机饲料，按走地鸡模式放养鸡群。2005 年，其与全食超市合作，以"Jeremiah Cunningham，世界上最棒的鸡蛋"为广告语，将农场的鸡蛋推向市场。如今，每年有 200 万个 Jeremiah Cunningham 鸡蛋出现在全食超市的货架上。

全食超市曾在其社交媒体上发布了一个郊狼溪农场的实地探访视频，呈现有机食品背后的生产过程，诠释农户的有机情结，从而使品牌社区提倡的有机理念更加真实、可信。

小　结

品牌社区是企业品牌营销中打造用户黏性及忠诚度的重要手段。在社交媒体时代，（线上）品牌社区的建立及维护离不开内容的力量。企业在构思品牌社区的内容营销战略时，不仅要考虑其自有的内容，也要激励社区中的不同成员在内容创造上做出贡献，这样才能让品牌的内涵更丰富、更真实、更可信，从而打造强大的品牌社区。

常青内容营销

在童话故事里，会呈现这样的内容：从前，有人找到一只会下金蛋的鸡，它每天都会为主人下一颗金蛋，从此主人一家过上了富裕幸福的生活……做内容，能否像童话故事里那样，找到"会下金蛋的鸡"，也让金子般的内容，带来日后源源不断的流量呢？

其实，这个美好的梦想还是有可能实现的。内容营销领域，有一个专业名词——常青内容（evergreen content），指的就是这种金子般的内容：它具有质量高、全面及有深度的特点，因此其价值不会轻易随时间的流逝而降低，而是能不断吸引受众浏览与阅读。

比如，在某健身网站上，一篇《健身达人奥巴马》的文章，估计能让一部分读者产生兴趣，但其阅读量在特朗普上台后将会下降，这种内容通常叫作时效性内容（time-critical content）。但另一篇文章《只要10分钟！5个减脂的高效经典动作》，其主题应会持续引发广大读者的兴趣，具有长期性，这篇文章则可以被认定为常青内容。常青内容与时效性内容在吸引流量上有各自不同的规律和特点，数字营销公司 HubSpot 2012 年的研究表明：时效性内容的浏览量，在时效窗口过去后会急速下降，但常青内容在很长一段时间内都会持续保持可观的浏览量，甚至还有可能逐渐增加。

■ 常青内容——功用（目的）

在今天这个热点频出、读者兴趣不断转变的数字媒体时代，很多企业都在琢磨内容营销如何追热点，短平快，跟风上头条。为什么要费力去做有深度、准备起来却很辛苦的常青内容呢？因为它可以起到以下关键作用：

（1）树立权威形象。据说，在中国现阶段从事咨询业的，就算是社交媒体大V，若没有出过书，都不敢自称专家。因为书，尤其是专著，通常能够更深入地分析读者关心的问题，提供更具体翔实的解决方案，因此出过书的作者更容易被认为是领域专家。同样的逻辑也适用于常青内容。企业的内容营销，如果只能产生碎片化或时效性很强的内容，其广度及深度都很有限，能解决的问题不多，易流于肤浅，难以支撑行业专家的权威形象。但常青内容的宽广、厚重与权威性，则能够帮助企业有效树立行业权威的地位。比如，IBM为了推广其Silverprop营销自动化软件，精心组织创作了一系列相关主题的白皮书，如《2016年电邮营销效果比较研究》，成功塑造了IBM在这个新兴领域的专家形象。

（2）提升价值认同。企业在内容营销中所做的某些时效性内容，比如明星八卦，虽然有可能在粉丝中引起热烈讨论，但粉丝对于内容的价值认同不会太高；或者开始时较高，但很快就会消逝。对比之下，常青内容因为直面用户的恒久性挑战，如减肥、个人成功等，属刚性需求，用户的价值认同会更高，表现在行为上是更多地进行收藏与分享。

（3）获取销售线索。由于常青内容有较高的价值认同，用户会认为这是值得花力气去获取的——如果不是付费的话。利用这种心理，很多企业的内容营销通过发布常青内容来吸引潜在用户，建立用户数据库。比如，被福布斯评为十大网络营销专家之一的尼尔·帕特尔（Neil Patel），经常通过常青内容吸引潜在用户提供个人信息，加入其直邮群（email newsletter）。如果用户觉得文章（标题或者摘要）有料，想看的话，就需要填写个人资料报名，于是他的销售线索就来了（尼尔的主业是为企业做网络营销咨询）！

（4）提高搜索引擎曝光度。常青内容不但用户喜欢，似乎机器也喜欢。比如，全球最大的搜索引擎Google，就是一个嫌"浅"爱"深"的典型。据专业搜索引擎分析公司Search Engine Watch透露，Google的搜索结果排序算法，会向有深度的内容，比如常青内容倾斜。这样一来，企业推出的常青内容，不但粉丝喜欢，而且有可能被搜索引擎收录（运气好的话会被放在相关搜索页面的首页），那以后的流量可能就会滚滚而来！

■ 常青内容的主要形式

常青内容的本质是为用户带来恒久的价值，在具体实施上则有以下的主要形态：

（1）手把手解决问题教程。教程型常青内容的一个特点是其实用性，能直接教用户解决问题。比如，由电讯巨头 AT&T 的中小企业部制作的一个如何评估 Facebook 广告效果的视频教程，就非常适合各种想利用 Facebook 做广告，但又不知道该如何下手的中小企业。通过观看视频，它们照葫芦画瓢，很快就可以上手，而不一定再需要让广告公司来完成这项工作。

（2）经典案例。案例鲜活、细节生动、栩栩如生是这种常青内容的主要优势。比如，Greenway Health 是美国的一家医疗软件管理系统公司，它在其网站上列出了按照医学专业划分的应用案例。在妇产科（OB-GYN）领域，它提供了这样一个案例：一个名叫 La Mesa OB-GYN 的诊所，运用 Greenway Health 软件，提升了运营效率，加快了保险公司应付款到账，从而提升了诊所的营利能力，消除了该诊所之前面临的可能关门的隐忧。类似这样的案例，经典翔实，可以持续吸引来自相关行业的用户（比如妇产科诊所的管理者）。

（3）问答。对用户提出的常见问题的解答，也是常青内容的一个重要形式。有时甚至不需要企业出面回答，由热心用户积累起来的答案也可能是常青内容的富矿。比如，在 AT&T Business Circle 中小企业主网络社区中，有一个用户提出了这样一个问题：该如何保护企业的数字财产（digital asset）？这个问题看样子在中小企业主中颇有共鸣，社区中有 50 多个用户主动分享了自己的答案与心得。因为这些答案质量上乘，所以这个问答帖子成了 AT&T Business Circle 中小企业主网络社区中的热帖。

（4）白皮书。白皮书通常聚焦于一个明确的主题进行深入分析，得出结论。比如，2009 年，供应链软件公司 Kinaxis 发布了一份白皮书——《首席信息官该如何帮助企业提升供应链管理？哪怕就是预算吃紧》。这份在 2008 年金融海啸之后发布的白皮书，目标群体是企业的首席信息官（CIO），他们关心的是如何利用信息技术提升供应链管理，但在经济危机的大环境下，企业又很难拿出一笔可观的经费预算，来做大的信息技术项目。于是，在分析了企业首席信息官面临的具体挑战，以及不同成本的解决方案之后，白皮书的作者——Kinaxis 公司——顺理成章地推出了自己的低成本云端服务解决方案。

（5）工具箱。此类常青内容重在提供（并解释）用户为完成工作需要使用的常见工具或具备的基本技能。比如，对于人手不足的中小企业，需要一人多用，但当一个员工同时有几个重要的电话打进来，而哪个也不想错过时，有哪些工具可以帮忙？来自 TNMG 公司的商务分析师基森·埃文斯（Keithe Evans），写了一篇文章总结有哪些常用软件工具（比如 Google Voice、Sideline 等）可将一部手机扩展为多线，并解释了应当如何操作。该文分享在 AT&T 的 Business Circle 中小企业主网络社区中，为社区中关注商业沟通效率的中小企业主提供了参考。

（6）入门指南。由于新手的知识及经验缺乏，他们对覆盖面广泛的常青内容的需求更加迫切，对于那些能以通俗的口吻、平易的语言提供的相关领域的入门指南尤其偏爱。比如，FirstSiteGuide 是为中小企业提供网络营销服务的公司，它创作并在 AT&T 的 Business Circle 中小企业主网络社区中发布了《搜索引擎优化入门指南》。这份内容翔实的指南，可帮助零基础的、不知道如何做搜索引擎优化的中小企业了解基本概念，掌握关键技能，快速上手，从而增加企业网站在搜索引擎优先位置展示的机会。

（7）聚合列表。常青内容不一定需要百分之百的原创，也可以巧妙地从不同来源聚合内容，将其汇编成一个用户感兴趣的内容主题（通常以数字列表的形式）。比如，在 AT&T Business Circle 中小企业主网络社区中，艾米·艾尔伯纳兹（Ami Albernaz）于 2016 年 2 月 10 日发布了一篇叫作《13 个能帮你报税的 App》的文章，文中列举介绍了 13 个可以帮助企业管理税务申报的 App，适合 Business Circle 中小企业主网络社区中的中小企业使用。

■ 创作常青内容该从何下手？

常青内容虽然有多种不同的表现形式，但万变不离其宗，就是需要找到用户拥有恒久兴趣的主题，进行深入的研究准备，以恰当的形式展现并推广内容。

　　常青内容创作的第一步是找到用户的恒久兴趣点。在有的领域（如健身），这或许比较清楚、容易（如减肥），但在其他一些领域（如旅游或时装），这个问题的答案不一定能够信手拈来。要找准用户的恒久兴趣点，可以采用用户调研的方法，比如，浏览用户在问答类网站如 Quora、知乎上经常提出的问题，浏览评论和留言，进行问卷调查，等等。

　　另一种做法则是从数据分析出发，利用像 Google Analytics 这样的网站分析软件，了解哪些网页访问量最大、停留时间最长、互动频率最高、活跃时间最长，等等，以判断用户对于该主题是否具有恒久的兴趣。在社交媒体方面，可以考虑用类似 Buzzsumo 这样的软件，分析受众对于哪一类文章的阅读及互动兴趣最大，哪些关键词的内容搜索最活跃，等等。一旦找到用户有恒久兴趣的内容主题，常青内容的创作就成功了一半。

　　欲想常青不衰，内容必须具备权威性及终极代表性——至少在选定的写作主题上。首先，企业需要对该主题做一个详尽的文献搜索整理，在别人已完成的工作的基础上，从更高的起点出发。其次，对于别人已写过的一些长盛不衰的主题，可以考虑从不同的视角切入，带出新意。

　　比如，也许已经有不少文章写过"家族企业的财富管理"，但一篇新的文章，或许可以谈"人民币汇率波动下的家族企业财富管理"。还有一种做法则是填补现有的知识空白，比如，假如现有的文章多在谈论"视觉性内容是内容营销的利器"，但较少有人能解释清楚其中的机理，那么一篇解析为什么视觉性内容更有效的文章，就会为这个领域填补知识空白。

　　最后，由于常青内容具有足够的深度与广度，因此它整体上（或者其中的一个部分）可以变幻为不同的内容形式再传播扩散：把案例拍成视频，改编成信息图、幻灯片等。比如，营销咨询公司 Contenly 在其发布的《2015年内容营销大趋势》（*2015's Biggest Content Marketing Trends*）调查报告的基础上，摘出其中的重点，再制作成信息图发布，这样可以让同样的信息展示得更形象生动。

小 结

常青内容具有主题兴趣恒久、覆盖面广、富有深度等优点,能够有效地塑造品牌的权威形象,展现内容价值,吸引销售线索。常青内容可以有多种形式,但万变不离其宗:企业创作常青内容,需要对用户兴趣有精准的了解,做好充分的研究准备,找准内容突破口,这样才有可能真正打造出连绵不绝的内容金矿。

内容营销中的故事战略

美国著名人工智能学者罗杰·沙克（Roger Schank）曾说过，人类的记忆与故事息息相关。在一个故事里，通常会埋藏着许多指标，即与读者或他人生活相关的那些触点（事件），它们可能包括地点、决定、行为、态度、困境、决策和结局等，比如，故事中一次去长城的旅行就是一个指标。

人们在阅读故事（或观看电影等）的过程中，会在潜意识里根据故事中的指标唤起或存储与自己相关的信息。比如，上次我和某某去长城旅行时也是那么大的风。因此，故事中的指标可以激发读者的自动情感反应。

在消费者行为研究中，营销学者埃德森·埃斯卡莱（Edson Escales）发现，如果消费者接受品牌故事，他们就会在阅读过程中把品牌故事中的指标与自己生活中的指标关联起来，从而加强自我与品牌之间的情感纽带。

而这，也正是越来越多的企业在内容营销中采用故事手法的原因。

案例

在烟波浩渺的南大西洋上，有一座偏僻的火山小岛。它隶属于英国，离最近的非洲陆地2 000公里、南美陆地3 500公里，常住人口有4 000多人。当地农业和渔业经济自给自足，但其他用品依赖每月两次从南非开普敦航行5天而来的皇家邮轮供给。这座小岛就是圣海伦娜岛（St. Helena Island）。

这座小岛的位置异常偏僻，要不是人类历史上的一个伟人曾在这里生活6年,去世并葬于此,人们很难记得这座岛的存在。这个伟人就是拿破仑·波拿巴。拿破仑是人类历史上的一位传奇领袖人物,他开创了法兰西帝国,但1815年在滑铁卢战败,后被流放到偏远的圣海伦娜岛,直到1821年在岛上去世。

这是一个令人唏嘘的故事,但这个故事的讲述者不是历史学家,而是工业及科技巨头GE,文章来自GE内容营销的大本营——GE Reports。

拿破仑命运多舛的故事为圣海伦娜岛带来了一丝悲情及传奇色彩,多年来不断有人想要到这座小岛旅游,抚古思今,但苦于交通不便,并且,交通问题也限制了当地的旅游及经济发展。终于,进入21世纪的第二个10年,英国政府决定在岛上修建一座机场,打破这座岛的偏僻宿命。

但这个决定伴随着巨大的技术挑战:首先,从航空经济的角度,该岛离非洲及南美大陆都路途遥远,如何选择机场及航空公司,以达到规模经济效应,需要全面计算和考虑。其次,从航空管理的角度,由于附近没有备降机场,飞往圣海伦娜岛的飞机必须额外自带2个小时的航油,以备不时之需。最后,从机场建设的角度,由于岛上独特的地理环境,跑道不可能太长。这些限制因素都对飞机型号及航空公司的选择提出了独特的专业性要求。

于是,2013年,当地政府雇用Avia Solutions——GE Capital Aviation Services旗下的一家航空咨询公司——来设计和策划圣海伦娜岛的机场建设及航空服务。整个项目于2016年完成并开始试运行。从此,偏安一隅的圣海伦娜岛开启了拥抱世界之门——GE也成为这个振奋人心的故事中的璀璨华章。

2015年,GE把这个故事写成如下文章在GE Reports专栏上发布:《很遗憾拿破仑没有机会积攒他的飞行里程数了,但是,他待过的偏僻流放小岛,即将迎来自己的飞机场》。文章因为其独特的选题视角和富有故事性的内容而获得很高的阅读量,一度登上热文聚合网站Reddit的榜首。

GE本来属于相对枯燥的工业及技术B2B行业,但这一次却依靠关于圣海伦娜岛修建机场的故事性很强的内容营销,一举获得成功,具体有哪些经验可供借鉴?

(1)故事性:无论是B2C还是B2B,做决策的最终还是人,人们只会为有趣有料的内容而不是干巴无趣的产品介绍所吸引。所以 GE 通过讲述拿破仑流放偏僻小岛的历史故事，巧妙地引出其下属的航空咨询公司，让读者在津津有味的阅读体验中，体会 GE Aviation 敢打硬仗的航空咨询业权威地位。

（2）广开故事源泉：在内容总编托马斯·凯勒（Thomas Keller）的领导下，GE 提倡全员内容营销的文化，并进行相关培训，保证了新鲜内容（故事）线索源源不断地从 GE 世界各地的分支机构传来。比如，关于圣海伦娜岛机场故事的最初源泉，就来自一位参加过内容营销技能培训的前线报道员阿莱娜·博伊德（Alaynah Boyd），其向总部内容营销部门推荐后，得到了继续扩展这一故事的支持。

（3）突出故事指标：GE 的圣海伦娜岛机场修建故事中，包含着不少读者看了或是频频点头或是扼腕叹息的故事指标。比如，拿破仑的人生浮沉、命运的悲欢离合；机场修建过程的艰辛和不易，或是航空旅行的轻松与畅快；克服工作挑战的艰辛过程与圆满结局……读者在阅读和体会故事进展的过程中，潜意识里可以从多个方面联系到自己的生活，进而在潜移默化间加深对 GE Aviation 品牌的认可。

（4）关注故事效果：GE 的内容营销，有一个总的根据地——GE Reports，那里收集汇聚了 GE 全球不同部门的内容产出。有了这个内容根据地，一方面方便内容的存储、分类及再利用；另一方面，因为引流到自己的网站，也有利于公司收集用户信息，留住和吸引忠诚用户。所以，GE 的内容营销讲故事，不仅仅是为了热闹，更是有严格的内容传播效果和机制的配合与保障。

小 结

或许不是每家企业都有 GE 这样与拿破仑相关的历史故事可讲，但至少每一家都可以尝试从用户可能的兴趣点入手，鼓励员工贡献故事性的内容，寻找恰当的切入角度，或许是历史，或许是艺术，或许是音乐……通过故事性的内容先引发用户的阅读兴趣，再通过精心设计的内容传播及线索收集机制，保障故事性内容带来实实在在的效果，而不仅仅是让用户获得一时的开心。

内容把手：从内容到销售的技巧

谈到企业的社交媒体营销，比如微信公众号的运营，不少人的脑海里可能会浮现出类似于书生挥笔泼墨，奋笔疾书，写完最后一个字，骄傲地昂首交卷的场景。

这个场景中的人的确潇洒，可惜这里所呈现的并不是正确的内容营销方式。内容营销人员并不是记者或者作家，文章写得再好、再动人，也还是脱离不了来自营销本质的拷问：对销售有贡献吗？

那就让我们来看一下美国最大的户外用品零售商 REI 是如何利用内容营销直接实现销售转化的吧！

> **案例**
>
> 2016 年，REI 推出了一个名为 REI 国家公园（REI National Parks）的手机 App，提供美国 58 个国家公园景观、交通、住宿、地图、露营等方面的信息，而且设置了社交功能，App 的使用者可以上传自己在国家公园的旅行照片，与社群用户分享。
>
> 作为一家零售企业，REI 为什么投入这么多的时间和精力，做出如此丰富的国家公园内容，甚至将其做成软件放入 App 中让大家免费下载？
>
> 其实，在 REI 国家公园 App 附属的社区里，有一些"用户"分享的照片是 REI 精心安排植入的，比如在某张照片里，展示的是社群成员弗兰基·纳杰拉（Frankie Najera）和科特妮·洛夫（Courtney Love）在落基山国家公园（Rocky Mountain National Park）徒步行山的场景。如果有

其他用户看到这张照片，觉得他们俩的户外装备酷炫好看，则只需点击照片中的链接，就可以到REI电商网站上直接购买。

本书把REI的这种实用有效的内容营销的销售转化策略称为"内容把手"。内容把手（content handle）是一种效果导向型的内容营销技巧，指的是企业在内容中设计植入恰当的"把手"，让用户在阅读内容时可以轻易抓住，产生企业期待的营销效果。比如在REI国家公园App中，（植入的）社区照片中的链接就是一个内容把手，用户可辨认出这个把手，轻松抓住（点击）它，达到电商引流销售的营销效果。

内容把手仅仅是指可以点击的销售链接吗？也不尽然，任何在内容之外可以促进用户产生期待，有益于营销行为的内容技巧都可以算作内容把手。比如，有一种专门为Twitter平台环境打造的插件（plug-in），叫作"点击发布Twitter"（Click to Tweet），指的是内容创作者特意在文章中挑出几句关键的话，如果用户认为这些话有道理，只要点击"Click to Tweet"，它们就通过用户自己的Twitter账户发布出去，达到内容扩散及品牌曝光的效果。

比如，数字营销公司HubSpot就经常在自己的文章中着重标出精华部分，鼓励用户一键分享。

其他常见的内容把手还包括"点击了解更多信息"（Learn More）、"下载"（Download）、"成为订阅用户"（Follow Us）、"报名参加活动"（Sign Up）等不同形式，但它们都是方便用户超越内容阅读，马上开始行动的内容信号。企业提供的便利、醒目的内容把手，有利于用户从内容阅读状态转入企业期待的行动状态（比如购买）。

小 结

内容营销人员，能像才思敏捷的书生那样潇洒挥笔固然重要，但要记住，内容营销的最终目的是达到特定的营销效果，比如对于REI，做App进行内容营销的目的之一就是电商销售。为了推动这个过程，内容营销人员应该在内容中巧妙地植入内容把手（比如REI的链接），让用户能够轻易辨认，而且可以轻松操作，从而产生企业期望的用户行为（点击购买），最终达到相应的营销效果。

基于超现实的内容营销

一般来说，企业进行内容营销比较容易想到的是根据细节与现实（reality）创作内容，比如，全食超市为了强调食物的天然，专门去供应商 Jeremiah Cunningham 的农场，拍摄走地鸡及鸡蛋的生产过程；或者是一篇文章，专门介绍卡特挖掘机的历史。这样的内容，有忠于现实的优点，不过缺点可能是，创意难以出现天马行空的火花。

企业进行内容营销的另一种做法，则是从超现实（hyper reality）的场景中产生内容。这种场景可能平常在品牌与消费者的关系中并不存在，但企业可以通过创意性的活动设计或者技术支持，搭建出这个超现实的场景。由于场景的新奇性，因此往往可以激发消费者的兴趣和参与，为企业的内容营销提供新颖的思路。

案例

具有百年历史的德国食品品牌 Knorr，最为人熟知的是其罐头食品，不过一直以来都给人以"妈妈品牌"的形象。近年来 Knorr 意识到，对于千禧一代而言，食品不再仅仅是为了饱腹，而是代表个性选择，承载个人追求，因此它希望通过新颖的营销吸引年轻一代的消费者。

2016 年，Knorr 推出了主题为"辨味识爱情"（Love at First Taste）的宣传活动。首先，为了摸清千禧一代消费者的食物消费脉搏，Knorr 在全球 12 个国家对 12 000 个人做了深度访谈，提炼出 12 种典型的食物口味类型及对应的消费者群体。比如，朴实的理想主义者（earthy idealists），他们推崇食物生长于大自然的土壤，散发泥土的芬芳；辛辣一族（spicy rebel），他们是无辣不欢；特立独行味道侠（mustard maverick），对他们而言，味道是生命中的探险，只有味道强烈的菜肴或调料，才配得上勇于冒险的味蕾。其他食物口味类型包括咸不够（salty adventurer）、烤串爱好者（roasted romantic）、素食派（gracious grazer）、喜浓香（tangy dynamo）、无肉不欢（meaty warrior）、就是甜（sweat seeker）、海鲜客（deep sea dreamer）、粗菜淡饭（rustic ranger）、软糯粉（melty indulger）。

不过，除了吃，食物口味类型的发现对于消费者还有何意义呢？Knorr宣布，可以用来找到合适的对象！原来，在调研过程中他们发现，年轻人常用的网络约会App中，不少人会用食物来传达自己的个性特征，比如，说自己喜欢精品烘焙咖啡的，传达的就是一种文艺小资情调。

于是，Knorr拍摄了一组题为"辨味识爱情"的视频：两个年轻人被安排去赴晚餐约会，他们之前完全不认识，唯一的匹配标准就是双方相近的食物口味，而且还被要求互相喂食。在熬过刚开始的尴尬和羞涩之后，亲密的食物分享拉近了彼此之间的距离，饕餮大餐激发出爱情的火花，于是，一见钟情变成了一吃钟情。

Knorr的这次"辨味识爱情"活动，完全超越了其传统的妈妈在厨房做饭的经典宣传场景，而是利用活动创造出"超现实"，即陌生的年轻男女完全依靠Knorr提炼的味觉类型配对约会。这个基于超现实场景的视频一共收获了近亿次的点击量，成为YouTube上的热门播放视频，Knorr品牌也因此成功摆脱老旧的形象，更贴近千禧一代的脉搏与喜好。

案例

美国肉类食品加工商Oscar Mayer是一家具有百年历史的培根与香肠生产企业，主要消费场景为现实感十足的餐厅和厨房等，因此其常规的内容营销场景就是中规中矩的。

不过，2017年4月，Oscar Mayer别出心裁地举办了一个主题为Baconversation的社交媒体营销活动：活动主体是一个在线视频生成器（online video generator），用户只要输入自己想说的一句话（不超过14个字），视频生成器就会在显示烘烤培根的画面十余秒后，把用户输入的信息以独特的培根肠段字形显示出来。然后，用户就可以把这段字形略显夸张、搞笑的话保存下来，发到社交媒体上或分享给朋友。这个活动的目的，是要在用户心目中树立起 Oscar Mayer 培根是一种带有欢乐属性的食品的形象，并且适合与大家分享这种快乐。

Oscar Mayer 此次活动的卖点在于其独特的技术魅力，即其软件系统创造出一种以培根肠段字形为元素的新颖的超现实场景，激发人们的创意，让人们自由发挥。比如，某用户输入的话是"我们见面吧"［Lets Meat Up，其中故意用了 Meat（肉），而不是 Meet（见面）］，而这行字，则在超现实场景中转化为秀色可餐的培根肠段字形——仿佛散发着香味。

其实 Oscar Mayer 使用的这种在线视频生成器技术本身，并非革命性的创举，但它的设计精妙之处在于与品牌元素的自然联结。为了能让烘焙后的培根肠出现 26 个英文字母，公司专门邀请食品摄影家凯莉·艾莉森（Kelly Allison）做了大量实验，最后确定了一种适合培根肠段形象的字形。最终效果是，用这个技术创造的超现实场景，让用户觉得非常有趣，同时又在潜移默化中加深了其对 Oscar 培根肠欢乐属性的认知。

小 结

为了在内容竞争中脱颖而出，企业需要标新立异：Knorr 和 Oscar Mayer 的案例表明，通过活动或者技术创造不同于平常所见的超现实场景，能带来新的创意角度，或者刺激用户的创意表达，从而提升企业内容营销的创意表现力及对用户的吸引力。

第四章

内容营销进阶技巧

　　内容营销顺利起步运行,但期待在激烈的内容竞争中再上一个台阶?那你绝对不能错过这些不算简单却可能效果卓著的高阶内容营销技巧:有冲击力的图片,信息图,效果导向的视频,幽默型视频,品牌导向的直播,高度创意型内容,人工智能/增强现实技术黑科技赋能的内容,富有声音魅力的内容。最后,不要忘了,虽然单个企业的内容营销可以不断提升,但其实不同品牌之间的互动(合作) 可能也是产生让用户觉得妙趣横生内容的一条佳径!

　　让高阶的技巧助你的内容营销扶摇直上!

有冲击力的图片营销

英国品牌咨询公司 NeoMam Studios 的研究表明：同样的信息，讲给别人听，他们可能只记得 10%；写出来给他们看，他们可能记得 20%；可如果把信息做成图片的形式展示出来，他们可能就能记住 80%，因为从生物机理的角度而言，最自然的信息汲取方式，就是视觉。

因此，如今的社交媒体内容已高度视觉化并不奇怪，80% 的帖子都会附带图片：Facebook 的用户每天上传的照片达 35 亿张，图片型社交平台如 Instagram、Pinterest 自不必说，就连以短小精悍的文字起家的 Twitter 也耐不住寂寞，强化自己的图片功能，在 Twitter 上带图片的帖子比没有图片的帖子的浏览量多出近一倍，转发量也高一倍以上。

与此相对应，内容营销的潮流也是更全面、系统的内容视觉化。*Search Engine Journal* 总结了在内容营销上使用图片的主要优点在于：① 在浩瀚的文字海洋中，图片像灯塔一样，抓得住读者的注意力；② 相比文字，图片（特别是富有创意感的图片）更容易激发人们的情感性反应，拉近读者与品牌的心理距离；③ 图片更容易引发读者对品牌内容的投入，从而更有可能带来销售线索，比如，在企业网站的潜在用户注册页面上，加入一张员工的照片，注册完成率可提高一倍。

正因为图片能给内容营销注入这些力量，所以越来越多的企业开始在内容营销实践中使用图片。不过，图片的使用也有其相应的技巧，漫不经心的图片选择也会流于平庸。那么，什么样的图片才能具有冲击力，为企业的内容营销添彩呢？

让我们向符号学研究的鼻祖学习。生于 1839 年的美国科学家查尔斯·S. 皮尔斯（Charles S. Pierce）被认为是符号学的开创者之一，他的思想为后来的符号学研究奠定了理论基础。后来，在现代传播学及广告领域，美国宾夕法尼亚州立大学的教授保罗·梅萨里斯（Paul Messaris）把皮尔斯的符号学理论运用到广告中的视觉元素分析上，提炼总结了视觉广告的三个重要维度。

象似性（iconicity）：指的是图片含义为大众所熟知（比如，耐克的"对勾"品牌符号），或图片具有抽象代表性（比如男、女厕所门口的人形图）；广义延伸，指图片能（醒目地）标示出目标物体是什么，即这就是我（This is who I am）。

索引性（indexicality）：指的是图片能传达或让读者体会到目标物体的特征是什么，比如，一张关于环境污染的图片，画面中为浑浊的河水，即我代表了什么（What do I stand for）?

模糊性（indeterminacy）：梅萨里斯认为人们在处理图片时，有可能在概念层面实现以下认知目标：因果关系（如开敞篷车的人，头发被吹得飞扬起来，表明车速快），对比（如躺在浴巾上面微笑的婴儿，衬托出毛巾的质地柔软），类比（如停在雄伟高山脚下的皮卡，显得坚固结实），概括（如图片中有几个在幼儿园里嬉戏玩耍的孩子，可以据此推断出，这是一个让孩子感到欢乐的地方）。

不过，与线性单维的文字不同，图片理解存在更多的模糊性。有时构图的复杂或奇异会让读者难以做出概念上的结论（如因果关系）。表面上看，这好像是个缺点，但梅萨里斯认为其实不然。模糊性会增加读者的好奇心及投入的思索力度（mental elaboration），反而更有可能刺激他们思考图片背后要传达的意思是什么。而且，正因为是读者自己思考得来的，所以他们往往会将结论记得更清楚——可能这也正是设计者的初衷。

在图片型社交媒体内容时代，这三大原则依然适用吗？社交媒体营销工具 Post Planner 曾评出社交媒体营销中运用视觉化策略最成功的 25 个品牌，而从这些成功品牌的实践中可以清楚地看出梅萨里斯三个维度视觉原则的运用。

1. 象似性

比如，大众汽车（Volkswagen）的一个 Instagram 帖子，配图为其经典跑车型号 Karmann-Ghia：整张图片构图清晰，产品突出醒目、高端大气，让人一望便知是大众汽车的跑车风范。

又如，美国最大的连锁院线 AMC 为施瓦辛格的电影《终结者2》（Terminator 2）制作的海报：画面上为终结者健硕身躯的剪影。由于首部《终结者》电影在全球的火爆，施瓦辛格独眼英雄的形象在影迷中尽人皆知，所以当电影《终结者2》上映时，只要看了这张象似性极强的海报，人们马上就会意识到，这部电影肯定是施瓦辛格终结者电影系列的续集——那位独眼英雄回来了！

2. 索引性

全食超市在其 Instagram 上发的一个帖子，配图是一个心形果盘：鲜嫩的各色水果摆满了巨大的果盘；栩栩如生的视觉效果，将全食超市对健康的热爱和对生活品质的用心展现得淋漓尽致，而这些正是其品牌秉承的理念，巧妙的构图及细节感让读者明晰和体会品牌的意境。

又如，可口可乐的一个 Instagram 图片帖子：画面中，一只狗准备跳起来咬住主人手中的可乐瓶盖。根据人们对日常生活场景的理解，狗的追逐跳跃代表着欢乐，而狗作为人类的好朋友，它的欢乐也传递着主人的欢乐，于是这幅图片的寓意也就呼之欲出了：可乐为生活增添欢乐！

3. 模糊性

如果有人在社交媒体上看到服装品牌 Aeropostle 发布的一张照片，其中，人字拖、吊带裙、牛仔短裤、系带相机等物品摆放整齐，可能会好奇，这些看似不相关的物品为什么会被放在一起？它们之间有何关联？

仔细思索一番，读者可能就会恍然大悟：噢，这不就是要去旅游探险的感觉吗？虽然照片让人第一眼没看明白，但好奇心驱使的思考，会让读者自己得出结论：Aeropostle 品牌是一个适合年轻人的时尚服装品牌。

又如，奥利奥饼干的一个 Instagram 帖子：图片中有一男一女，他们好像是在海滨愉快地度假，但他们坐的地方，似乎既不像岩石也不像沙滩，仔细一看，原来他们是坐在一块巨大的饼干上，而且是奥利奥牌的！这一出其不意的构图，引起读者的好奇和思索，最后他们应该可以得出结论：暑期，海滨度假，奥利奥是不能缺失的欢乐元素！

小 结

　　根据传播学者梅萨里斯的视觉理论，在传播及广告中可以有三个不同维度的图片策略，企业在进行内容营销时可以考虑从这三个维度去选择或制作图片。

　　从象似性的角度出发，图片应该具备明显的符号典型性，让读者一瞥符号或代表性图片元素，就可知品牌或其卖点。从索引性的角度来看，图片的元素或者构图应该具备场景对应性（比如一个握紧拳头的小孩），让读者能毫不含糊地诠释图片想要传达的品牌精神（如加油）或意境。最后，从模糊性的角度，有些时候企业制作或选取图片不宜过于直白，如果太通俗易懂，读者可能不会留下深刻的印象；相反，企业可以采用奇妙的图片构思，呈现玄机或引发不解，激发读者的好奇心，让读者在琢磨之后，产生"柳暗花明又一村"的感觉，领悟到品牌的良苦用心。

信息图营销[*]

在视觉内容越来越重要的社交媒体平台上,企业内容营销可以运用的一个手段是辅以利用图片增光添彩的帖子(见本章上一小节:有冲击力的图片营销):在这种使用场景下,文字多半是红花,而配图是绿叶。

不过,随着社交媒体视觉化程度的加深,再加上社交媒体内容总量(图文)越来越大,抓住读者的注意力越发成为一项挑战。于是,基于视觉在人类信息处理中的高效性,陆续有企业开始完全以图片的思维来设计、传递复杂的信息,这种图文同样重要的新型内容展示形式,被称为信息图。由于它形式多样,功能强大,因此很快在内容营销中得到了广泛运用。

案例

2017年5月,国产老牌化妆品百雀羚在社交媒体上推出长达400厘米的长图广告——《1931》。这则谍战片风格的广告,以连环画故事的形式呈现,背景是在民国时期的上海,一位穿着旗袍的妙龄女郎腿藏手枪,接受上级指令,辗转于不同的场景,似在追踪目标,结尾时她被一枪击中,倒下的身影标注的身份却是"时间"。引出口号:百雀羚,我的任务就是与时间作对!

---

[*] 本部分改编自窦文宇,《从百雀羚广告刷屏看信息图高效营销》,FT中文网,2017年5月16日。

该长图广告，由一家名为"局部气候调查组"的广告工作室制作。由于其新颖的创意主题及形式，推出以来获得多方转载，赢得媒体的关注、报道和大众的广泛讨论，总曝光量估计在千万量级以上。百雀羚这次脑洞大开、长图到底、故事性强的图文广告，其实就是信息图的一种形式。

信息图（infographic），指的是一种特定的信息（内容）呈现方式，它通过精巧的设计把图片及文字有机结合起来，用于总结数据、解释概念、诠释机制、讲解知识、描述故事等。

正如百雀羚广告引发刷屏的事件所揭示的，信息图有可能成为企业进行社交媒体营销或内容营销的一个利器。那么具体该如何去做？本书在分析和总结信息图营销最佳实践的基础上，提出五个主要的运用方向。

1. 地图：提供指引

在信息爆炸的时代，消费者的一大痛点是无法有效地处理每天扑面而来的各种信息。信息图之所以获得越来越广泛的运用，一个重要的原因就在于，它提供了一种简洁清晰的信息总结、归纳、展示的方式。

比如，进行家居装修时，顾客关于产品选择的一类常见问题来自颜色，如墙漆、家具、地板、窗帘的颜色该如何搭配，以呈现不同的装修风格，营造不同的氛围？但是，很少有顾客愿意耐心听完关于颜色学的介绍。

有鉴于此，美国家居建材用品零售商家得宝（Home Depot）推出了一张专门介绍和总结家居配色的信息图——"颜色理论"（color theory），提供了颜色决策指南，如在颜色轮（color wheel）上，顾客可以根据位置找到互补色，比如浅紫与淡黄；或者读到关于颜色深浅选择的建议，比如深色反而可能会让一个小房间显得更大。

总之，在"地图"战略下，信息图的主要功能是总结和提炼信息规律，为读者提供更形象、清晰、简明扼要的决策指南。

2. 手册：解释工作机理

营销的一大任务是说服和打动，但在做到说服之前，顾客通常需要了解产品是如何运作的，之后才会有购买的信心。但这件事情，对一些复杂产品

（如 B2B 产品），并不一定容易，所以需要图文并茂的信息图出马！

GE 为了推广其节能发电技术，针对耗电大户——污水处理厂（它们的用电量占全美总用电量的 3%，相当于 300 万个家庭的日常用电）——制作了一张题为"别在废水处理上浪费能源"的信息图。该图指出 GE 节能技术在哪些具体环节发挥作用，比如，GE 新技术本身可以降低污水处理过程中 40% 的用电量，同时也可以利用污水处理过程中产生的固体物质进行生物发电，从而进一步降低能耗。整个技术运行的机理清楚明晰了，说服力自然也就更强了。

在"手册"思路下，信息图的主要功能是阐明工作机理，详述机制，让读者更加了解和认可产品。

3. 哈哈镜：戏剧化呈现

企业都巴不得把自己的各种信息全盘倒给潜在顾客，但在信息海量的时代，人们的注意力有限，因此如果不是自己特别上心的话题，很多人都会选择性地忽略——除非，你的内容别具一格。

2014 年 4 月 25 日，比尔·盖茨在其博客上发布了一张题为"世界上最致命的动物"的信息图，并问了这样一个问题：世界上哪种动物是最致命的（即造成最多死亡人数的）？

是凶猛的鲨鱼吗？不是，全球每年只有 10 个人因为被鲨鱼吞噬而死亡。是外表狰狞、攻击性强的鳄鱼吗？也不是，全球每年被鳄鱼攻击致死的仅有 1 000 个人而已。那是什么呢？是蚊子！对，虽然它并不起眼，但全球每年因蚊子叮咬而感染疟疾，最终失去生命的人达 70 万。数字的对比已经很令人震惊了，但在这张信息图上，渺小的鲨鱼与巨大的蚊子（致命人数）的对比，更触目惊心。

的确，如果读者对于信息接收处于不敏感状态，比如公益性的防治疟疾宣传，平铺直叙式的信息表达就很难抓住他们的眼球。但在"哈哈镜"的思路下，匠心营造的信息图却可以产生戏剧化的表达和传播效果，让信息出彩，难以错过！

4. 魔杖：奇思异想

企业的内容营销，其实不仅仅是单向的信息传递，有时也可以达到刺激读者思考、开卷有益的效果。如果读者觉得内容值得玩味，那他们接收信息就会饶有兴致。因此，信息图中有一种类型就专打奇思异想牌以吸引读者。

电信巨头 AT&T 近年来开始涉足物联网（Internet of Things，IoT）行业，这使其从电话公司一跃成为物联网技术供应商。这个华丽的转身动作不小，也不一定能马上令人信服，因此需要说服宣传。但这是一个相对枯燥的话题，估计潜在顾客不会乐于聆听，除非内容让人有种脑洞大开的感觉。于是 AT&T 制作了一张信息图，题为："什么时候物联网技术成了餐馆点菜的一部分？"

美食寿司和 AT&T 有何相干？在这张让人猛一看有点匪夷所思的信息图上，两个看起来似乎风马牛不相及的话题，经由 AT&T 先进的物联网技术作为中间桥梁，连接了起来：从捕鱼的渔船，到收割大米的收割机，再到运输原料的火车，AT&T 物联网技术通过对渔船、收割机、火车工作状况的追踪与分析，提升了整个寿司供应链的效率。

借助"魔杖"思路，信息图可以从人们意想不到的角度出发，激发读者的好奇心，进而传递背后的品牌信息。

5. 连环画：精彩故事

过去的连环画，现在的漫画书，代表不同的年代，但都是同样美好的童年回忆。如果企业的营销都能具有连环画般的吸引力，那岂不是顾客都愿意主动接受营销宣传了？或许可以像百雀羚那样，用信息图讲个令人惊心动魄的故事？

其实用信息图讲故事，百雀羚并不算先驱。2013 年，美国新科云计算服务商 SunGard 需要提高知名度，于是傍上当年暑期热门的僵尸电影《Z 次世界大战》(World War Z)，做了一张题为"已到云端，打败僵尸"的信息图，讲述了如何像准备应对僵尸来袭那样，来应对企业把 IT 系统搬上云端的挑战。

这张信息图讲述的是一个蒙太奇般的并行故事。开头，僵尸来袭——企业 IT 需要移至云端；中间，把受伤的人群移至庇护所——把企业的关键数据移至云端存储；结尾，建好阵地，击退僵尸——企业 IT 圆满移至云端运行。这张信息图通过大众易于理解的故事，描述了企业把信息技术系统转移到云端的步骤，既清晰又引人入胜，读起来令人欲罢不能。

"连环画"的思路就是讲故事的思路，SunGard 这样做了，百雀羚的刷屏广告也这样做了。通过讲一个好故事，内容营销中的信息图既可以掩盖故事中隐含的商业性，又可以让读者阅读的过程妙趣横生，进而实现品牌理念的传播。

> **小 结**
>
> 　　百雀羚长图广告的走红，很好地展示了信息图在内容营销中的重要作用。本书提出了五种有效运用信息图的思路：地图（提供指引），手册（解释工作机理），哈哈镜（戏剧化呈现），魔杖（奇思异想），连环画（精彩故事）。

内容营销：数字营销新时代

效果导向的视频营销[*]

社交媒体已经进入视觉主导的时代，而视频则是目前最热门的视觉内容形式。视频网站 YouTube 是世界上仅次于 Google 的第二大搜索引擎，有 20 亿用户。根据美国数字内容服务公司 Limelight 2019 年发布的调查报告，全球互联网用户平均每周约花 7 个小时观看各种视频，全球互联网 80% 的流量都与视频相关。

市场咨询公司 Kissmetrics 的研究发现，营销中视频的运用可能带来以下好处：① 网站访客如果看了网站上的相关视频，购买产品的概率会提高 64% 到 85%；② 如果公司网页上有视频，被 Google 收录的可能性会增加 53 倍；③ 在公司做了市场推广，将流量引导到着陆页后，如果运用视频，访客转化成顾客的概率会提高 86%；④ 在电子邮件中嵌入视频，可以将顾客转化率提升 2 倍以上。

视频营销固然是内容营销的热门形式，但它也面临独特的挑战，比如，相对于文字或是图片内容，视频的制作成本通常更高，企业需要投入的人力资源也更多（比如，需要创意、拍摄和制作人员），因此从投入产出比来看，企业对视频营销的效果会有更高的期待：它们不会仅仅满足于视频好看好玩，而是可能会更关注视频营销能否带来实实在在的营销效果（比如，销售线索）。

---

[*] 本部分改编自窦文宇，《如何做出真正有效果的视频营销？》，FT 中文网，2017 年 7 月 26 日。

企业要开展真正有效果的视频营销，需要从掌握消费者的购买决策规律开始。

■ 消费者购买阶段理论及视频营销特点

消费者行为研究及文献表明，消费者的购买行为大致可分为以下四个阶段：认知，考虑，购买，热忱。在其中的每一个环节，消费者都有不同的心理特征。呼应这些特定的信息及情感需求，视频营销在每个环节也应该达到相应的目的，因此也就决定了具体的视频营销内容主题及形式。

表 4-1 总结了消费者购买阶段的心理特征、相应的视频营销目的及主要的主题形式。

表 4-1 基于消费者购买阶段心理特征的视频营销

	心理特征	目的	主要的主题形式
认知	需求初现，背景了解，可能的解决方案探索	痛点诠释，消费者教育，行业概念普及	知识普及，消费者教育，需求发现和强化，新产品介绍
考虑	主动搜寻，对比，关注细节，被推荐或受他人影响	解释，消除疑惑，表面优势，权威性，可信度	产品机制解析，动画演绎，产品讲座，对比呈现，问题解答，意见领袖背书，认同信任
购买	一丝犹豫，需要购买信心；一些憧憬，需要收益具象化	详细介绍，使用场景，消除疑惑，激发想象	实际使用展示，成功案例，满意消费者证言，开箱
热忱	继续教育，品牌认同，社区感，受尊重，分享	丰富使用技巧，加深品牌印象，认同及情感联结，使粉丝感到荣耀	进阶技巧，多元使用场景，企业文化和价值观，消费者分享，粉丝展示，社区凝聚

1. 认知

在这个阶段，消费者需求可能是潜在的或者初步出现的（如需要一部美颜手机），消费者对于整个行业（如智能手机行业）能提供什么样的解决方案不是太清楚，期望更多地了解。对于具体的某企业的评估还没有提上议事日程。

于是，视频营销在此阶段的主要目的应该是进行消费者教育，普及行业概念，在此基础上激发消费者需求，引入可能的解决方案；或是通过视频激发消费想象及意愿。

在认知阶段常用的视频营销内容主题应该包括知识普及、消费者教育、需求发现或强化、新产品（功能）介绍等。

2. 考虑

当消费者迈过最开始的认知阶段，对于自己需要什么已经心中有数时，就进入考虑阶段。这个阶段的主要需求是辨别、评判市场中各式各样的解决方案供应商或企业，通过更深入的了解、比较，对品牌有所了解和形成信任后，确定心仪的目标。别人的意见，尤其是来自第三方意见领袖（KOL）的推荐，往往也能为其选择加分。

在考虑阶段，视频营销的主要目的是，具体诠释产品功能及特点，对比竞争或替代产品，突出自身优势，确立产品和品牌优势以及权威性，增进品牌信任。

在考虑阶段常用的视频营销主题有：产品如何发挥作用的机制解析，动画演绎，产品讲座，对比呈现，问题解答（包括直播），意见领袖背书，认同信任，等等。这些不同主题的视频，是为了让消费者在这个阶段确立对企业品牌优势的认知，从而顺利进入购买阶段。

3. 购买

把潜在消费者从最开始的认知阶段带到购买阶段，应该说艰难的营销说服工作已完成一大半，现在进入临门一脚的关键时刻。虽然消费者对企业的品牌已建立了好感及正面态度，但只要不是那些投入感（involvement）低的产品（如食盐），在这个阶段消费者心中可能依然存有一丝疑虑或者对于购买的不确定性，比如，买了之后，用起来到底是什么感觉，万一不好呢？

所以，在购买阶段视频营销的主要目的是，消除消费者最后的疑虑，使其建立生动的产品使用感（让他们体验已经入手的感觉），增强购买的信心，产生购买的冲动。

购买阶段常用的视频营销主题有：栩栩如生的产品使用展示，消费者使用产品的成功案例，本阶段相关的常见问题回答，体现收到产品的喜悦感的开箱，快乐满意消费者的证言，等等。

4. 热忱

潜在消费者从不了解到经历三个不同的阶段后成为付费客户，是营销成功的标志，但还不是结束。在社交媒体及数字化营销时代，企业的营销不仅仅是为了带来新客户，也是期望客户能够更深入地了解品牌，认同品牌，成为品牌的粉丝，自愿为品牌摇旗呐喊，从而带来更多的客户。当然，粉丝的热忱不会从天而降，一方面，他们需要了解更多关于产品及企业包括其文化及价值观的内容，以建立品牌认同；另一方面，他们需要获得关怀，感受到尊重，觉得荣耀自豪。

在热忱阶段，视频营销的主要目的为：一方面，丰富客户对产品的使用技巧，提升使用满意度；另一方面，促进客户对品牌的价值观及情感认同，让他们为成为品牌用户而感到骄傲和自豪。

热忱阶段常用的视频营销主题有：进阶版产品使用技巧，多元使用场景，企业文化或价值观，消费者自发分享，粉丝展现，社区凝聚，振奋人心，等等。

■ 基于消费者购买阶段的视频营销策略案例解析

以上总结为实施消费者购买阶段的视频营销提供了指导框架，下面具体解析一些成功的视频营销实战案例。

1. 认知阶段的案例

在认知阶段，本书选取和分析了三个不同主题形式的案例：

（1）消费者教育。美国农夫保险公司（Farmers Insurance）在其题为"精明"（Smart）的系列宣传广告中，通过对需要保险的不同日常场景的戏剧化演绎，提醒受众提升保险意识，成为聪明的消费者。比如，在广告短片《大脚怪物》（*Big Foot*）中，消费者刚买的新车被从天而降的一只怪兽的巨爪踩得稀烂，貌似荒诞的场景却向受众传达出严肃的信息——不要侥幸，购买保险不是浪费，而是明智的消费举动。

（2）潜在需求。2016年4月，来自SK-Ⅱ的广告《她最后去了相亲角》在中国的社交媒体上刷屏，引发了社会的广泛关注及热议。视频描述了几位白领女性受到家庭成员施加的结婚压力,最后勇敢地在上海公民公园的相亲角挂出自己的巨幅照片及自立宣言(而不是相亲要求)。整个广告视频从头至尾都没有提到 SK-Ⅱ 的产品功能,而只是以品牌认可的主题标签#改写命运#为结尾。虽然视频的主题是个社会热点现象("剩女"),但通过视频的剧情及情感演绎,目标受众(女性)可以自己领悟到自己的一个潜在需求:化妆美容,并不一定是为了取悦男性,而可能是展现自信的自我的需要。SK-Ⅱ 的这则视频广告带来的轰动效应,使得该产品在中国市场当年的销量增长了近40%。

(3)新产品介绍。Tonx 是洛杉矶的一家咖啡豆邮寄订购服务公司,每天为订购用户配送新鲜咖啡豆。虽然不少人都有早上喝一杯咖啡的习惯,但过去要么是去星巴克这样的咖啡店购买,要么就是依靠超市买来的速溶咖啡。在其视频《这就是为什么你需要 Tonx》中,Tonx 描绘了一位年轻男士从配送的新鲜咖啡豆开始的美好一天,向受众介绍了一种新的咖啡消费及品鉴方式。虽然可能还有其他类似的咖啡豆订购服务公司,但 Tonx 这则视频的目的并不在于突出自身,而是播种一种新的咖啡消费理念,培育市场。

2. 考虑阶段的案例

在考虑阶段,本书同样选取和分析了三个不同主题形式的案例:

(1)产品机制。近年来在零售业中非常火爆的一个概念就是无人售货店,或许有不少听说过这个概念的人都有兴趣尝试,但心中可能也存在困惑:消费者在传统零售店中的行为及决策可能非常复杂,充满变数,所谓的机器系统真的能正确识别和辨认吗?亚马逊为其无人门店 Amazon Go 拍摄的宣传视频中,讲的就是一个大家可以感同身受的场景:一位决心减肥的女士,先是经受不住美食的诱惑,拿了货架上的芝士蛋糕,于是蛋糕(及价格)就显示在她的虚拟购物筐(virtual shopping basket)中;可她转念一想,自己正在减肥,于是又把蛋糕放回货架,这时已经显示在其虚拟购物筐中的蛋糕价格又神奇地去掉了;可故事还没有结束,这位女士即将离开时,却又抵不住蛋糕的诱惑,突然一个急转身,从货架上"抢"下那块蛋糕,放进篮子里,这时,她的虚拟购物筐中,蛋糕的价格又神奇地补了回来。这个生动的细节,把 Amazon Go 无人店技术的智能程度展现得淋漓尽致,加深了消费者对 Amazon Go 技术机理的认知。

(2)产品对比。在竞争激烈的快餐业中,为了说服消费者认真考虑和选择自己的品牌，商家的视频有时可以采取直面对手（不一定点名）的对比内容形式。比如，国际快餐连锁集团 Wendy's 拍摄的视频《坚决不要冷冻的》，紧紧扣住汉堡的一个重要产品特征——牛肉的新鲜度。虽然所有汉堡快餐店的牛肉饼都是从冰箱里拿出来的，但 Wendy's 展示了自家的牛肉饼拿出来时依然有弹性，而别人家的（竞争对手的）牛肉饼从冰箱里拿出来时，已经冻得硬邦邦的了（不知放了多久），需要用吹风机才能化开。生动形象的视频对比展示，让 Wendy's 的新鲜牛肉产品特点突出，令人难忘。

（3）信任。在 B2B 营销领域，当消费者进入考虑阶段时，品牌通常会使出浑身解数展示自己的技术特点和功能，试图以理性的方式打动挑剔的消费者。但 2014 年推出新款重型卡车的沃尔沃，却不是这样做的，在其视频《英雄式的一字马》中，虽然要展示的是尖端精密的动态操纵盘技术，但视频的主角、真正的英雄，却是老牌动作明星尚格·云顿。视频中，他两腿分跨在两辆并排开行、缓缓倒退的沃尔沃卡车上，最后干脆摆出了一字马。这样一个高难度的动作，在两辆倒着开的沃尔沃卡车上顺利完成，体现了卡车驾驶的精准及稳定性。整个视频中，尚格·云顿没有说一句话，但他的坚毅沉着传递出他对沃尔沃卡车精准驾驶功能的信任。这种信任感相信也完美地传达给了视频的受众。这个视频最终在 YouTube 上获得上亿次的播放量，广告本身也获得 2015 年戛纳国际创意节的大奖。

3. 购买阶段的案例

在购买阶段，本书依然选取和分析了三个不同主题形式的案例：

（1）成功案例。在企业中，如何在各个部门之间安全快捷地传输及分享文件是个重要的技术决策。Box 是美国华盛顿州的一家云文件分享及管理技术公司。假设它有一个潜在客户，其对产品感兴趣，但最后还没有下定决心购买，毕竟这不仅仅是一项花费，更重要的是公司文件的安全性。这时，有什么样的视频可以让潜在客户看了后就受到鼓舞，爽快下单呢？聪明的 Box 请有 1 万多名员工的欧洲铁路公司欧洲之星（Eurostar）的首席技术官安东尼·德克维勒（Antoine de Kerviler）拍摄了一个成功案例视频。他现身说法，提到 Eurostar 在运用 Box 软件进行文件管理后，管理效率及办公效果都得到了提升。看了这个成功案例视频的潜在用户估计会这样想：如果连 Eurostar 这样高度复杂专业的公司都能成功运用 Box 达到很好的效果，那么我的公司应该也可以。

(2) 使用场景呈现。加里·维纳查克（Gary Vaynerchuk）是美国的一位创业家、作家及演说家。他经常在全美甚至世界各地演讲，主题涵盖创业、企业管理、个人提升等。假设某机构有意邀请加里去做一场有偿演讲，虽然该机构对他有一定的了解，但在合同签订阶段，还是有一点犹豫，万一他的演讲风格和听众不匹配怎么办？当然，回答这个问题的最好方式是现场听加里的演讲，但并不是每个组织方都有这样的机会。那么，还有其他更便利的信息可以帮助组织方最后决定是否请加里来演讲吗？解决方案：加里在Facebook及YouTube上开辟了视频专栏——《加里的日常》，里面记录了他日常工作中的一些重要场景，包括在不同地方演讲的主要片段。如果演讲的组织方看了这个视频，就仿佛亲临加里的演讲现场一样，可以充分体验他的演讲风格，甚至观察到现场听众的反应。一旦在脑海中可以栩栩如生地呈现出消费场景（即加里的现场演讲），那么最终的购买决定（即邀请加里做演讲）也就不难做出了。

(3) 开箱。电商购物的最大快乐点在什么时候？有人认为是在点击下单的那一刻，也有不少人认为是收到快递包裹，拆开包装，第一次看到实体产品的那个瞬间——这个行为，可以用一个专属名词来描述，叫作开箱。随着社交媒体的兴起及消费者表现欲的提高，开箱已经成为一种主流的热门视频内容形式，在YouTube上，每个月的开箱视频都可以累积数以亿计的播放量。在此类视频中，主角拍摄打开包装箱的整个过程，描述自己首次看到产品的感受，有的还会简单演示一番。比如，一个由YouTube用户Ashens拍摄的玩具小提琴开箱体验视频，迄今已收获百万次的播放量。从受众心理的角度分析，开箱视频一般来自用户（或者意见领袖），它不是广告，因此具有较高的可信度。更重要的是，这类视频通常可以传递出用户首次看到、试用产品的兴奋与激动，而这种正面的情绪容易感染受众，让他们提前体验使用产品的快感，从而刺激受众更快地做出最终的购买决定。

4. 热忱阶段的案例

在热忱阶段，本书选取和分析了三个不同主题形式的案例：

(1) 进阶指南。每个企业都憧憬着能达到把一般用户变成忠实用户甚至粉丝的理想营销境界，可怎样才能做到呢？用了几次就被搁置在墙角落灰的产品估计没戏，一个重要的方法应该是让用户更多地使用其已购买的产品，让他们学习和了解更多的产品使用技巧，扩大使用场合，提升使用频率，增加使用乐趣。专门从事头饰产品电商销售的 Luxy Hair 深谙此道，这家从 YouTube 上发家的公司有一个极其活跃的频道：订阅用户达 320 万，视频播放量达 3 亿次以上。Luxy Hair 的 YouTube 视频内容可分为两个层次：给新手小白们的入门内容，以及给老用户的高阶使用技巧内容。比如，一个题为"如何接发？保养、建议与技巧"的专题，包含了 29 个视频，介绍和阐述了诸如怎样搭配颜色之类的进阶性使用技巧。当用户能够更好地掌握产品使用技巧时，使用的可能性会更大，满意度会更高，从一般用户转变为忠诚用户的可能性也会更大。

（2）用户社区。经常为品牌摇旗呐喊的粉丝，需要一个让他们可以时常"落脚"并感到温暖的地方，这些地方有的是其自发组织的粉丝俱乐部，有的则是品牌主导的用户社区。通过有组织的用户社区参与活动，企业可以凝聚、发掘用户的力量，挖掘出忠诚用户。从这个角度来看，粉丝创作和制作的品牌视频，不但更真实可信，而且能够进一步加深粉丝与品牌之间的联结。户外照相机公司 GoPro 就是一个善于利用粉丝制作的视频的专家，比如在社交媒体上，公司利用#GoPro 作为主题标签，聚合粉丝创造的内容——每天都会有约 6 000 人以此为主题标签上传相关内容。不仅如此，GoPro 还会从这些内容中挑选精彩素材，把它们转化成自己的视频广告，或者是作为精华内容在公司网站上发布和推荐。这些举措极大地提升了粉丝的荣誉感及参与度，让一般用户成为忠诚用户，最后成为经常参与内容贡献的忠实粉丝。

（3）价值观。从一般用户转化成粉丝，需要的不仅仅是对产品的满意与认同，更重要的是对企业及品牌价值观的认同，因此企业对价值观的弘扬也是视频营销在热忱阶段的一种重要方式。2017 年被亚马逊巨资收购的全食超市，就拥有一批高度忠诚的用户，他们对全食超市坚持有机、天然食品生产理念的高度认同，是支撑这家高价位食品超市成功的重要因素。全食超市的视频营销，因此也着力诠释品牌的价值观。公司在 YouTube 上有一个专题叫作"认识饲养人"（Meet the Ranchers）：这些视频在农场实地拍摄，记录饲养人的天然饲养方式，听他们亲口讲述农场的有机农业理念。比如在得克萨斯州奥斯汀郊区的养鸡场 Vital Farms 拍摄的视频，就讲述了农场主马特从 2007 年开始经营的有机饲养农场的发展过程，生动且具体地诠释了全食超市及供应商的有机经营理念，可用来教育用户，感染粉丝，激励更多志同道合的粉丝型用户。

> **小 结**
>
> 　　虽然视频营销的形式及创意可以多元变化，但如果企业期望把视频营销的效果和消费者购买挂钩，还是需要遵循一定的规律。从认知、考虑、购买到热忱这四个消费者购买阶段出发，本部分总结了相应的视频营销主题及形式，供从业人员参考。

视频营销中的幽默战略*

谁不愿意哈哈大笑呢？的确，幽默被称为人类最重要的情感反应之一，也是人际沟通的最佳润滑剂。无怪乎在拥有 20 亿用户、全球最大的视频平台 YouTube 上，幽默风趣的内容占据受众最喜欢内容的前五位。因此在企业视频营销中，幽默也成为一个广受欢迎的内容风格。有时，幽默能够出彩、制胜，甚至成为一些企业战略获得成功的一个重要因素。

案例

每天清早，在南波士顿的一个工厂里，都会排着一队人，他们是某品牌最忠实的用户：别人干净整洁地去上班，他们却自愿胡子拉碴地到厂里，作为志愿者测试刚研制出来的新品。这个品牌的产品拥有很高的溢价，在店里出售时，为了防盗常常被放在上锁的柜子里。它的广告总是很高大上，自豪地宣扬其工艺和技术——仿佛不是来自太空探索，就是来自军事前沿。它就是吉列（Gillette）——宝洁集团旗下著名的男士剃须刀品牌。

吉列这个曾傲视天下的王牌，2010 年一度占据美国剃须刀市场 70% 的份额，但近年来却被一个个创业品牌追得脚步凌乱，几年内市场份额就跌了 20%。其中的一个后起之秀，就是 Dollar Shave Club（DSC）。这家

---

* 本部分改编自窦文宇，《视频营销中的幽默战略》，FT 中文网，2017 年 12 月 19 日。

2012年兴起的剃须刀企业，采取的是与吉列零售卖场不同的直邮商业模式：顾客每个月只需支付很少的费用（比如3美元），就可以收到一盒新的剃须刀和刀架，其主打卖点是方便、便宜。短短几年内，该公司就拥有300万个订购客户。2016年，DSC被日化巨头联合利华以10亿美元收入麾下。

默默无闻的DSC，是如何做到硬扛剃须刀巨头吉列，实现逆袭的呢？除了商业模式的独特性，以及消费者电商购物习惯的成熟等因素，其别具一格、不走寻常路的营销传播方式，也是被广泛认可的一个要素。

2012年3月6日，由DSC创始人迈克尔·迪宾（Michael Dubin）亲自出演的视频《我们的剃刀倍儿棒》，极尽调侃市场巨头之能事（有必要用带有10个刀片的剃须刀吗？），幽默风趣，引发了网络上病毒式传播的高潮：在两天之内就有12 000人成为DSC的新客户，播放量累计达到2 600万次（2020年4月数据）。

从那以后，DSC的营销传播一直以视频为主，主打风格就是幽默，于谈笑中树立起品牌桀骜不驯的形象。

比如这样一个视频：高档剃须刀品牌比如吉列，一般在零售店里会被锁在柜子里（防盗），但这种做法却给顾客带来了不便。视频中，一位准备去购买高端剃须刀的顾客，四下寻找店员帮助开柜未果，无奈之下只好试着自取，不料却引起警铃大作，一个店员冲出来，用吹箭击中了这个倒霉的顾客——他应声倒地。

这个视频的情节虽然有点夸张，却很好地渲染了顾客在传统零售店中购买剃须刀所费的周折，在观众的笑声中，点出（并强调）了在零售店里购买剃须刀的不便，加深了对直邮剃须刀方便省事的认知。

在视频营销中，像DSC这样因施展幽默的魅力而赢取顾客欢心并非偶然的成功。《时代周刊》（Time）2010年评出的50个YouTube有史以来最热门的视频中，有34个为幽默风格的。Adobe公司在其《2015年度内容状况报告》中，通过对全球12 000名消费者的调查发现，70%的消费者认为幽默让他们觉得品牌更可亲（relatable），同时也是其主动分享品牌内容的一个重要动因。

■ 幽默起作用的机理是什么？

近年来，幽默在社交网络视频上的运用出现了爆炸性的增长，产生了很好的效果，但其实它一直以来都是广告的宠儿。在过去大量的相关文献中，就已经对幽默在广告中的运用有了充分的研究。总体来看，幽默对于品牌的促进，主要来自两个维度（Eisend，2011）：

一是认知（cognitive）维度。首先，由于幽默元素能够较好地吸引观众的注意力，让他们在信息处理上更加投入和专注，因此其对品牌信息的摄取和理解就更为深刻；其次，如今的消费者更加成熟，对于广告的说教有天然的抵触，甚至头脑中会产生与广告论调相反的见解，但这时幽默的出现，就会分散观众用在反见解上的精力，避开雷区。

二是情感（affective）维度。幽默通常会产生正面情感（如愉悦、轻松等），排挤负面情感（如紧张、愤怒等），这种正面情感，通过情感转移（affective transfer）机制投射到背后的品牌上，从而增进了观众对品牌的正面情感性评价（如喜欢）。

通过幽默的手段，观众对品牌要么更了解了，要么产生好感了（或者二者皆有），因此营销效果也就达到了。不过，虽然幽默可以达到一定的营销效果，但并不是每个营销人员都天生具备幽默感，要想在视频营销里打好这张牌，该从哪里下手呢？或许可以从了解幽默的基础理论开始。

■ 幽默的基础理论

作为人类最重要、最常见的情感表现形式之一，幽默在心理学、文学、哲学、艺术等领域都受到高度的重视，也有大量的相关研究。如今，幽默学本身就已成为一门交叉学科。虽然各个学科对于幽默的研究角度不同，但根据斯坦福哲学百科全书（Stanford Encyclopedia of Philosophy）网站的总结，总体来看，关于幽默的基础理论（至少与营销关系密切的）主要有以下三种：

不协调理论（incongruity theory）。这个理论认为不协调及出乎意料是幽默的来源及特征。比如，在爱奇艺的综艺节目《冒犯家族》的某一集《中国好外企》中，外企员工换下西服正装，穿上东北花袄，着装与场景的违和感让人不禁哑然失笑。文献中把不协调细分为四种类型：没想到，反常理，奇怪的并列，颠覆三观。

优越理论（superiority theory）。人们观察到目标对象处于尴尬的状况之中，由此体会到自己的优越，从而发笑。比如，《全美幽默视频》（American's Funniest Videos）节目中，充斥着大量踩在西瓜皮上滑倒或是骑车撞到树上之类的片段。

喜剧人常用的一个幽默手法——自我调侃，也属于这个范畴。比如，《脱口秀大会》节目里，女演员王思文的很多段子，就是以调侃她自己（身高不高）或是老公（身高也不高）为笑点的。

解脱理论（relief theory）。该理论认为笑有助于释放多余的能量，能把人从紧绷的状态中解脱出来。这种幽默通常在前端积蓄紧张的能量，最后在幽默点释放掉，让人开怀大笑。比如，中国脱口秀演员黄西给美国人讲英文段子，引子严肃：他买了辆二手车，防撞板上贴着一张旧贴纸，上书"如果你不会说英文，就回你的国家去"（If you don't speak English, go home）——可他两年来都不知道贴纸上究竟说的是什么。本来观众对这个具有歧视意味的话题还有点紧张，但黄西的洒脱化解了凝重，展现出幽默的力量。

这里列出的三个常见的幽默理论，各有各的特点及适用范围，不过一般认为，不协调理论较为直观，容易理解，且可以解释大量的幽默现象，因此具有较广泛的接受度。

幽默的相关理论能够在某种程度上为想在视频营销中展现幽默力量的企业提供基本思路及方向，比如制造不协调、利用优越感或是释放紧张等。但具体落实到幽默的创意手段上，视频营销人员到底有哪些技巧或模版可以借鉴？

■ 幽默的创意类别及技巧

虽然说幽默属于人类的创意活动，本身并不受任何框架的束缚，但人们通过多年的幽默实践，还是摸索和提炼出了一些幽默创意的共性及规律。由于视频营销属于广告传播的范畴，因此本书介绍一篇由两位荷兰传播学学者发表的文章（Buijzen and Valkenburg，2004），他们根据前述幽默理论的指引，通过对荷兰 600 则电视广告的分析，归纳和提炼出在视觉媒体中常见的七个幽默创意类别：恶作剧，小丑化，意料之外，歪解，反讽，嘲笑，滑稽模仿。在这七个类别中，又各自有具体的幽默技巧，以下结合实战案例予以解析。

1. 恶作剧

恶作剧（slapstick）类别中包括做鬼脸、恶搞、自嘲等幽默技巧。

案例

旅游网站 Booking.com 2014 年推出视频《史诗般的预订》（*Booking Epic*），其宣扬的卖点是：每位旅行者对于订房都有自己独特的口味及喜好，而不仅仅要一个能睡觉的房间，Booking.com 可以满足人们多样化的订房需求。

在一个视频中，出现了各种奇奇怪怪的旅客形象及奇奇怪怪的行为。比如，一个长发飘飘的大老爷们表示，对他来说，订房最看重的就是要有一个风力强劲的吹风机。

以传统酒店的广告标准来看，类似这样的画面确实难言美观，但正是这种不惜打脸恶搞的幽默手法，让观众在笑声中记住了 Booking.com 此次的宣传主题：你的住宿选择你做主，无论什么要求（哪怕口味有点重），Booking.com 都能满足。

2. 小丑化

小丑化（clownish）类别中包括扮小丑（笨手笨脚，行为古怪）、进行身份变幻（如动物拟人化）等幽默技巧。

> **案例**

虽然身份变幻的常见手法是以动物模拟人类制造"笑果",但有时也可以反其道而行之。在日本避孕套品牌 Sagami 的视频中,舞者用脚步动作模仿不同动物,如狐狸、丹顶鹤、蓝脚鲣鸟、提琴手螃蟹等的求偶场景。轻盈欢快的动作渲染出品牌精神——爱即行动。这种平日少见的从人到动物的角色变幻,有趣中透着幽默。

3. 意料之外

意料之外(surprise)类别中包括概念意外(偷换概念)、视觉意外(如大街上突然出现的恐龙)、夸张等幽默技巧。

> **案例**

smart 是德国戴姆勒公司推出的一款超小型两人座汽车,其娇小的外形难免让人有点担心,它结实扛撞吗?

2000 年,smart 在意大利市场推出的广告中,一个巨无霸般的哥斯拉怪兽入侵了城市,一对情侣情急之下躲进 smart 车里,结果汽车在怪兽大脚的踩踏下却安然无恙。

怪兽与小汽车在大都会街道上的交汇,充满了视觉意外,但又让人忍俊不禁地回味这平安的结局以及 smart 的坚固结实。

4. 歪解

歪解(misunderstanding)类别中包括曲解概念、无知、被忽悠、孩子气等幽默场景或技巧。

> **案例**

在一般人眼中,GE 是一家老牌的制造企业,在那里工作似乎没有像在 Google 这样的互联网公司工作那么酷。

当大学生欧文告诉父母自己在 GE 找到了工作时，父亲骄傲地递给他一个传家宝——爷爷用过的大榔头，他以为欧文在 GE 工作时会用到。哭笑不得的欧文只好解释道，自己是个程序员，所做的工作是为大型风能系统编写控制代码，根本用不上榔头。

GE 的这则广告，在幽默中委婉地批评了一种无知的观念，即老牌制造企业肯定会与数字时代脱节，进而传递出这样的理念：今日的 GE，已昂首迈入数字化商业时代。

5. 反讽

反讽（irony）类别主要指的是实际与期望不符带来的无奈的幽默场景，比如不粘锅底部怎么也撕不下来的标签；具体的幽默技巧可以采取调侃、双关等手法。

> **案例**

在常见的中国汽车广告里，男主角永远像吴彦祖一般英俊潇洒，孩子总是一副贵族范儿，并且才艺超群，车停下来的地方绝对不是牛肉面馆，而是音乐厅前——感觉就是装，装，装！终于，女主角受不了了，喊出："不要买广告，买上汽斯柯达。"

斯柯达的这则别出心裁的广告，通过调侃汽车广告常见的装腔作势的套路，在幽默中传达出斯柯达定位于年轻消费者畅快潇洒、不做作的品牌形象。

6. 嘲笑

嘲笑（satire）类别中包括嘲讽（主要针对更强大的既得利益者）、不敬（比如员工比经理更懂行）等幽默场景或技巧。

> **案例**

剃须刀直邮公司 DSC 的一个主要卖点就是便宜，为了从市场领导品牌吉列手中抢夺市场份额，它的一个宣传策略就是攻击对手高昂的价格。

DSC的视频《昂贵的经销商》（*Expensive Dealership*）描绘了剃须刀某市场领导品牌的销售场所，它居然看起来像一家汽车销售服务4S店，销售人员在里面喋喋不休地向惶恐的顾客介绍着11层剃须刀的尖端技术，以及需要贷款才可行的购买方式；广告的结尾闪现出价格平民化的DSC剃须刀。

这个视频以幽默的手法嘲讽剃须刀领导品牌的昂贵、脱离群众，从而衬托出DSC的价格亲民性。

7. 滑稽模仿

滑稽模仿（parody）类别中包括模仿（针砭意味）、荒唐（绝对、无厘头）等幽默场景或技巧。

> **案例**
>
> 在现代商业活动中，清晰的沟通极为重要，但偏偏有人喜欢在商务沟通中故意使用一些艰涩的行话术语，以显得自己高深莫测。比如，loop me in（别忘了通知我）、uberizing business（共享经济模式）、get granular（抓好细节）之类——即使是英语为母语者也可能不知所云。
>
> 在美国通信服务公司Avaya的视频中，演员惟妙惟肖地模仿了此类现象。这些透着怪诞意味的工作沟通场景，在好笑之余也引发了观众对于有效商务沟通的关注，体现出Avaya产品有效促进商务沟通的宗旨。

当然，幽默是个富有创意性的心理活动，以上七个幽默类别及具体技巧无法涵盖所有情况，而且由于其基于西方文化背景，在中国文化环境下的运用可能也会有所改变。但总体来说，这个全面的框架为从业人员提供了一个有益的参考。

■ 视频营销中的幽默战略：实操指南

前面介绍了关于幽默的理论基础及创意类别，那么视频营销人员在实施幽默战略时，需要考量哪些关键的战略及创意因素？本书提出如下的 O-A-S-I-V 模型。

O 指 Objective（目的）：每个视频都必须有其清晰的品牌目的，而非仅仅博观众一笑。根据过去的相关研究，幽默可能造成观众对视频（广告）的认知多于对品牌的认知［也称吸血鬼效应（vampire effect），指幽默有时会喧宾夺主］，因此幽默战略可能不太适合那些试图传递太多或者复杂品牌信息的视频，而可能更适合诸如提高品牌知名度、加深品牌情感联结或者提升品牌喜爱度之类的营销目的。

A 指 Audience（目标受众）：一系列心理学及教育学的研究发现，人的幽默力（即理解、欣赏幽默的能力）与智商正相关，这可能是因为幽默的呈现机制——发现不协调，理解不协调，从而发笑——与人们的问题解答机制类似，而后者正是智商的一个重要组成部分。这一发现对于视频营销的启迪是，如果视频的目标受众理解幽默有挑战，或是欣赏不来，则应谨慎使用此战略。幽默战略，尤其是略显深奥、比较"烧脑"类型的，可能更适合理解能力较强的目标群体。

S 指 Selection（选择幽默类别）：幽默类别（前述介绍了七种）没有高低贵贱之分，但对于每个类别，都需要审视其与本次视频营销目的的相关程度，以及目标受众对其可能的接受度、理解度和喜爱度。一旦确定了采用的幽默类别，就可进一步从该类别中挑选一至两种幽默技巧。

I 指 Integration（糅合）：这是视频创意中最关键的环节，根据已选取幽默技巧的特点，以视频目的为指南针，经过创意团队的头脑风暴、热烈讨论等经典的创意激励步骤，最终提炼出一个具有幽默特征、体现品牌目标的视频脚本。

比如在本节开篇提到的 DSC "不便利的剃须刀零售购买"案例中，公司确定了视频的目的是强调在零售店里购买剃须刀不方便，但其实男性顾客可能已经习惯了这样的购买方式，并未觉得特别不方便——因为购买频率低（一年三四次）。

为了改变他们头脑中存储的购买定式，公司决定以意料之外这种幽默形式来演绎，因为它比较容易引发观众对一个熟视无睹的场景的好奇心。在这个类别中，为了最大限度地"揭露"这种人们习以为常的购买方式的不便，公司又决定采用夸张的幽默创意技巧。

最后出来的脚本情节就是，一个想要买剃须刀的顾客，找不到店员帮忙开柜，无奈之下只好自取，结果引发警铃大作，他也被冲出来的店员用吹箭击倒。荒谬可笑的情节却很好地传递出品牌信息，达到视频的目的。

V 指 Validation（校验）：在这个阶段，创意团队提出的视频脚本进行初步的艺术呈现。比如，产生绘画版本，拍摄关键片段，在视频比较简单的情况下亦可拍摄完整的初始版本，然后把作品分享给部分利益相关人士，比如种子用户、一线销售人员、渠道合作单位、专业营销人士等，聆听他们的意见及反馈。从易懂性、有趣性、正面情感性、目的达到性这四个维度进行评估，如果总体反馈正面，则进行必要的修改后，可开始正式的视频拍摄；若是意见负面且难以克服，则返回 S 阶段，重新开始创意过程。

小　结

企业的内容营销中，视频形式将占据主导地位，而幽默则是视频营销成功的一个重要因素。善于根据用户特点及营销目的选取不同种类的幽默技巧，将更有可能放大幽默的效果。

品牌导向的直播营销

在视频营销中,哪种形式目前炙手可热?直播!拥有 25 亿用户的 Facebook,在 2016 年开通直播后,观看过至少一场直播的用户有 20 亿人,2018 年度直播场次达 35 亿次;不仅数量高涨,而且直播的黏性效果也好于一般视频:互动多 5 倍,评论多 7 倍。在中国,2019 年观看过直播的人数达到 5 亿,在互联网用户中渗透率过半;电商平台淘宝上的专业直播主播有 20 万人。

在社交媒体的直播领域,电商直播的目的明确,促销手段有大致的套路(比如,李佳琦的"Oh My God,所有女生,买它"),想提升电商直播水平的商家有榜样可以模仿。其他常见的直播行业,如游戏直播、娱乐直播,大多基于直播的专业技能,再加上粉丝互通的能力,各主播的套路也差不太多。

不过,除了电商以卖货为目的的直播,以及技能型的直播如游戏、娱乐等,大多数企业用直播手段做内容营销,可能还是为了品牌,而不是直接带货。那么,品牌导向的直播营销应该怎样做方能出彩呢?

还是先要从用户观看企业直播的主要心理动因出发。市场调研公司 Koeppel Direct 2017 年通过对近千名直播用户进行的调查,总结出以下几类心理动因:过时不候(urgency),悬念(suspense,不知道过程中会发生什么),满足对平时难以看到场景的想象(fascination),(与直播主办方或其他观众的)实时联结及互动(instant connection)。

从调查结果中可以看出,用户对于直播内容的期待,与对其他常见的内容营销形式(如文章、图片、视频)有所不同:他们希望直播能满足其好奇心,透露一些平常看不到的东西(如幕后秘密),拉近与品牌的心理距离,展现品牌的真实一面以提升信任度,促进与品牌的实时互动,或勾勒出品牌的鲜明个性,等等。基于这些直播心理特征,以下总结了以树立品牌为导向的直播营销的五个思路与技巧。

1. 满足用户好奇心

面对一些较为复杂、抽象的产品（服务）类别,比如 B2B 产品和医疗服务,消费者或多或少有点好奇:产品到底是怎么做出来的?内容营销可以解惑,但若只用文字描述,难免有点冰冷;图片再美,毕竟只是一个定格瞬间;视频倒是形象不少,不过与直播的身临其境感相比还是缺了些鲜活的色彩。为了激发和满足消费者对产品的兴趣及好奇心,何不尝试一下直播呢?

2015 年 7 月 20 日,B2B 巨头 GE 公司推出以 #DRONEWEEK 为主题,为期五天的无人机直播,从东海岸到西海岸,在五个不同的地点（如休斯敦、特哈查比）,对 GE 的五个前沿行业（如深海钻井、风力发电）进行了全面的深度介绍,揭开幕后的精彩!在第三天的直播中,无人机掠过壮观的加利福尼亚州特哈查比风力发电场,从几百米的高空俯视白色的 GE 风力涡轮机,还捕捉到站在这白色大家伙上自豪挥手的工人。GE 在社交媒体上也同步解答了在线用户的疑惑,比如,"大风车"每天的发电量是多少?工人们站在百米高的脚手架上工作,如何克服内心的恐惧感?

此次 GE 公司的首次无人机直播活动,全方位实时展示了复杂技术背后的场景,充分满足了公众的好奇心,激发了他们对产品的兴趣。

2. 减少品牌距离感

一线奢侈品品牌如爱马仕（Hermès）,可能是不少人心中永恒的梦。不少类似这样的高端奢侈品品牌,对尚在培育中的消费者来说,总有一种神秘而陌生的感觉:远在天边,不在眼前。这些"神"一般的品牌,如何才能走下高冷的神坛,拉近与潜在消费者的距离呢?或许直播可以帮忙!

在 2015 年米兰时装周上,意大利顶级奢侈品品牌范思哲（Versace）采用既奢华又轻松的方式闪耀国际家具展。4 月 13 日,范思哲组织了一场床上早餐会,在直播平台 Periscope 上展示了来自米兰家居的优雅。

高颜值的模特身穿最新款的金色系家居服,展示范思哲设计的软床、抱枕、桌椅、玻璃器皿等。直播中呈现的温暖阳光、浪漫早餐,让观众似乎可以感受到慵懒惬意的氛围！温馨的画面让范思哲家居系列在尊贵之外也多了些许生活气息……顶级奢侈，或许并不遥远。

3. 传递真实与信任

澳大利亚数字营销公司 Stackla 发布的《2017 年消费者内容报告》，通过对 2 000 名英、美、澳消费者的调查发现，"真实不装"的品牌内容最能打动消费者，而打官腔、端架子的内容会让人反感，尤其是对那些身为"数字原住民"的年轻一代消费者而言。比如，"晒幕后"类型的直播，能给观众呈现一个不加掩饰、360 度的全面印象，符合数字时代的消费者对真实感的喜好。

这种直播带来的真实感，在 B2B 宣传中尤为重要：由于产品更复杂，因此信任是 B2B 交易完成的一个关键因素。而根据信任理论，在双方的交往中，愿意把自己的弱点展示给对方，是建立信任的一种方法。这样做的一方显露真实坦诚的一面，对方更容易放下防备，双方由此达成信任关系。于是，在 B2B 直播中，坦然展现自己、不怕暴露的企业虽然并不光鲜完美，甚至显露出瑕疵，却反而有可能促进合作伙伴之间的信任。

比如，Livestreamingpro 是美国的一家直播服务及咨询公司，为了使 B2B 买家建立起对自己的信任，公司有时就采取"晒幕后"的方式，直播介绍自己产品研发的过程、碰到的挑战等。这是一个全透明的展示：直播画面中有争论的场景，员工们身穿休闲的套头衫，甚至还出现了一只可爱的小狗，但这并不妨碍它展现出员工们的专业及热忱。坦诚为这家 B2B 服务企业带来了信任，获得了加分。

4. 促进互动参与

玛莎·斯图尔特（Martha Stewart）是美国著名的时尚生活方式女王，多年来引领家居、装饰、烹饪潮流。她的电视专题节目，如《玛莎·斯图尔特秀》(Martha Stewart Show)、《玛莎烘焙》(Martha Bakes)、《玛莎厨房》(From Martha's Kitchen) 等拥有大量观众。在电视节目中，生活方式女王玛莎威严干练，说一不二。不过，随着近年来直播的兴起，女王也有机会展示她的另外一面。

比如，玛莎利用 Facebook 直播录制《玛莎问答》(Ask Martha Anything) 节目：在直播中，玛莎会展示一些菜肴的准备及制作过程。在电视节目中玛莎的一举一动都是完美的（经过剪辑），但观众在直播中却可以看出，烹饪女王这个熟手也会出现停顿、不确定甚至重来的情况。但正是这样显露瑕疵的直播内容，反而让年轻一代的消费者认为玛莎真实、可亲近，也增加了他们对于自己烹调技艺的信心，他们因此大胆在直播中与玛莎互动，向她提问。

5．勾勒鲜明个性

纵观各种时尚杂志、时装品牌的宣传，给人的印象总是完美无缺、高端奢华——个性上高冷有余，鲜活性却可能不足。这或许是纸媒的局限，因为只有一次曝光的机会，所以比较谨慎。直播却不同，它提供了充足的品牌曝光机会，以及多元的展示视角，再加上栩栩如生的现场感，有利于塑造鲜明的品牌个性——于是在时装业品牌塑造中得到了运用。

时尚电商埃韦兰斯（Everlane）的口号是"极度透明"（Radical Transparency），所以它把社交媒体营销的重心放在以鲜活性著称的平台 Snapchat 上。每周二更是被公司定为"透明星期二"（Transparency Tuesday），直播幕后的精彩。

公司社交媒体团队的两位成员——雷德·加斯克尔（Red Gaskell）和伊莎多拉·塞尔斯（Isadora Sales）——拿着手机，大摇大摆地穿梭于公司各个部门，直播揭秘时装公司光鲜面纱的背后，比如，设计师的灵感源泉，员工聚餐的场景，产品上市摆拍，生产车间直击，等等。两个主持人一边直播一边回答观众的问题。虽说这些实景直播画面无法像时装大片那样美轮美奂，但这种直接、自然的直播策略恰好传达出 Everlane 这个时装品牌洒脱通透的个性。

小　结

塑造丰富饱满的品牌形象，是直播手段在企业内容营销中所起的一个重要作用；具体实施思路可包括满足用户好奇心，拉近与品牌的距离，以真实感塑造信任，促进互动参与，以及勾勒鲜明的品牌个性。

内容营销如何创意飞扬？

在社交媒体上到底有多少内容产生？那是愚公也得望而生畏，且一直在不断累积的高山。

根据美国云服务公司 Domo 2019 年发布的一个调查报告，每 60 秒：

Twitter 用户发布 51 万条推文；

Youtube 观众播放 450 万个视频；

Instagram 用户发布 28 万条 Stories（故事）；

……

可以想象，进行内容营销的企业的挑战有多大，因为你产生的内容，是在和社交媒体上海量（且可能专业、有趣）的内容竞争用户有限的时间及注意力。

那么，怎样才能跳出内容的红海？有的企业采取打擦边球的做法（如尬蹭热点）博取眼球，但这样做毕竟品位不高，还可能有损品牌形象，因而并非长久的内容营销之策。纵观现代营销百余年的历史，广告宣传只有靠独特的创意才能真正吸引消费者的关注，而这，同样也是在社交媒体的海量内容时代，企业内容营销通过展现创意魅力，吸引消费者驻足，感受品牌的根本规律。

如何才能在内容创作中体现出创意性（creativity）呢？虽然这应该是一个火花四溅的环节，但其实面向消费者的营销创意还是有一定规律可循的，比如，过去在广告学中大量涉及的广告战略及创意研究，为今日的企业内容创意战略提供了启迪。

（1）从内容主题选择这个战略层面来看，企业的内容营销主要在社交媒体上进行，经常性产生内容（有的甚至日更）已成为常态。虽然企业新媒体营销的主题一般不应偏离其产品与服务，但这并不意味着只能围绕自身产品打转，否则会让粉丝觉得内容主题单调，订阅时间长了难免产生倦怠感。因此，企业新媒体营销的内容主题选择，需要时不时地有所变化或创新，这样方能给粉丝带来出乎意料的惊喜。此外，企业新媒体营销的主题选择，有时也可以更为大胆，或有更广阔的视野，通过聚焦用户的泛需求来发现新颖的内容主题：这里，泛需求指的是用户（或潜在用户）基于自身特征而产生的需求，此种需求不一定与企业的产品产生直接的关联。比如，Adobe Creative Cloud 软件，其用户中的一类——专业设计人士——对内容的需求，可能主要落在如何使用这款软件提升电脑设计技能上，但这个群体也可能有其共通的，与 Adobe 软件本身不一定有关的泛需求，比如，了解艺术世界的最新发展趋势，或是长期使用电脑的人士如何护眼之类的宽泛内容主题。

（2）用户一旦认可了企业的内容主题选择，其对于内容营销的审视与关注，将落在内容作品层面，只有新颖独特，才能吸引挑剔的用户。从这个角度而言，过去半个世纪以来关于广告创意的经验与研究发现，值得内容营销人员参考和借鉴。比如，2007 年，营销学者罗伯特·史密斯（Robert Smith）等人在对大量广告及相应的消费者反应的定量研究基础上提出的广告创意模型，对于今日的内容创意依然具有启迪作用。这个模型包括独树一帜、新颖阐述、不凡组合、灵活呈现及艺术渲染五个方面的内容。

综合上述关于企业内容营销选题战略的分析，以及史密斯等（Smith et al.，2007）在内容作品层面的创意模型，本书提出了一个企业在进行内容营销时的创意途径模型，如图 4-1 所示。

第四章　内容营销进阶技巧

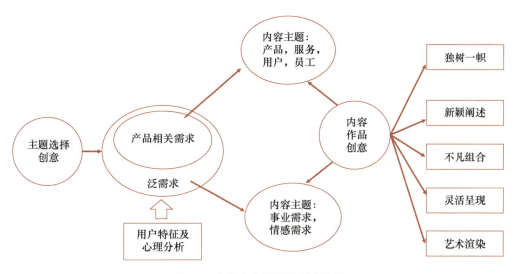

图 4-1　企业内容营销的创意途径

下面将通过一些具体案例诠释整个模型的具体概念及实际运用。

■ 主题选择创意：产品相关需求

全球重型机械装备巨头之一的卡特彼勒的 Facebook 账号拥有近 200 万个粉丝，他们应该是该公司的用户（如卡车驾驶员）、合作方（如经销商），或对产品感兴趣的相关专业人士；他们所关心的内容一般来讲应该是卡特彼勒公司与产品的信息。

卡特彼勒 Facebook 的内容主题，通常围绕着产品（如挖掘机、推土机、卡车等）、服务（租赁、部件等）、用户、员工、公司活动。形式主要是文字配图片，或文字配视频。总体风格比较中规中矩，但也具有人文气息。

在常规内容主题之外，卡特彼勒在内容主题方面的创新主要包括以下几点：

（1）新主题。虽然卡特彼勒在机械及重型设备方面是行家，但某天其 Facebook 上的帖子涉及环保主题还是有点让人意外，这篇文章——《在犹他州呼吸新鲜空气》（Breathing Cleaner Air in Utah）——讲述的是位于美国中西部的犹他州，素以风景优美、蓝天白云而著称，但在犹他州的普罗沃市，有时却会面临严重空气污染的挑战。这个令读者意想不到的话题，与文章封面图片中犹他州澄澈明净的天空形成鲜明的对比，引发读者的好奇，因而能引起他们对文章内容的关注。当然，读到最后，读者会发现解决当地空气质量问题的关键，还是在于发电厂使用了卡特彼勒生产的天然气发动机。虽然内容最后还是回归到产品上，但首先吸引读者眼球的，却是其账号平时不常涉及的环保主题。

（2）新视角。爸爸带着女儿一起开压路机去修路？这可不是跟着爸爸去体会一把过个瘾，而是女儿卡辛加入公路建设公司 Maymead 的全美首个全女性铺路团队后，向在公司工作多年的老员工蒂姆（卡辛的爸爸）学习如何操作卡特彼勒的压路机。虽然有关用户的故事也是卡特彼勒 Facebook 的常见内容主题，但在同一家公司里，爸爸手把手教女儿使用压路机的故事毕竟少有——这个新的内容角度较好地引发了读者的兴趣，获得近千位读者点赞，高于平均水平。

（3）新形式。卡特彼勒 Facebook 账号的常规内容形式，是文字配图片或视频，不过有时它也会玩点新花样，比如请读者参加一个小的有奖内容竞猜比赛。问题不出意外，当然和它的产品相关，但同样的信息，通过竞猜的方式传递出来，多了一丝趣味及刺激感。虽然从严格意义上来说，内容的呈现不一定需要全新的主题或角度，但考虑到内容与表现形式有一定的适配性，比如，一篇文章传达的信息要点和角度与采用漫画形式来传达可能会有所不同，读者的体验与感受也会不同，因此，这可以理解成是对常规内容主题的改变与创新。

■ 主题选择创意：泛需求

卡特彼勒的内容营销战略中，核心主题落在营销导向明显的产品、服务、用户和员工身上。它这样做有其道理：① 公司拥有丰富多样的产品线（从挖掘机、铺路机、采矿机械、林业设备到动力系统等），可以着笔的内容范围广泛，而且每个主要产品背后可能都代表一个行业，意义重大；② 公司的产品通常巨型、壮观、形象，能让读者产生直观印象；③ 公司作为一个全球性的工程设备巨头，各地分公司或代理机构都可能贡献具有区域特征的内容，比如，卡特彼勒（中国）公司做过一集视频——《改革开放后的第一批卡特挖掘机手》；④ 成立于1925年的卡特彼勒公司，拥有悠久的发展历史，可以聚合的内容线索众多，比如第二次世界大战中美军广泛使用的卡特D4拖拉机，就是一个饶有趣味的主题。

因此，从内容营销选题的角度而言，卡特彼勒就是坐在其多元产品的富矿上，内容围绕产品来组织，自然顺畅，还源源不断。

但并不是每家公司都像卡特彼勒一样，有的公司历史不长，产品线相对单一，且是非具象化的数字化产品，可看性无法与变形金刚般的挖掘机相比，这时该怎么办呢？可以看看B2B领域的直邮软件公司Mailchimp的例子。

案例

先看一段纪录片。位于圣路易斯市北部的Crown Candy Kitchen，是1913年由希腊移民开的一家餐馆，提供糖果、甜点及三明治等食物，在服务点评网站Yelp上还有些名气，可以算是个经典版的网红打卡餐馆。

可这几年，作为家族第三代传人的餐馆经理安迪却有些烦恼：餐馆位于全美犯罪率最高的大城市圣路易斯市，具体方位又处于所谓的黑人区，因此Yelp点评网站上总有一些顾客（尤其是来自外地的游客）喜欢说三道四，称餐馆周围可以看到有人从事毒品交易，所以给了差评。安迪对于这一点非常无奈，他觉得如果顾客因为菜的品质和口感不好而给餐馆差评自己服气，可如果仅仅是出于不喜欢黑人而这样做，那就有些过分了。

片中提到，安迪餐馆里的不少员工是黑人，他们有的工作了很长时间，顾客大部分也是当地的街坊及熟人，他们和员工相熟，把这里当作第二个家庭厨房。所以虽然做餐饮这个行业起早贪黑很辛苦，但安迪觉得这也是自己对顾客的信任予以的回报。

片子的结尾颇有些蒙太奇的意味：结束了一天的忙碌之后，安迪拖着疲惫的身体向自己在餐馆附近的住所走去。虽然路上看到的小混混模样的人让他有点警觉，但最终，心情还是在看到三个小女孩在街边开心地学跳潮舞时放松了下来。这就是生活，一个小企业主的生活，或许没有轰轰烈烈，却是在奋斗中服务社会，体现人生价值。

这部约十分钟的纪录片，其实是直邮软件公司Mailchimp策划和制作的，片子请来英国知名的音乐电视导演大卫·威尔逊（David Wilson）及美国知名的黑人纪录片导演卡马乌·比拉尔（Kamau Bilal）给予指导，是 Mailchimp 2019 年 6 月推出的内容产品 "Mailchimp Presents" 系列中的一个作品。为了进行有影响力的内容营销，Mailchimp 在过去两年内陆续招聘了一个由 9 个人组成的内容团队，他们都拥有丰富的影视或媒体经验。此外，在推动公司内容品牌建设的过程中，除了建立强大的内部团队，Mailchimp 还和一些外部的影视传媒公司，比如 Vice、Pineapple Street Media、Scout Productions、Caviar 等合作，增加内容产出的数量，提升其质量。目前在其网站 Mailchimp Presents 上，积累了 50 余个视频及播客作品。

为什么 Mailchimp 要投入这么大做一些看起来与自身产品没有明显关联的影视作品呢？答案：用户泛需求。

Mailchimp 的直邮管理软件的目标群体为中小企业主及创业人士。他们在营销自动化的经营需求之外，有着鲜明的泛需求：类似的事业经历，相通的情感需求，比如，面对排山倒海而来的困难时的坚韧，偶尔的自我怀疑，家庭与事业的平衡，盈利与社会责任等。Mailchimp Presents 的这个内容产品，就聚焦在目标群体事业与情感交织的泛需求上，通过主题深刻、情节细腻、制作精良的作品，打动中小企业主及创业者，继而在潜移默化中塑造 Mailchimp 品牌暖心及友好的形象。

■ 内容作品创意：独树一帜

横空出世，独一无二，拍案叫绝……如果提到有创意的广告，独树一帜（或原创性）应该是其必备的一个关键特征，史密斯等（Smith et al., 2007）的广告创意五维度模型中，原创性维度指的是广告中的元素或手法受众闻所未闻、出乎意料，或超脱常理。

案例

越联结，越孤单？在这个全球社交媒体用户达数十亿的时代，年轻一代的婚恋问题，好像并没有因为更多的（数字化）社会关系联结而变得更加容易：在美国，千禧一代中，没有固定伴侣的人占一半以上，而中国的"90后"中单身人数占43%（2018年数据）。

但是单身并不表示不期待爱情或婚姻，于是催生了大量的网络婚恋交友平台，国外的有 Bumble、Tinder、Hinge、Grindr、Match.com、Happn 等，国内的则有珍爱网、世纪佳缘、百合网、有缘网等。它们的基本模式都是用户提供信息及交友偏好，自行搜索，或平台提供建议和选择。

从提供的产品及服务来看，各平台之间都差不太多，就是想办法促进用户结缘配对。既然产品本身没有根本性的不同，那么平台如何在内容营销的宣传中脱颖而出，让用户关注并喜欢自己呢？或许需要一点惊世骇俗。

2019年8月12日，成立于2012年的 Hinge 在美国、英国、加拿大、澳大利亚、北欧地区推出首个全球性电视广告及视频。可以想象，一般此类交友 App 广告的卖点应该是自己的服务有多好，有多少因此而获得幸福和满足的用户等，不过 Hinge 这次的宣传点可是离这种套路十万八千里，广告中只是不断强化一个卖点：Hinge 迫不及待地希望用户把自己删掉，快乐、彻底地（completely and happily）删掉！这完全契合此次宣传攻势的主题——"快把我删了吧"（Dying to be Deleted）。

在广告中，Hinge 的吉祥物——一个方头方脑，两只大眼睛在头顶，身上标着 H 符号的毛茸茸的家伙——出现在不同的场景里。每当有一对 Hinge 用户开始激起火花，在谈情说爱的道路上渐入佳境时，这个吉祥物就开始陷入倒霉的境地：要么被热恋之火灼烧，要么被用户的小狗追逐，要么因被丘比特之箭指着而瑟瑟发抖，最后的命运似乎更加悲惨，一对用户中的女士在手机上按下删除 Hinge App 的按键后，一个从天而降的破空调砸在 Hinge 吉祥物的身上——它彻底粉身碎骨了。

这个创意虽然看起来有点令人匪夷所思，但目标受众仔细一想，也不会觉得突兀。原来，Hinge 在市场及用户调研中发现，主流用户对婚恋交友平台总体印象不佳，认为平台上有人举止轻浮，真正想寻求建立严肃恋爱关系的用户却得不到帮助。

此外，有些婚恋交友平台自身似乎也不够真诚，把用户的留存率、使用时长当作其追求的指标，以期带来广告或连带收入，而这样做，实际上失去了平台存在的真正意义——让用户找到真爱，一劳永逸。

在和其他婚恋交友平台比拼营销的竞技场上，Hinge 这次令人匪夷所思的创意大获成功，赢得了用户及媒体的广泛关注。

■ 内容作品创意：新颖阐述

史密斯等（Smith et al., 2007）的广告创意模型中，新颖阐述（elaboration）维度指的是广告内容中包含了丰富的、令人意想不到的细节，以期塑造灵动鲜活、栩栩如生的场景，令一个品牌概念鲜活起来——让受众为这种创意的诠释而啧啧称赞。

> **案例**

2019 年 4 月，Adobe 旗下的 Adobe Creative Cloud——一个创意软件及云存储服务品牌，推出了与制作公司 RSA 合作拍摄的视频《走过来的日子》——一个由知名导演扎克·布拉夫（Zach Braff）执导，长达 11 分钟的品牌视频故事。

视频的灵感来源于 Adobe Creative Cloud 之前在全美大学生中组织的一个创意比赛，在 1 100 个投稿作品中，来自波士顿的大学生萨姆·韦斯特（Sam West）被评为优胜者，他的作品描绘了创意的发展历史，如剪刀、笔记本、笔、老式电话机等就是维多利亚时代的创意工具。这个获奖作品为《走过来的日子》视频中 19 世纪的维多利亚时代背景提供了创意源泉。

这个借古讽今的故事，描述的是维多利亚时代的一个"网红"如何奔波忙碌着为商家代言。虽然当时没有网络，可影片中描述的她的生活、工作轨迹……种种细节都与今天的网红神似：

一大清早，严厉的经纪人就来催促睡眼惺忪的她，得赶紧去片场拍摄洗发产品代言照了。

与今日在美颜功能上不惊人不罢休，不把腿长修成 1.2 米的网红一样——维多利亚时代的"网红"，被仆人们束腰束得喘不过气来。

19世纪的摄影团队，虽然用的是老式的黑白相机，却依然要煞费苦心搭出 Instagram 般的正方形图片框。

发布时机至关重要，照片必须快递到伦敦，当时一定没有数字渠道，视频中，那就只有让猫头鹰使劲飞去送达了。

照片到了伦敦之后，马上要在人群熙攘的闹市区挂起来供粉丝们鉴赏——这，和今天的发朋友圈不是有几分相似吗？

在围观的人群中，有两个衣衫褴褛的小姑娘走过来欣赏这张大美照。说了什么？当然是类似于点赞。

这次 Adobe Creative Cloud 的品牌短片，主要是针对其产品的一个目标群体——大学生。这个群体不喜欢说教性的广告，但可能愿意为有趣的内容而驻足。虽然在维多利亚时代，有模特为商品做广告不算是一个革命性的创举，但视频中的故事情节与场景，却采取了模仿今日网红世界运营的方式，种种让观众没有想到的借古讽今的细节，令人耳目一新、忍俊不禁。视频自 2019 年 4 月 3 日上传后，在社交媒体上引发热烈反应，短短几天内就有 100 多万次播放、15 万次互动。

在内容营销中，细节不仅仅是魔鬼，也可能是创意的方式；让脑洞大开的细节，彰显你的品牌理念！

◼ 内容作品创意：不凡组合

史密斯等（Smith et al.，2007）的广告创意模型中，不凡组合（synthesis）维度指的是在内容设计中，把一些在常理中较少有关联的物体或概念组合、连接或排列在一起。这种虽然一时没有想到，但稍微一琢磨又会令人拍案叫绝的创意，往往能让人眼前一亮、印象深刻。

迷因指的是突然间在网络上被大量的用户宣传、使用和转播，一举成为备受瞩目的事物。迷因中最常见的形式，是有意思的文字加上生动的图片，比如，来自国外的"握拳男孩"，国内的则包括"成龙甩发 duang""尴尬而不失礼貌的微笑"，等等。

虽然迷因这个词 1976 年就被创造了出来，但它的社会影响力却是在网络时代，尤其是近年来的社交媒体时代才真正爆发出来的。而且，作为一种快速流行文化的象征，它的灵感更多来源于年轻人的生活场景，如学习、恋爱、亲情、职场等，通常以幽默诙谐的方式表达，在年轻人的网络世界中拥有较高的使用率。

案例

20世纪20年代于意大利佛罗伦萨创立的Gucci，是国际知名的奢侈品品牌，以高档、豪华、性感而闻名，一向为社会名流及商界富豪所垂青，其产品线包括服装、皮具、皮鞋、手表、领带、丝巾、香水等。

可是，如果把小年轻们喜爱的快速文化消费品迷因与传统典雅的奢侈品品牌Gucci配在一起，是不是有点不搭界呢？

其实不尽然，营销的创意往往可能是从对立不同而来的。2017年，在创意总监亚历山德罗·米歇尔（Alessandro Michele）的带领下，Gucci推出了一款面向千禧一代消费者的时装手表Le Marché des Merveilles——它继承了Gucci的红黑色系，以及传统的虎头、蜜蜂和蛇的动物设计符号，设计风格大胆前卫却依然高贵典雅。

为了更好地向目标群体推广这款价格约为800美元一只的奢侈手表，Gucci决定在内容营销中采用千禧一代最喜闻乐见的情感交流工具——迷因，创造出一系列与Le Marché des Merveilles手表相关的迷因，作为这个品牌打入年轻人世界的一种雅致的通行证。

比如，其中一张迷因中展示出某男士的西服袖子，可袖子却被撕了个大洞，为什么？原来他是要让别人看到手腕上的Le Marché des Merveilles手表——为了显摆，哪怕撕破衣服也不在乎！

Gucci的这张迷因形象地传达出，Le Marché des Merveilles手表的用户一戴上表就心猿意马，而这种极强的表现欲正好符合千禧一代被称为"自我的一代"（Me Generation）的特征。通过把前卫不羁的迷因和传统典雅的Gucci品牌符号关联起来，Le Marché des Merveilles手表的内容营销超越了奢侈手表过去常用的恢宏套路，以别具一格的创意，在目标群体——千禧一代的消费者——心目中建立起情感联结。

内容作品创意：灵活呈现

现代营销学理论中，罗瑟·里夫斯（Rosser Reeves）在20世纪50年代提出的独特卖点（unique selling proposition，USP）概念是一个重要的框架及决策工具。于是企业在宣传广告中注意的一个关键点就是能否清晰、精准地传达出品牌的独特卖点。

不过，虽然说独特卖点不可含糊表述，但并不意味着在内容创作中它就是僵直、死板、固定不变的，因为那样往往会让受众觉得过于直白，缺乏留白的想象空间，或是认为生硬的销售意味太浓，不太可能认为这种广告手法具有创意吸引力。

史密斯等（Smith et al., 2007）的广告创意模型中，灵活呈现（flexibility）维度指的是，广告中包括不同的思路或情节主线，其中有的主线可能和独特卖点相关性强，有的则可能没有太大的关联，但受众正是在这种蒙太奇般的变幻中感受到了思路的对比冲击。这种灵活的创意，寓意丰富，意味深长，使得人们一改平时对广告信息过载的倦怠，发现品牌原来还可能带来不同的感受，因此显得寓意深远。

案例

成立于2007年的Zendesk是美国的一家客户服务软件公司，在这个巨头（IBM、Oracle、SAP、Salesforce等）扎堆的拥挤赛道上，一家历史不长、底蕴不深厚的IT公司，在营销上靠什么才能吸引客户的关注？

与大家通常熟悉的、相对严肃的B2B营销不同，Zendesk倾向于采用轻松诙谐的内容营销风格，尤其擅长以视频传递品牌信息和个性，建立与用户的情感联结。

其一举成名的视频《我喜欢他把生意给我》（*I Like It When He Gives Me the Business*），描绘了一对老夫妇模样的人，他们身上分别被标注了企业（business）、顾客（customer）的字眼（即分别代表企业和顾客）。

这对老夫妇表面上是在抱怨企业与顾客之间关系的种种不如意之处，但透过诙谐对话中所使用的词汇及其语境，又让人感觉像是在抱怨婚姻中的磕磕绊绊。视频中两条线索交叉呈现，观众在会心一笑中体悟到，如果 Zendesk 能帮助这对夫妇在婚姻中达到和谐状态，那么它也应该可以帮助企业维持令人满意的客户关系。

Zendesk 的这种灵活呈现的创意手法与跨界综合的手法并不完全一样：后者更多强调的是，把两个相距甚远的概念关联起来，而灵活呈现只需将不同（但也可以相似）的思路线索以蒙太奇般的手法呈现出来，即可产生创意力的冲击。

■ 内容作品创意：艺术渲染

史密斯等（Smith et al.，2007）的广告创意模型中，艺术渲染（artistic）维度指的是广告中包含的在语言、视觉或听觉上令人感到赏心悦目的艺术性元素，比如优美的文字、震撼的画面、悦耳的音乐等，让受众感到不是在耐着性子看广告，而仿佛是在欣赏艺术作品。

案例

一直以来，在专家的心目中，奥利奥被认为是社交媒体营销最好的快消品牌之一；它的社交媒体内容，通常也以创意见长，而利用艺术手法，也是其实现新奇创意的一个重要路径。

比如，企业节日内容营销大多脱不了贺卡式的俗套，不过，哪怕设计得再精美，如果很多企业都在这样做，用户也会审美疲劳。

2015 年圣诞季，奥利奥在 Instagram 上制作并发布了一个动画视频帖：开始的画面是华丽的圣诞礼物包装纸，这张纸先是变成两片，之后又变形为两个圆形（宛如奥利奥饼干），然后这两个圆形又化身为雪人的身体和头，再后来，出现两个人围绕雪人欢快庆祝的画面，最后，画面定格在奥利奥祝福人们圣诞假期快乐上。整件作品通过动感的场景渲染气氛，巧妙植入品牌符号，传递品牌精神。这个颇具艺术性的视频帖，令受众耳目一新、印象深刻，一周内的点击量达到 12 万次。

小　结

　　今日的社交媒体，堪称内容之红海。出众的创意，是企业内容营销突出重围的一个有效手段。本书综合广告战略及创意研究，提出了一个创意途径模型：在内容主题选择层面，企业应该在核心产品内容主题下，寻找新的思路和方向，或通过聚焦用户泛需求，提炼新颖的内容主题；在内容作品创意层面，内容营销人员需要提炼独树一帜的想法，或进行新颖阐述，或尝试不凡的概念组合，或使概念从不同视角得以呈现，或通过艺术来渲染理念——这五种方法，都是行之有效的创意方式。

黑科技与内容营销

近年来,随着一系列新兴黑科技,如人工智能、增强现实等的飞速发展与进步,以及其功能的日益强大,它们开始吸引营销人员的注意,并逐渐在营销领域得到运用。

人工智能(artificial intelligence,AI),指的是机器(计算机)具有模仿人类认知功能的能力,可以自我学习及解决问题。通过其中的大数据分析、机器学习等技术手段,人工智能可以加深营销人员对顾客的了解,提升营销的效率及回报率。对内容营销而言,人工智能技术有助于提升内容营销的效果。

增强现实(augmented reality,AR)是运用多媒体、三维建模、智能传感等技术手段,将计算机生成的图文、模型、视频等虚拟信息模拟仿真后,应用到真实世界的物体上,从而"增强"真实物体。在营销中,增强现实技术可以在手机上给顾客带来沉浸式的品牌体验,这种创新的顾客联结和参与方式,可辅助内容营销人员创建融合数字世界和现实世界的创新型内容。

案例

2017年5月,法国南部小城尼斯,第70届戛纳电影节正在如火如荼地进行之中。此时,这里可以算是世界上美丽密度最高的地区,也是以美丽为生命线的化妆品行业营销最活跃的时刻。

欧莱雅(L'Oréal)——戛纳电影节20年的赞助商——导演了一出营销大戏:它精心挑选了64位红毯明星,和美妆App YouCam合作,对这些明星的妆容进行数字化处理后输入 YouCam。YouCam 的用户则可以在 App 中录一段自己的视频，然后利用增强现实技术把心仪明星的妆容"搬到"自己的脸上，过一把明星的妆容瘾。比如，你想拥有演员艾丽·范宁（Elle Fanning）在戛纳电影节红毯上蝶翼般飞翘的眼线妆吗？现在可以了！

当然，如果你喜欢自己在增强现实场景中的妆容，首先，你可以在社交媒体上分享自己像明星一般光彩的形象；其次，如果你想在现实生活中把这个妆容呈现出来，YouCam 会指导你如何从 200 种欧莱雅的产品中挑选适合的产品，并在其电商网站上购买。

欧莱雅的这次戛纳营销活动之所以成功吸引了大量用户及媒体的关注，主要有两个因素：

首先，过去的美妆产品营销是个长链条，时髦妆容首先出现在明星身上，然后再通过时装杂志、销售顾问等慢慢传递给一般消费者。但年轻一代的消费者，没有这个耐心，她们需要的是"马上实现"。这次欧莱雅与 YouCam 的合作，利用增强现实技术传达和解密戛纳红毯妆，就满足了这种即时性需求：看到哪个明星的妆容好看，马上通过增强现实技术尝试，觉得合适还可以立即购买相应的产品。

其次，对于美妆产品的购买，其他消费者的点评与推荐很关键，因此，企业希望促进用户创造内容，但忙碌的用户之所以愿意分享品牌相关内容，一是觉得有分享的价值，二是具备个人可炫耀性，三是觉得方便快捷，而欧莱雅的此次活动设计就满足了这些条件。第一，戛纳明星红毯照是爱美女士关注的热门话题，增强现实妆容本身就是新生事物，具有分享的价值。第二，当用户把明星的妆容落实到自己身上，拍出和明星一样的效果时，在社交媒体上分享就是一件光彩和可炫耀的事情。第三，增强现实技术与 App 协作，使得原来困难的任务——尝试明星妆容及分享——马上就可完成，异常便利。因此，此次活动中增强现实技术的运用，大大提升了用户创造内容的积极性及分享意愿，成功传播了欧莱雅品牌。

> **案例**

在日本汽车公司丰田（Toyota）的产品线中，RAV4 是一个具有独特气质的品牌：它是轿车与 SUV 的混血儿，其油电混合车更是丰田在美国市场主攻特立独行的消费者的一个重点车型。不过，虽然这个目标群体描述起来容易，但真找到他们并不容易，比如，大街上看到一位扎着耳洞的男士，他算不算 RAV4 的目标客户呢？像 RAV4 这样个性鲜明、独特的汽车，品牌该怎么做内容营销？

传统汽车广告的套路无非是：飞驰的汽车，壮丽的山河，自信的驾驶者——看起来挺美，不过可以预期，个性不羁的 RAV4 目标客户，对这类"大路货"广告创意早已免疫，反应会波澜不惊，尤其是在内容泛滥的社交媒体上。要想抓住这类目标客户，必须拿出他们预想不到的创意，比如，把练中国功夫与烤牛排连在一起。

这个听起来风马牛不相及的创意，被用在 2017 年丰田利用 IBM Watson 人工智能技术推出的 RAV4 广告上。首先，IBM 利用人工智能技术从人类的 1 000 个常见活动（如上学、买菜、取款等）中挑出 300 对相关性较低的活动，比如练中国功夫与烤牛排；然后，通过预先制作的视频片段把二者组合起来，再叠加上 RAV4 的广告影像；最后，向在 Facebook 上对功夫或者烤牛排感兴趣的人士定向播出。

想象一下，这种不按常理出牌的定制广告会产生什么效果？假如有一个对中国功夫感兴趣的人，看到中国功夫与烤牛排的画面连在一起，不觉得匪夷所思，反而感到饶有兴致，愿意点开观看，那么他很可能属于思路活跃、喜新求异的那种类型——正是 RAV4 想锁定的目标群体！

为了这个项目，丰田（美国）公司聘用的广告公司 Saatchi & Saatchi 与一家叫作 Tool 的视频制作公司合作，预先拍摄了 300 个视频元素片段，通过动态视频平台 Imposium 智能分发给 Facebook 上的相关用户。丰田 RAV4 的此次定制广告案例，预示着融合人工智能技术手段的内容创造与展示将会更加普遍。

> **小 结**
>
> 千禧一代的消费者对于各种黑科技的接受程度高于上一辈。这个特征为企业运用新科技手段接触消费者、产生新颖内容提供了更多可能性。这一变化对内容营销人员的技术敏锐度也提出了更高的要求——掌握了黑科技，就是抓住了消费者的好奇心及兴趣点，有助于促进其喜闻乐见的内容的产生。

内容营销中的声音魅力

华丽宽敞的4S店里，殷勤的销售人员正在向一位选车顾客推销一款车，从价格、加速性能到空间、省油，等等。顾客看起来各方面都比较满意，离付款好像只有一步之遥了。这时，顾客做了一个动作，最后尝试，然后呢？就没有然后了……

其实，顾客只不过是使劲一拉车门，然后又关上……后来沮丧的销售人员才从侧面了解到，原来这位顾客嫌车门关闭的声音不够坚实有力，就放弃购买了。

大量关于汽车购买的消费者行为研究发现，无论是有意识的还是下意识的，不少顾客都会在意车门关上的声音是否坚实、清脆有力，这对他们来说可能意味着防护性强、安全性高，或是工艺精湛……无怪乎，2014年宝马推出4 Series Gran Coupe运动车型时，专门有声学工程师团队为该车设计最佳的关门声音，一种轻快有力的声音类型最终入选。

因此在营销中，声音也可以成为展现魅力的载体！ASMR正是这样一种关于声音的新营销风尚。

ASMR（autonomous sensory meridian response），指的是人们听到一种节奏重复带抚慰感的声音之后产生的一种安静、平和、愉悦的心理感受——就像有人轻轻地用羽毛梳过你的头皮，从头顶沿脊柱传下来的麻酥的快感，只不过，能带来ASMR反应的是特定的声音类型，比如耳语或噼啪声，或是咀嚼口香糖的声音，抑或是开啤酒罐的声音……

ASMR这个人造缩略语自2010年出现后，人们对它的兴趣在逐年提升，比如，从 Google 的关键词搜索趋势就能看出，在 YouTube 上，已经有 500 多万个与这个主题相关的视频（2020 年 4 月数据）。那么，是什么原因让人们对 ASMR 这么感兴趣呢？也许从 Google 搜索这个词的高峰时段——22 点 30 分——就能看出端倪：对 ASMR 的兴趣，很可能来自对睡眠质量的关注，以及对 ASMR 可能促进睡眠的期待。

随着这个声界新宠的走红，YouTube 上涌现出一批像希瑟·费瑟（Heather Feather）这样的 ASMR "大神"级人物——她有 52 万个粉丝，录制了 400 多个视频，收录了包括掏耳朵、吹头发、化妆、头皮按摩、丝丝耳语、梦幻故事等各种重复性的声音场景。

■ 营销中的 ASMR 运用

虽然 ASMR 是个心理及情绪方面的新概念，但令人感到有点意外的是，居然有品牌脑洞大开地找到了它在营销方面的应用。

> **案例**
>
> 每年八九月的开学季，是大学生购买宿舍用品的高峰，也是宜家的重要销售季。如何才能抓住新潮的大学生的注意力？宜家想到了 ASMR！2017 年 8 月，宜家拍摄了视频《奇怪的宜家》（*Oddly Ikea*）。名字有点诡异，听了视频里的声音后可能会觉得更诡异：
>
> 在视频中，一位没有露面的女士用一种单调、平静、空灵的声音，介绍宜家为大学宿舍提供了哪些用品。她介绍产品的重点不是放在外表而是放在声音上，比如，当介绍到宜家的衣物收藏柜时，镜头中出现一只手在柜内的架子上划过，发出声音。这位女士评论道："是不是听起来觉得做工非常结实？"或者，她用指甲划过简索（JANSJÖ）桌灯的管槽面，轻声呢喃："这个能用 25 000 个小时的 LED 灯，只需 12.99 美元就可以买到。"《奇怪的宜家》这个视频在 YouTube 上线后，一个月就积累了 66 万次的播放量。
>
> 有些冷僻的 ASMR，为什么吸引了品牌营销的目光？
>
> 其实在内容营销中从 ASMR 角度出发的不仅仅是宜家一家，其他品牌

商家如多芬、百事可乐、肯德基、米狮龙啤酒（广告中突出了静谧大自然里清脆的开瓶声）等，也都尝试过这种技巧。虽然 ASMR 这个概念还比较小众，但品牌商家愿意去使用是出于以下几个方面的考虑：一是内容营销对消费者的刺激方式更加丰富多元，已经从最开始的以文字为主的模式（如博客），逐渐扩展到视觉化社交平台（如 Instagram、YouTube、抖音、快手等），因此如今在内容营销中使用听觉元素也就不令人感到意外了。在虚拟现实等新技术的促进下，将来是否能在电商空间里实现触觉也未可知。二是出于内容竞争的需要。随着越来越多的企业开始实践内容营销，内容逐渐泛滥，消费者感到应接不暇。企业如果想在内容红海中突围，就需要有新颖的角度及创意。ASMR，由于其角度新颖、独特，富有新意，且在内容营销中较少运用，因此为勇于尝新的企业（如宜家）提供了冒尖的机会。

小　结

ASMR——一种单调、重复性的声音后面却蕴藏着平静的力量。在内容营销中运用 ASMR，可以通过发掘和展现声音的魅力，创造令人耳目一新的内容！

社交媒体品牌互动的奥妙

品牌之间在营销上的合作指的是这样一种营销现象，即不同品牌在营销活动的设计上相互支持配合，以期为用户带来新的感受及价值，从而也为双方的品牌添彩，比如交通出行服务商优步（Uber）与网络流音乐服务商Spotify的合作：Uber的乘客可以在乘车时用Spotify听歌。

资源理论认为，品牌之间的营销合作是为了获取、利用合作方的特有资源，比如品牌声望、研发实力、渠道控制等，来创造自己的竞争优势。比如，Uber的某个乘客可能过去没有用过Spotify的服务，通过乘车途中的试听，喜欢上了，于是就下载Spotify的App，Spotify可能就因此获得了一个新客户。但与此同时，Uber通过引入Spotify的专业音乐服务，愉悦了客户的乘车体验，与竞争对手［比如来福车（Lyft）］形成了差异化——合作创造出双赢。

在传统的营销领域，这样的品牌合作比较正式，需要企业之间在宣传、流程或产品上的协作配合。比如，Spotify需要为来自Uber程序的访问提供专门的接口，而且正因为属于企业业务合作范畴，牵涉的个体越多，沟通和交易成本就越高，因此一般的品牌营销合作局限于两个品牌之间，且通常会有一个固定长度的合作时段（比如半年或一年）。

但在数字时代，品牌之间的营销合作呈现出一些新特点。第一个特点是，社交媒体的交往属性让企业社交媒体账号呈现出"人性化"的一面。正如现实生活中人与人之间的交往一样，品牌之间在社交媒体上的互动甚至"互撩"更普遍，也更自然、有趣。同时，这样的社交媒体互动，一般不需要有正式的合作协议支撑，也不限于两个品牌之间，在时间上也没有一定的规定。

社交媒体上品牌之间合作的第二个特点是，由于是实时互动，会给受众"天然去雕饰"的感觉，增加了其对品牌"真实、接地气"的认知，这样可以让品牌在社交媒体上显得更可亲近。

案例

2017年1月25日，美国弗吉尼亚州的一位动物爱好者莎拉·J.希尔（Sarah J. Hill）在Twitter上随手一发的帖子，却点燃了Twitter史上最萌的一场品牌比拼大战：牵涉到的数十家品牌机构，争先"卖萌"，网友们热情追捧，新闻媒体也纷纷报道。

就在4天前，位于美国首都华盛顿的史密森尼国家动物园迎来了一只灰色的小海豹。25日那天，动物园的官方Twitter账号发布了小家伙的首张照片——天真无邪的眼睛楚楚可怜地看着镜头——一举收获2 000多个赞。

本来这个故事在这里就可以愉快地结束了，但莎拉决定"好事"一把，她转发了这张小海豹的萌照，却又@了家乡弗吉尼亚州水族馆的Twitter账号："看别人家的动物多酷，该你接招了！"

弗吉尼亚州水族馆的官方Twitter，虽然粉丝数和国家动物园的粉丝数不在一个量级上（4 000∶400 000），但展示自家萌宝贝的气势可丝毫也不含糊。在看到萨拉的帖子后，弗吉尼亚州水族馆掷地有声地回答："接受你的挑战"，并展示了一张水獭与鱼鹰四目相对的生动图片。

弗吉尼亚水族馆自己发帖炫耀也就算了，居然还@了美国动物园界的龙头老大史密森尼国家动物园。这样显摆，必须反击！史密森尼国家动物园于是发布了世界珍稀动物婆罗洲猩猩幼崽雷德的大头照，并配词：它是最萌的，不是吗？认输吧！

于是，弗吉尼亚水族馆与史密森尼国家动物园之间陷入你来我往的动物萌照Twitter比拼大战之中。不过好事之人是真好事，莎拉女士似乎还嫌不够热闹，又发了一个帖子@了全美几家著名的动物园，比如圣地亚哥动物园、亚特兰大动物园、纽约布朗克斯动物园等，意思是这场大戏你们怎么能错过，同时她还创造了一个专属关键词主题标签#CuteAnimalTweetOff（呆萌动物Twitter大比拼）。于是，圣地亚哥动物园晒出了它的镇园之宝——熊猫宝宝雅伦。

随着这场 Twitter 大战的战火越烧越旺，没有被好事者莎拉点名的其他动物园也不甘寂寞，主动加入这场狂欢之中，比如位于亚利桑那州图森市的雷德公园动物园。该动物园虽然只有几千个粉丝，但它派出的选手，却是一只集高大及憨萌于一身的小象南迪。

短短几天内，美国各个动物园之间在社交媒体上争秀最萌动物的这次品牌互动活动，因为内容有趣，引发了大量网络热议和媒体（如《时代周刊》等）报道，为这些动物园的品牌曝光及赢得用户好感创造了绝佳的机会。

案例

2017 年 10 月 8 日，国庆长假的最后一天，中午 12 点，一则爆炸性的娱乐新闻及其引发的热议，几乎令中国最大的社交媒体平台新浪微博瘫痪了：歌手鹿晗发微博，告知天下，自己和演员关晓彤在一起了。

善于追热点的各大品牌，其社交媒体运营人员的内心一定是崩溃的，放假期间，他们完全没有心理准备，却得赶来创作热点内容。号称中国家电界社交媒体 80 万蓝 V 总教头海尔的微博，当然不会放过这个追热点的好机会，它不仅自己积极投入，还主动"撩拨"其他品牌的微博一起互动，造出更大的声势。

在这个热点爆发出来 54 分钟之后，海尔官微以鹿晗的"大家好"体介绍了自己的一个游戏合作产品——金山软件旗下的剑网 3。

又过了半个小时，海尔的官微又以"鹿晗用 vivo X20 手机一个月就找到对象了"为梗（鹿晗是 vivo 手机的代言人），将 vivo 智能手机调侃了一番。

海尔开启的这次品牌互动追"鹿晗、关晓彤在一起"热点活动，并不局限于海尔、剑网 3 和 vivo。在海尔的帖子评论中就可以看到，评论区中有更多的品牌在进行互动，比如百度、泰山啤酒等都以"大家好"体介绍自己的"男（女）朋友"（子品牌或关联品牌）。

海尔这次与众品牌合作，跟风鹿晗、关晓彤恋情热点事件，通过互动促进了合作品牌的共同曝光，而且这种曝光还特别自然、贴切，与热点事件一样充满正面的感性色彩。

社交媒体品牌互动营销成功的关键

如今，在社交媒体上，品牌通过与其他品牌之间的互动，达到单枪匹马无法达到的高度。这种内容营销手法已经逐渐多了起来，但并不是每个互动都能带来预期的效果，有的可能显得牵强生硬，因此应声寥寥。

那么，有哪些因素值得准备采用这种营销手法的企业注意呢？社会学里的社会网络分析（social network analysis）理论（Kadushin, 2012）提供了一些思路。

1. 架构

虽然从理论上来说，社交媒体上任何两家企业的账号都可以关联起来，但如果品牌之间的相关性弱，缺乏了解、信任，则产生互动的机会少，而且即便有互动，质量也不会太高。

在美国动物园最萌动物 Twitter 比拼的案例中，参与的品牌基本上是全美较为知名的动物园。可以试想一下，如果有一个宠物爱好者，不论他的宠物有多萌，也很难加入这个群体的狂欢中，因为他不属于这个群体。

在海尔及众品牌跟风鹿晗、关晓彤恋情的案例中，海尔与 vivo、金山在其他场合已经是营销合作伙伴，因此在微博上的互动也就很自然，评论区中提及的一些品牌也是海尔新媒体营销活动中与之互动的常客。事实上，为了建立更具体的互动架构，海尔在 2017 年 9 月领头发起成立了中国企业蓝 V 联盟，通过联盟的会员及运作机制，促进会员品牌之间在社交媒体上更有效的互动。

2. 网络中心

社会网络分析中的一个重要维度是中心性（centrality），指的是网络中总有一些人物占据网络的中心位置，他们位于信息传递或是相互联结的中心（而不是外围），而且关键信息的传递通常需要经过他们，因此他们也被称为主要人物（key players）。

在美国动物园最萌动物 Twitter 比拼的案例中，这个主要人物很可能就是史密森尼国家动物园——这个位于美国首都华盛顿的动物园，是美国唯一一家以"国家"字眼命名的动物园，它的一举一动都具备一定的风向标效应。

所以，在史密森尼国家动物园加入弗吉尼亚州水族馆开启的最萌动物比拼活动之后，其他动物园就会觉得这是一个"合情理"的游戏，于是也纷纷加入。

在海尔及众品牌跟风鹿晗、关晓彤恋情的案例中，海尔则当之无愧的是这个圈子中的主要人物：不仅是基于海尔在企业新媒体营销中的地位（80万蓝V总教头），而且也是基于海尔新媒体过去在娱乐圈热点出现时跟风的斐然成绩，比如，海尔过去曾经跟风罗晋、唐嫣的恋情。于是，当别的品牌新媒体部门看到海尔开始跟风鹿晗、关晓彤恋情事件时，就认定这是一个不容错过的营销机会，于是积极参与海尔帖子评论区的热议与互动。

3. 桥梁

在美国动物园最萌动物 Twitter 比拼的案例中，虽然参与的这些动物园都在美国境内，属于同一个行业，但在社交网络上，它们原来不一定有太多的交集，真正把互动推动起来的还是"吃瓜群众"莎拉·希尔。作为一个家住弗吉尼亚州的动物爱好者，她既是本地水族馆的粉丝，又是国家动物园的粉丝。她灵光一现的主动出手，把两个原来在 Twitter 上交集不多的账号关联在一起，而且这两个账号又可以带动各自熟悉的品牌社交媒体圈子，于是整个活动可以做到范围广泛、多姿多彩。从这个角度来看，莎拉起到了很好的网络桥梁（掮客）作用。而在海尔引发的微博搭车鹿晗、关晓彤恋情风暴中，参与的不少品牌都隶属于企业蓝V联盟，联盟起到了桥梁作用，促进了品牌之间的互动。

小 结

在社交媒体环境下，品牌互动既可相互借助资源，也可在过程中树立人性化、接地气的品牌形象。这个战略在实施中需要注意：首先，参与的品牌之间有一定的相关性；其次，位于网络中心的品牌获益更大，故应争取成为中心；最后，这样的品牌互动的成功离不开呼风唤雨的"中间人"，因此必须有人（或机构）会"搞事"，才能成大事。

第五章

内容营销的传播策略

在企业掌握了各式各样的内容营销技巧后,内容营销是否就腾飞了呢?还真不一定!因为再好的内容,如果没有精准、及时、有效地传达到目标受众那里,可能也就被淹没在内容红海之中了,所以企业需要一个全面的内容传播战略,充分发挥自有、付费及获得三种媒体形态在内容传播上的不同优势。自有媒体作为企业的媒体自留地,当然不容错过,需要重点耕耘,但在社交媒体时代,让明星、网红为内容传播助力,也是用户喜闻乐见的途径,不过,需要防备因代言人出现问题而影响品牌形象的情况。

传播,让内容飞起来!

解码内容传播的秘诀*

内容营销,只需要把文章写好,发到企业的社交媒体账号和网站上就万事大吉了?想法太天真!在信息爆炸、时间碎片化、注意力稀缺的时代,"酒香也怕巷子深",所以企业必须掌握内容传播的规律。

其实,社交媒体上的有机到达率,即你的所有粉丝中,能看到你发布内容的比例在直线下降:早已不是100%,Facebook已低于10%。他们给出的理由冠冕堂皇:人们从订阅账号那里收到的信息太多,为了实现更好的用户体验,平台根据"算法",只会把用户可能感兴趣的帖子推给他们。于是,熬红了眼睛写出来的文章,也许就这样石沉大海,甚至连账号辛辛苦苦积攒下来的粉丝都不一定能看到。无怪乎美国内容营销研究院(Content Marketing Institute)发布的《2019年内容营销报告》显示,在企业的内容营销战略中,内容传播是仅次于内容创造的重要因素:37%的被调查企业在过去的一年中都加大了在内容传播领域的投入。

■ 为什么内容需要传播?

真正在内容营销领域浸淫已久的企业都知道,创造有价值的内容只是内容营销的第一步;把内容推送到觉得内容有价值的用户面前,才是关键的第二步,这被称为内容传播(content distribution),指的是通过适当的手段及渠

---

* 本部分改编自窦文宇,《解码内容传播的秘诀》,FT中文网,2017年6月14日。

道，把内容传播给期望送达的目标群体。

内容传播具有两个重要特征：① 它是企业内容营销中具有战略意义的一个重要环节，需要运筹帷幄、缜密执行；② 内容传播送达的对象应该是符合要求的特定目标群体，而不是随机选择的对象。内容传播可以实现以下目标：

1．覆盖——让内容能被更多的人看到（绝对数量）

例如，艾尔凡·艾哈迈德（Irfan Ahmad）是一位聚焦于社交媒体使用的博主，也是 Digital Information World 公司的创始人。该公司的名字听起来大得吓人，但实际上却是个地道的创业小公司，在 Facebook 上只有 6 000 个粉丝。但有一次艾尔凡做的一幅信息图居然为公司网站带来了 3 000 次的点击量——其实，由于 Facebook 的有机到达率只有 2%，因此以他区区 6 000 的粉丝数，按理说至多也不会超过 300 次的点击量。

玄机在哪里？原来，艾尔凡创作了一篇信息图文章——《让老板啧啧称赞的 Excel 技巧》（Excel Tricks to Impress Your Boss With）。这是一篇兼具实用性及收藏性的工具类文章，艾尔凡决定把它首先发布在 Pinterest 上。Pinterest 是一个图片型的社交媒体平台，人们根据自己的兴趣主题归类、展示、收藏信息，这些和特定兴趣主题相关的内容频道被称为收藏板（boards）。

为了增加阅读人数，艾尔凡将文章在一些不同主题的收藏板，比如办公、商业营销、职场女性等上同时发布。最终，这篇被发布在 Pinterest 的各种主题收藏板上的信息图，为艾尔凡的 Digital Information World 公司网站带来了 3 000 次的点击量。这个例子说明，内容传播，更多的覆盖就意味着更多的商机。

2．匹配度——让内容能被想传达到的目标群体看到

例如，Trend Micro 是美国的一家网络安全软件及服务公司。当它开拓德国市场时，目标群体就是位于德国、关注企业网络安全的 B2B 行业客户。为了把其制作的相关内容送达潜在的目标客户，Trend Micro 与第三方内容平台 Outbrain 合作，从近百家德国网络媒体中选取合适的媒体类型（比如科技类媒体），付费推广自己的内容。这样的内容传播策略体现了较高的内容与目标群体的匹配度。

3. 速度——让内容在尽量短的时间内传播出去

在这个瞬息万变的商业时代，如果能把内容更快地传播出去，企业会求之不得。说到快，估计不会有比热点内容营销的内容传播得更快的了。

2017年5月20日上午，微博实时热搜榜的首位是"迪丽热巴鞋子"，缘起是演员迪丽热巴在《奔跑吧兄弟》第五季的一期节目里，在游戏环节的争抢中掉了一只鞋子，有粉丝称赞她工作认真，很拼，因此该事件成了娱乐热点。

一位来自厦门的音乐博主@全球音乐分享，第一时间跟上了这个热点。音乐与鞋子，距离似乎有点远，但在该博主转发评论的短视频中，一位在排队的女士，穿着一双仿佛有魔性的鞋子——她边等待，边随着背景音乐摇摆。这个帖子的开头就使用了当时的微博热搜词"迪丽热巴鞋子"。

这个帖子的内容站在了风口上，因此热点传播的效果非常明显，虽然这个音乐博主本身的粉丝不多，但视频在不到一个小时的时间内就获得20万次播放。这个例子说明，内容传播要想有风驰电掣般的速度，把内容嫁接到热点上可能是一条捷径。

4. 里程——让内容的传播时段尽可能延长，成为常青内容

常青内容指的是具有全面性及深度的高质量内容，与时效性或热点性内容相比，它的价值不会轻易随着时间的流逝而下降。

比如，IBM为了推广其Silverprop营销自动化软件，精心组织创作了一系列相关主题的白皮书，如《2016年电邮营销效果比较研究》，这一系列翔实且颇具行业参考性的内容，成功塑造了IBM在此新兴领域的专家形象。

常青内容之所以有更长的"里程数"（mileage），一个重要的原因在于它的特性有利于搜索引擎的收录及推荐。一方面，对于某个特定的主题，如电邮营销，常青内容的深度意味着这个关键词会在文章中多次出现，而关键词的密度及分布往往会对搜索引擎的展示和推荐有所帮助。另一方面，由于常青内容的质量及权威性，后续再谈及这个主题的其他媒体或企业，有很大的可能需要引用或链接这一常青内容，而外部链接的数量及质量也是决定搜索引擎曝光位置的重要因素。所以，越是具有常青性质的内容，越有可能获得搜索引擎的青睐，在初始曝光之后，还能源源不断地带来流量。在内容传播中，

常青内容可以细水长流，让内容的生命周期更长。

5. 性价比——让内容能以最小的花费传播最远的距离

内容创造，比如拍摄一段视频，需要经费的支持（设备、演员、外景等）。在视频完成之后，把它传播出去也需要经费吗？当然，并且相信你已经认可这个理念了。但是，既然花钱，那就应该核算性价比，即在单位成本下（如每花费1 000元）内容的到达率（如多少次视频播放）。

对企业而言，在自己的社交媒体账号及网站上发布内容固然不用花钱，但传播面受限；虽然目前各大社交媒体平台都有付费传播的功能，但若是企业有经常性的内容产出，每条都付费推广似乎也承担不起，因此需要决定取舍。那么有没有既不花钱又可以传播内容的方法呢？这么好的事可能吗？

2012年秋，知名食品商卡夫（Kraft）旗下的Oscar Mayer品牌推出新品Butcher Thick Cut培根肠。其宣传推广决定不走传统的电视广告路线，而选择试水活动营销。它邀请喜剧演员乔希·桑基（Josh Sankey）开着一辆冰冻货车——里面装着3 000箱Butcher Thick Cut培根肠——横穿美国。除货车和这些培根肠之外，乔希身无分文。那么，一路的花费怎么解决？全靠他用培根肠去以货易货（服务）：换来在沙发上住宿，换来其他食品，甚至换来球票，最终，他顺利从纽约抵达洛杉矶。整个活动的视频每天都在专门的网站上发布。

Oscar Mayer的货车行活动，内容倒是创造出不少，可怎么让更多的人看到呢？由于这个活动点子新颖有趣，因此获得美国主流电视媒体，如美国广播公司、美国消费者新闻与商业频道等的关注和报道。在主流媒体曝光的推动下，Oscar Mayer的网站及社交媒体的访问量猛增，累计达到3亿次。

■ 内容传播的三个主要途径

既然内容传播有各种不同的追求（如速度、效益等），也意味着企业可能需要借助不同的传播方式，那么在内容传播中都有哪些常见的途径呢？

咨询公司Forrester Research于2010年提出的三媒体框架可以参考：自有媒体，付费媒体，获得媒体。这个适合新媒体时代的分析框架肯定了自有媒体的兴起与地位,并指出传统的付费传播模式在新媒体时代依然可以运用(比如通过网红的付费传播),凸显了在这个热点可能瞬息爆发的时代,具有热点性或者新闻性的信息可能赢得媒体的关注,并获得其自愿传播。这个三媒体框架为内容传播提供了清晰而全面的思路。

1. 自有媒体

企业的网站、社交媒体账号、手机 App、电邮通讯(email newsletters)都可以被认为是企业的自有媒体。企业社交媒体账号的优势是有可能借力其背后的社交平台以及信息性之外的社交属性。而企业网站及电邮通讯的优势在于完全的可控性,以及用户对品牌(而不是平台)的忠诚。总体而言,不少企业做内容营销,一般都会比较重视自己的社交媒体和网站,但可能会忽视电邮通讯的独特贡献。

《纽约时报》(*New York Times*)是一个利用电邮通讯成功传播内容的典范。几年前,它的内容传播还比较依赖于社交媒体,但如今电邮通讯已经成为其重要的内容传播平台——拥有 1 300 万电邮订阅用户,涵盖 50 个不同主题的电邮订阅小组。

这些电邮通讯涵盖了非常广泛的兴趣主题:从区域性的如《纽约时报澳洲版》,到服务性的如烹饪、时尚生活,再到社会解析性的如观察家(以深度对话的方式解读外交政策),甚至包括一些时效性较强的如旅游优惠(Travel Deals)。

《纽约时报》电邮通讯策略的成功,揭示了自有媒体作为内容传播介质的若干优点。首先,电邮通讯的主题、形式、分发、效果监测完全由企业控制,这是企业自身的内容营销重武器。其次,企业掌握了订阅用户的信息、行为等第一手的资料,有利于进行更精准的用户洞察。再次,电邮通讯订阅者对于企业的忠诚度相当高,《纽约时报》发现,其电邮通讯订阅用户成为报纸付费订户的可能性,是它的一般读者的两倍,这对于报纸稳定的收入流至关重要。而且,其电邮通讯订阅用户阅读的文章数量,是它的一般读者的两倍——更长的阅读时间也意味着报纸可以有更多的广告收入。最后,电邮通讯具有"懒人效应"的优点,比如,读者不用上社交媒体平台去寻找相应的报纸账号,每日打开邮箱就可以看到推送,一步到位。

当然,在实战中,企业若指望把电邮通讯的独特优点发挥出来,其内容应该考虑针对媒体特性进行剪裁、编辑，而不是把社交媒体上发布的内容简单粘贴过去。比如，《纽约时报》聘任了专门的电邮通讯总编伊丽莎白·古德里奇（Elisabeth Goodridge），她的主要工作就是每天和不同的编辑团队交流，聚合出恰当的内容主题及材料。

2. 付费媒体

付费媒体（paid media）的一个巨大优势就是能够快速、大量覆盖，只要企业愿意花足够多的钱推广内容。一般来讲，有三种常见的付费内容推广渠道：

（1）付费社交媒体。社交媒体上内容的有机到达率近年来直线下降，背后的潜台词大概是，如果你想让自己的内容被更多的人看到，需要向社交媒体平台交费。比如，Twitter 的付费推广方式被称为 Promoted Tweets：企业发布的 Twitter 帖子，付费之后可以被推送到设定用户的眼前（即信息流），具体推送用户的甄别可以依据兴趣、性别、地区、上网设备特点（比如，是苹果手机还是使用安卓系统的手机）等变量。Facebook 也有类似的付费内容推广机制。在中国，新浪微博"粉丝通"及微信的"广点通"则是面向企业的付费内容推广工具，它根据用户属性和社交关系将信息投放给目标人群。社交媒体付费内容推广的费用及效果可能区别很大，要想做好，企业需要从社交媒体平台的广告部门了解更多的幕后信息，也可以先做一些小规模的尝试，逐渐摸索适合自己内容的付费推广策略。

（2）内容推荐引擎。经常浏览美国有线电视新闻网（CNN）、美国国家地理网站等大型媒体网站的人可能会注意到，有时你读完一篇文章之后，可能会发现一句类似这样的提示语："You May Like"（你也可能感兴趣），然后就有若干篇推荐文章可供你延伸点击阅读。这些文章通常和你刚刚读完的文章的确有些关联，但其中就有可能"隐藏"着一篇软文，即付费推广文章。比如，在 CNN 网站上的一篇文章《你在与糟糕的云服务做斗争吗》，其实就是 VMWare Cloud Management 公司（一家云服务公司）的付费推广文章。这个在网络营销及内容推广领域蓬勃发展起来的服务，目前在国外主要由两家初创公司 Outbrain 及 Taboola 提供，它们的运作模式相似，都是把企业内容植入媒体内容的阅读环境中，然后根据曝光量或者点击量收取费用。它们的具体效果各异，出现差异的主要原因在于植入内容与阅读内容的相关性。

（3）意见领袖。提起薛之谦，有人戏称他为 4 线歌手、18 线演员，但其实他在微博上是个影响力超强的风云人物，不少企业趋之若鹜地花钱请他传播内容。比如，2016 年 3 月 16 日，他在个人微博上发布了一个关于跨境电商 App"洋码头"的帖子，收获了 6 万多次转发、10 万条评论、47 万个赞，传播效果明显。在社交媒体环境中，企业通过像薛之谦这样的意见领袖传播内容具有几个优势：一是借力扩大内容的覆盖面；二是如果选择的人比较恰当，则可以精准地匹配目标用户；三是意见领袖的背书增加了第三方的公正性及可信度，比单纯的广告位发布多了一丝亲切感及可信任感。

当然，网络意见领袖也会珍惜他们辛辛苦苦与粉丝建立起来的关系，明智的意见领袖一定不会滥接广告，因此，企业通常会和意见领袖共同制作内容，这样才能达到比较好的效果。

3. 获得媒体

有没有这样的好事，一分钱没花，内容已经传到大街小巷，人尽皆知？有，那就是获得媒体（earned media）！获得媒体是指企业内容得到主流媒体或者意见领袖的关注与青睐，他们主动帮助传播扩散。

Teen Vogue 是一个面向年轻女孩的时尚杂志，一直主打时装、美容、明星三大主题。从 2016 年年末到 2017 年春，该公司美国网站的浏览人数从 350 万人猛增到 800 万人，到底发生了什么？

猛增的原因，至少可以部分回溯到 2016 年 12 月 10 日。当时，美国总统大选刚刚落幕不久，社会分裂和对立依然严重。被特朗普认为"左倾"的主流媒体，对这位新总统依然不太感冒。在这种形势下，*Teen Vogue* 的政治专栏作者、25 岁的劳伦·杜卡通过杂志 Twitter 账号抛出一篇犀利的批判文章——《特朗普正在精神蒙蔽美国》。因为切中当时美国社会民众情绪的热点，这篇文章开始蹿红，首先在 Twitter 上获得 3 万次转发，然后进入哥伦比亚广播公司前晚间新闻主播、资深媒体人丹·拉瑟的法眼，获得丹·拉瑟的鼓掌叫好以及转发推荐。

除丹·拉瑟这位著名的时事意见领袖之外，众多的主流媒体也争相报道和转载。像《纽约时报》、美国全国广播公司这样传统的自由派媒体自不必说，劳伦的这篇檄文动静太大，甚至惊动了保守派媒体的大本营——福克斯电视台，其主播塔克·卡尔森（Tucker Carlson）对劳伦进行了刁难式采访，

质疑 *Teen Vogue* 这样的少女杂志怎么也能从事严肃的时事报道。由于塔克和劳伦的政治观点针锋相对，采访不欢而散，但有意思的是，这次针锋相对的采访再度引发大家对这篇文章的阅读兴趣（而且是福克斯的网站 foxnews.com 上阅读量较高的一篇）。本来只是少女杂志上的一篇普通文章，通过意见领袖的推荐、主流媒体的报道以及事后的发酵，其点击量轻松突破百万级，而且还分文未花，获得媒体的作用由此可见一斑。

当然，前面分析过，企业内容传播可能有不同的战略目标，那么这三种媒体形态对于实现不同的传播目标又有何异同呢？表5-1对三种媒体形态的内容传播特征进行了对比。

表5-1 三种媒体形态的内容传播特征对比

	覆盖面	匹配度	速度	里程	性价比
自有媒体	有限	高	慢	可能长	花费可控
付费媒体	可以很大	可能高	可以很快	短	花费较高
获得媒体	有可能大	难以控制	有可能快	看情况	很值

从覆盖面的角度而言，自有媒体局限于自己的粉丝，获得媒体可能会一下爆红（如果运气好的话），但真正可确定到达大规模人群的方法，是通过付费媒体。

若是从到达群体的特征与品牌匹配度的角度来看，自有媒体是最高的，因为内容到达的是品牌订阅粉丝；获得媒体在传播之后，难以控制到达人群，而付费媒体号称可以精准购买，但最后还是要看投放后的实际效果。

如果要论内容传播的速度，付费媒体应该是最有保障的——"一手交钱，一手显示"，获得媒体有时也有可能进行爆发性的传播，不过那要看运气，但要论性价比的话，获得媒体在这三者中绝对排名第一，免费的内容传播对于企业而言堪称梦想成真。

不过，要论内容的长期传播可能性，还是在自有媒体（比如企业网站）上发布和存储更安全、靠谱，具有长期稳定性。因此，常青性的内容，哪怕就是先在其他媒体上走红了，也还是应该移存到企业的自有媒体上。这样做可以延长内容寿命，增强内容的长期影响力。

最后，关于自有媒体、付费媒体及获得媒体的区分，不过是帮助人们认识数字时代下的复杂媒体环境的一个思维工具而已。在企业内容营销的实战中，这些媒体的区分并不一定泾渭分明，甚至经常可以相互融合。比如，企业的内容若是被专业媒体转载了（获得媒体），那就正好可以趁着获得媒体带来的权威性，付费将内容在社交媒体上再度扩散；或者也可以这样：内容首先通过付费方式获得意见领袖的背书，然后再借着这个势头，推荐给自己的电邮通讯订阅用户。

> **小 结**
>
> 在海量内容时代，企业必须重视内容传播才能避免被淹没。通过使用自有媒体、付费媒体或获得媒体，企业可力争做到在最短的时间内，花最少的费用，把内容传播给最多的目标受众。

社交媒体时代的品牌代言策略*

在广告行业中，随着20世纪中期大众媒体（如杂志、广播、电视）的兴起，采用名人代言的广告形式（即通过名人的影响力传播广告与产品）越来越普及。2012年，由哈佛商学院的安妮塔·埃尔伯斯（Anita Elberse）教授所做的研究表明，20%的广告都会采用名人代言的形式。如果根据当年全球广告业5 000亿美元的行业规模计算，意味着名人代言涉及1 000亿美元的广告产值。

从2012年到今天，全球广告行业发生了不少变化，社交媒体的崛起以及各种各样网红的涌现意味着明星代言①在数字营销中更加重要。不过，与此同时，更复杂的社交媒体生态意味着明星代言的可控制性要低于传统媒体，可能出现难以预料的后果。在社交媒体大背景下，企业该如何打好明星（网红）这张牌，方能使企业的内容营销传播效果更好？以下结合案例具体分析。

> **案例**
>
> 2017年9月，中国社交媒体上关于歌手薛之谦和其前女友李雨桐的娱乐新闻，引发了网络热议。

---

* 本部分改编自窦文宇，《社交媒体时代的品牌代言策略》，FT中文网，2017年9月26日。

① 社交媒体时代，为了争夺有限的注意力，名人代言的任务往往落在了文体明星身上。

作为一个近年来炙手可热的当红明星，薛之谦代言过一系列品牌，涵盖手机、汽车、日化、游戏等产品类别。在喧嚣的网络热议声中，薛之谦代言广告的品牌主们大多保持缄默。或许商家们在暗自感慨：在负面新闻随时可以爆炸性传播的社交媒体时代，明星代言的营销风险更高了。

那么，明星代言还可以成为营销中的一个重要武器吗？要回答这个问题，得从知道为什么要请明星代言开始。

■ 明星代言效应的机理

在企业宣传中，请明星代言是一种常见的营销手段，其背后产生作用的消费者心理机制主要有以下几种：

第一种被称为"喜爱转移"（affective transfer）。明星通常自带数目可观的粉丝群体，比如薛之谦的微博粉丝数达5 500万；品牌商家请明星代言就是寄希望于喜爱转移效应，让粉丝们把对明星的喜爱转移到对其代言的产品的喜爱上，从而促进销售。

第二种被称为"认同"（identification）。人们喜爱明星，其实也是希望借此找到自我，或是成为更理想的自我，而明星就是这个自我认知过程中的标尺。比如，粉丝可能认为"薛之谦时尚不羁有个性，我也希望像他那样，秀出时尚范儿"。在这种情境下，明星代言的产品超越了表面功能，成为明星个性表现的一部分。所以，如果你认为薛之谦端着肯德基冰咖啡杯的样子很酷，到了店里可能也会不由自主地点上一杯。

第三种被称为"匹配"（match up）。指的是代言人的特点与产品特点匹配，比如薛之谦个性俏皮，与金立S10手机前卫时尚的四摄拍照功能正好匹配。一旦消费者在广告中看出"匹配"，他们对广告就会更加认可，对品牌的感性反应也会更加正面。

第四种被称为"内化"（internalization）。指的是当消费者具备足够的动因（motivation）及认知能力时，他们会认真仔细地吸收代言人传递的品牌信息。比如，认为薛之谦代言的金立S10手机的四摄拍照功能特有范儿，从而形成正面的品牌态度。一般而言，通过内化途径形成的品牌态度比通过前面三种形成的更稳定、持久。

■ 品牌代言策略：代言人出事之后……

弄清品牌代言策略的机制，就可预见到代言人在出现负面新闻之后，可能会对代言的品牌带来怎样的冲击。例如，喜爱转移效应可能就打了折扣，因为对代言人的喜爱度降低了。另一个可能是对代言人的认同感下降——我可不想成为像他那样的人，于是对代言人溢美的产品也开始产生抵触心理。对有些人来说，则可能是原来觉得的"匹配"遁形了，比如，认为薛之谦的所谓时尚俏皮，不过是玩转社会的手腕而已，因此自然也就不再认为他与金立 S10 手机强调的四摄拍照功能相匹配。最后，负面新闻通常会让消费者更加警觉，增加对信息处理的投入度。一旦认真起来，他们可能会比较更多的竞争品牌，广泛了解其他的品牌评价（如顾客口碑）。因此，全盘接收代言人传递信息的机会可能减小。

的确，现有研究发现验证了代言人负面新闻对品牌的负面影响及冲击。2005 年，迈克·拉塞尔（Mike Russell）等学者采用事件分析（event analysis）方法，对美国股票市场在 1991—2003 年间发生的企业代言人负面新闻事件（一共 60 起）进行了分析。他们发现，在负面新闻曝光两天之内，企业市值平均蒸发了 2.5%。如今在社交媒体时代，负面新闻传播得更快，参与讨论、发表意见的人更多（企业通过公关调控舆论导向更难），所以有可能对代言企业产生更大的冲击。

那么，品牌代言策略在社交媒体时代还有可能稳定发挥吗？

案例

2017 年 8 月 26 日，迪奥（Dior）香水推出了一个主题为爱心链（Love Chain）的宣传活动。该活动以慈善为由头，推广其重新设计的 Miss Dior 香水。这款由克里斯汀·迪奥（Christian Dior）本人于 1947 年调制的经典香水所传达的理念和爱息息相关：爱的芬芳与味道。

活动由娜塔丽·波特曼（Natalie Portman）、罗伯特·帕丁森（Robert Pattinson）、杨颖（Angela Baby）等中外明星开头，他们对着镜头回答这样一个问题:"你愿意为了爱做什么?"(What would you do for love?)

在社交媒体上,活动的每个参与者只要回答这个问题,并以#Dior-LoveChain 为主题标签予以发布,Dior 就会向援助肯尼亚辍学女童的 WE 慈善基金捐款 1 美元。活动开展数星期以来,社交媒体上覆盖的人群达 1 600 万人,产生了 3 万多个相关的帖子,而且话题还在持续发酵。

其实,在社交网络上搞类似活动的企业也有不少,一般人的参与意愿并不高,那么 Dior 此次活动火热的秘密何在呢?

Dior 爱心链宣传被认为是其历史上首次采用中小意见领袖(或者中小 V)代言的营销活动。公司与一批被精心挑选出的中小意见领袖合作,推广 Dior 让爱传递的品牌理念。

比如时尚博主 Shini Park:她出生于首尔,在华沙长大,现居伦敦。她毕业于著名的中央圣马丁艺术与设计学院,从 2008 年起开设了题为 Park & Cube 的专题博客,主要涵盖时装与美食。目前在 Instagram 上有 20 万个粉丝。她愿意为爱做什么呢?她的回答是:"或许会做傻事。"

又比如 Beatrice Butu——一位来自德国的年轻时尚博主,她的时装风格简单、实用、美观。目前在 Instagram 上有 12 万个粉丝,她为了爱又愿意做什么呢?她的回答很率性:"什么都可以。"

既然是广泛发动群众的中小意见领袖代言的营销活动,那么代言人当然不必局限于青春靓丽者,因为爱并不仅限于年轻人。64 岁的福特汉姆大学教授琳恩·斯莱特(Lyn Slater)——一个富有成熟魅力的时尚博主,也是 Dior 此次活动挑选出的一个中小意见领袖(她在 Instagram 上有 72 万个粉丝)。她这样回答愿意为了爱做什么:"每个星期我都要乘坐北上的列车,去看望妈妈、女儿及外孙女"——一种浓烈的家庭之爱的气息扑面而来。

社交媒体时代的品牌代言:明星还是中小意见领袖?

社交媒体时代,各种形式的网红及意见领袖的涌现,使得企业在代言人的选择上有了更大的空间。明星(俗称大 V)与中小意见领袖,在代言上起作用的机制是类似的,但在风险控制上却可能有所不同。

从社会学的角度来看,明星属于公众人物,他们的一举一动经常会受到社会的审视，也承担着更多的社会道德责任，因为明星可能是心智未成熟的青少年模仿的对象。因此，当明星出现负面新闻时，不仅粉丝关注，广泛的媒体及社会舆论也会关注，所以对代言品牌的杀伤力会更强。而中小意见领袖通常被认为是专业人士（如美妆博主），他们即使出现负面新闻，一般也不会连带产生大的社会负面影响。

因此，当明星出现负面新闻时，对代言品牌的损害一般难以控制。相比之下，如果与一群中小意见领袖合作，企业既可以在覆盖面上达到类似的累积曝光，还可以更好地控制代言人负面事件的影响，这是因为不同中小意见领袖的粉丝群体通常并不重合，也不相互渗透。负面事件产生的影响，一般只会局限于单独的粉丝群体。

当然，从企业营销管理的角度来看，与一个明星打交道，会比同时与几十个中小意见领袖打交道要容易一些。这次 Dior 的做法是与 Walar——一家英国的网络意见领袖管理公司——合作，由对方根据 Dior 的要求，甄选合适的中小意见领袖。所有参与的中小意见领袖都收到由 Dior 提供的此次活动的创意大纲，但对于具体的创意及实施则给了他们充分的自由，从而保证他们用自己熟悉的、粉丝易于接受的表达方式去传递 Dior 的爱心链活动主题。

小　结

在今日的社交媒体环境下，明星代言的确是内容传播的一个快速而有效的手段。不过，一旦明星出现负面新闻，就可能会给品牌带来大的负面影响。由中小意见领袖集群驱动的宣传攻势，对社会风险的把控相对容易，预计在未来的社交媒体营销传播中将会得到更广泛的运用。

网红营销：内容传播的新时尚*

在传统的营销传播中，代言人（通常为明星）可以为企业传递品牌信息与理念摇旗呐喊，不过他们通常必须在媒体平台（如电视）上才能发挥这样的作用。进入社交媒体时代，品牌的代言人们可能从明星扩展到由素人变身的网红（如快手老铁），他们不再完全依赖于媒体平台，而是通常拥有自己的自媒体频道，他们的粉丝号召力以及粉丝的黏性不输明星，成为企业营销（内容）传播中一支不可忽视的重要力量。

> **案例**
>
> 2014 年夏日的一个清晨，英国伦敦切尔西区的化妆品公司 Rodial 总部的办公室里，首席执行官暨创始人玛丽亚·哈兹斯蒂法尼（Maria Hatzistefani）正准备像往常一样推进一天的工作，却惊讶地发现，不断有市场部的员工前来汇报，说当天公司网站及社交媒体访问量猛增，电商销售也在不断飙升。大家一时都摸不着头脑，到底发生了什么神奇的事情？
>
> 后来经过对访问人群的分析，发现她们基本上都是由卡戴珊家族的小女儿——超级网红凯莉·詹娜（Kylie Jenner）——带来的。凯莉当时只有 17 岁，但在 Instagram 上拥有 2 200 万名追随者的她，恰好是 Rodial 旗下小众化妆品品牌 Nip + Fab 的粉丝。她前一天在 Instagram 上发了一个

---

* 本部分改编自窦文宇，《社交媒体下的网红营销》，FT 中文网，2019 年 4 月 25 日。

帖子，推荐 Rodial 旗下 Nip + Fab 品牌的龙血精华液（Dragon's Blood Serum）。这个帖子收获了近 50 万个赞，随后带来的访问量几乎令 Nip + Fab 的网站瘫痪，龙血精华液也成为最热销的单品。

几个月后，凯莉被 Nip + Fab 聘为品牌大使，继续发挥她神奇的"种草"功能。Nip + Fab 应该庆幸自己很早便与凯莉开始了商业合作，因为凯莉 2014 年首次为品牌发帖时，还只是自发之举（而非商业赞助）。如今，在 Instagram 上拥有 1.3 亿个粉丝的凯莉，据说每次商业合作的价格已达一个帖子 100 万美元，即便如此，看中她巨大影响力的品牌商家们依然趋之若鹜。

欢迎来到神奇的，有时甚至疯狂的网红营销世界！

■ 网红营销的来龙去脉

网红营销，有时也被称为影响者营销（influencer marketing）或意见领袖营销（key opinion leader marketing），指的是商家的一种营销手段，即通过借助网红（意见领袖）在粉丝中的感召力，来影响（潜在）消费者对商家品牌的认知或态度，从而达到相应的营销目的。

在全球范围内，千禧一代的年轻人逐渐成为主流的消费群体。他们和社交媒体同步成长，拥有丰富的网络经验，习惯于通过了解和聆听意见领袖的看法，辅助自己的消费决策（比如，小红书及抖音带货的兴起）。所以，今日的商家也开始把越来越多的营销精力及重心放在网红营销上。

2019 年，营销调研机构 Influencer Marketing Hub（联合 Viral Nation 和 NeoReach）对 800 家机构及商家的调查表明，92% 的被调查者认为网红营销是一个有效的营销工具，50% 表示会将企业整体营销费用的 20% 或更多投放到网红营销上，63% 打算在下一年增加企业在网红营销方面的投入。无怪乎网红为企业做营销已成为一个新兴行业，且近年来增速惊人，从 2016 年的 17 亿美元增长到 2020 年的约 97 亿美元。

可能有些不太了解最新营销趋势的人会好奇，网红营销这个突然蹿红的营销模式到底是何方神圣。其实，如果仔细审视就会发现，虽然社交媒体促进了网红的蔚然成风及营销运用，但其实类似的运作逻辑——借助有声望的人士来推广商家的产品——早在300年前就已经有成熟的商业运作实例了。

出生于1730年的英国人约书亚·韦奇伍德（Josiah Wedgwood），是最悠久的陶瓷品牌Wedgwood的创始人（创立于1759年），同时也被认为是第一位利用名人营销——相当于今日之网红营销——的企业家。

虽只有小学文化程度，约书亚却堪称营销天才，他嗅到了18世纪英国工业革命带来的中产崛起的机会。一开始创业时，他就为Wedgwood确立了高质高价的定位。约书亚还清醒地意识到，他不能仅仅和竞争者在产品功能及质量上拉开距离，还需要利用当时英国消费升级的势头，将产品定位于高端时尚、与众不同。让消费者认定它的陶瓷更时尚的营销重任，就落在了约书亚精心布局的名人营销上：主攻英国皇室贵族。

约书亚潜心钻研如何将产品打入皇家供应圈，并不惜成本和代价满足皇室需求，比如，夏洛特皇后要定制一套特别设计的乳白茶具，其他厂家都觉得单独定制一套茶具在成本上不划算，只有Wedgwood愿意不辞辛苦地去做。赢得皇后欢心后，机智的约书亚趁机请求皇后允许自己在类似的陶品上加上皇后御用瓷器（Queen's Ware）的标记。自1768年起，Wedgwood开始在伦敦的《圣詹姆斯纪事报》（*St. James Chronicle*）上刊登广告，宣传自己的产品为皇家御用。

除了皇室带来的宣传效应，约书亚还积极主动地接触当时的新锐画家或建筑师，请这些时尚潮流代表使用Wedgwood的产品，或以之为艺术素材，比如，18世纪英国的著名画家约瑟夫·赖特（Joseph Wright）就曾为Wedgwood陶瓷做设计。为了促进名人的产品测试及推广，约书亚还创新出了诸如专属展厅、免费送货、新品先试等在今天的营销世界中依然经常采用的手法，不断让意见领袖们（可以理解为当时英国社会的"网红"）推广Wedgwood品牌。

约书亚·韦奇伍德有句名言："赢得意见领袖对产品的喜爱，你就赢得了整个世界的消费者！"（if he had the patronage of the great, he would have customers of the world!）这句名言精准地道出了网红营销的精髓。

网红营销的机理

根据营销学中的消费者行为理论，营销活动举措如果要产生真正的（而不是"忽悠"出来的）效果，就需要影响消费者对品牌的认知或态度。传统营销中，由企业主导的广告或销售推广或许可以达到这种效果，在网红营销中，不是由企业出面，而是请一个有一定感召力的人（网红）来完成此项任务，其产生作用的机理何在？

其实，在社交媒体上的网红营销走红前，广告学中对于名人代言已做过不少研究。相关研究认为，在现代商业社会中，消费者每天遭遇各种广告宣传信息的轰炸，缺乏足够的认知能力或动因去关注和研究这些广告信息，而名人的代言，则成为消费者筛选海量信息、辅助决策的捷径。比如，对中国的老年人来说，在20世纪90年代因主演电视连续剧《渴望》而家喻户晓的张凯丽，是其心目中的超级影视明星，他们熟悉、喜爱和信任她。因此，如果要买老人鞋，也就不用东看西看，直接选她代言推荐的足力健品牌就行了。

具体而言，影响消费者对名人代言品牌态度的因素主要有以下几个。

1. 源头效应

源头效应中又包括代言人的以下三个特征：

（1）专业性（expertise）。本部分的开篇案例中提到的凯莉·詹娜，从10岁起就开始在电视真人秀节目《与卡戴珊家族同行》（Keeping Up with the Kardashians）中亮相，与其同母异父的姐姐金·卡戴珊（Kim Kardashian）等一起曝光在聚光灯下，展现对于美容、时装等时尚品位的追求，因此虽小小年纪（仅17岁），却能对来自英国的新锐化妆品Nip + Fab颇有使用心得并进行分享也就不足为奇了。对于她的这个产品推荐，粉丝们都觉得靠谱，毕竟凯莉并不只是个明星，也算是个美容达人。

（2）可信性（trustworthiness）。足力健选择张凯丽作为其老人鞋产品的代言人，除了目标群体对她的熟悉度及亲切感，另一个原因是她的社会形象一直比较正面，自带信任感。另外，她代言的足力健的广告在央视播放，更是通过权威媒体背书，增添了这个代言的可信性。

（3）吸引力（attractiveness）。如果说代言人的专业性更多作用于受众的理性层面，那么代言人的吸引力（如亲和力），则可能作用于受众的情感层面："你这么好看，说什么都是对的"，或许点出了人们在情感影响下的决策捷径。这也是为什么品牌代言倾向于请颜值很高的演艺明星，而中小网红们也总是希望展现出光彩照人的一面，满足受众的颜控心理。比如，为了迎合网红们的表现欲，美国公司Village Marketing在曼哈顿SOHO商业区以15 000美元的月租租下了一栋公寓，按照网红们喜欢的风格装修布置，专门供其拍摄极富美感的照片,因为(至少 Instagram 上的)网红们都知道"要么美,要么完"(Beauty or die)。为了代言的美感,必须拼了!

2. 匹配效应

广告代言人研究指出,代言成功的第二个重要因素是代言人特征(个性/风格)与品牌(个性/调性)或产品种类的匹配度。一般而言,匹配度越高,代言效果就越好。比如,不到 20 岁的凯利·詹娜,青春有活力,略带反叛气息。她代言新锐化妆品品牌 Nip + Fab 就很合适,甚至像 Viper Venom 晚霜这样的怪异化妆品,她推荐起来也毫无违和感。与此相对照,以成熟女性为目标客户群体的化妆品品牌兰蔻(Lancôme),2018 年聘请了时年 65 岁的意大利著名演员伊莎贝拉·罗西里尼(Isabella Rossellini)做品牌代言人,就是看重了其成熟女性的魅力。

3. 非评判性含义转移

2020 年 10 月 27 日,中国益生菌口腔洗护品牌 AvecMoi 官宣"钢琴王子"郎朗成为其品牌代言人。AvecMoi,2016 年由苏州抓马生物科技有限公司创立。其核心产品技术 ADP-1 专利益生菌,由法国丽娜有机研究中心马蒂厄(Mathiceu)博士联合芝加哥大学微生物博士后研究员陈奕兴历经 13 年研发得来。采用 ADP-1 益生菌技术的 AvecMoi 牙膏,可使牙周病害菌快速减少 80% 以上,杀菌效果能持续长达 12 个小时。通过平衡口腔菌群,还原口腔健康状态。

可以看出,AvecMoi 牙膏采用的核心技术与普通牙膏有显著不同,科技含量更高。因此,消费者可能一开始不容易理解和接受。一般而言,这种带独特技术的产品通常会选取专家型代言人,以权威身份诠释复杂技术并进行背书(比如,经常采用此手法邀请顶级牙科医生代言的脱敏牙膏舒适达)。

那么,该怎么理解 AvecMoi 请郎朗代言呢?从专业知识及背景来看,钢琴家郎朗与牙齿护理领域隔行如隔山,估计他对 AvecMoi 牙膏的核心 ADP-1 益生菌技术也知之甚少,由他来代言推荐这款高科技驱动的牙膏,是否不够有说服力?

其实,名人代言在商业实践中具有复杂的多面性,芝加哥大学文化人类学家格兰特·麦克拉肯(Grant McCracken)提出过一个名为"非评判性含义转移"(non-evaluative meaning transfer)的相关理论,指的是代言人个性特征的含义可能转移到代言产品的含义上,而这种机制与代言人是否与品牌品类匹配无关。于是乎，哪怕消费者真的认为郎朗与牙齿护理科技不搭界，但只要发生了从郎朗的个人特征含义到产品含义的转移，比如，广告中，清晨的海边清风徐来，郎朗弹奏着轻快的钢琴曲……这种清新明快的感觉，就像 AvecMoi 海洋之风均衡牙膏带来的清新口气。其实，只要观众能产生这种品牌联想，那么即使是不懂牙医技术的钢琴家郎朗，代言尖端牙齿护理技术品牌 AvecMoi 的效果也可以显现。

4. 拟社会交往

一家成立于 2013 年的机构，在没有相关经验的情况下进入童装行业，品牌一经推出，就打入全美位列前三的日用品超市塔吉特，并且还属于高价位，这可能吗？

这正是美国亚利桑那州前地产金融从业人员凯蒂·斯托弗（Katie Stauffer）和她的两个网红双胞胎女儿米拉（Mila）及埃玛（Emma）做到的事。2020 年 2 月，以米拉和埃玛的名字主打的童装品牌 m&e 开始在塔吉特中销售。

2013 年，凯蒂开通个人 Instagram 账号，初衷只是为了记录孩子们的成长。2014 年 10 月，双胞胎女儿出生后，凯蒂以她们的成长为主题，开始系统地进行内容策划及制作发布。得益于双胞胎女儿良好的镜头表现力，来自世界各地的粉丝不断增加：他们大多是成年人，且一般也有小孩。2017 年夏，凯蒂 Instagram 账号的粉丝数突破 100 万，如今已达 400 万。

凯蒂的社交媒体内容带有鲜明的个性风格：童真幽默。米拉虽然岁数小，但具有天生的喜剧基因，比如在一个视频中，她调侃道，那些在健身房跑步机上的大人们，"就知道玩命跑却无处可去"——调侃跑步机上的单调奔跑。

不过，话又说回来，对于两个小孩子的每日生活片段，几百万成年人为什么看得津津有味呢？或许可以归因于媒体心理学中的拟社会交往（para-social interaction）理论。

社会学家唐纳德·霍顿（Donald Horton）和理查德·沃尔（Richard Wohl）于 1956 年提出拟社会交往理论，以此来解释人们为什么通过长期观看节目，对于媒体人物（如美国著名节目主持人奥普拉·温弗瑞）会产生类似真人交往般的亲切感，建立情感性联结。这个理论在社交媒体环境下得到了更充分和广泛的运用，比如，社交媒体用户在长期追随网红（如米拉和埃玛）的过程中，通过图像、视频、直播等多种媒体刺激，对其会产生面对面交流般的亲切感。

拟社会交往效应起作用的一个重要因素是身临其境感（perceived realism）。网红的表现，需要让受众觉得就像和真人交流一样，比如在视频或视频播客中采用对话式的语言手段，或是通过面部表情、肢体动作来传达身临其境的感觉。

于是，只要拟社会交往机制起作用，粉丝们保持对网红的经常性关注及依恋，接受他们的产品代言就会水到渠成，因为就像来自熟悉的亲朋好友的推荐一样。

网红的分类与特征

企业通过网红进行营销传播，首先需要了解网红的分类与特征，图5-1总结了企业可以在其内部及外部发掘使用的网红类别。对于每个类别，本书通过对相应案例的分析，总结出其优势及挑战（缺点），并提出使用建议。

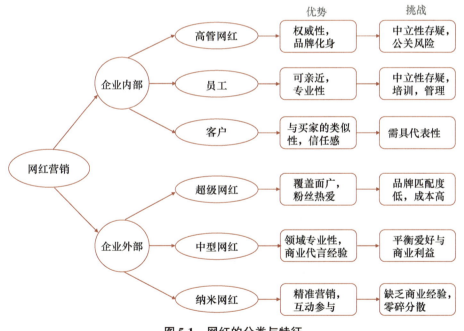

图5-1　网红的分类与特征

1. 企业内部：高管网红

美国最大的无线运营商Verizon的官方Twitter账号拥有163万个粉丝，而排在第三位的T-Mobile，其首席执行官（CEO）约翰·莱杰尔（John Legere）

的个人 Twitter 账号，就有 620 万个粉丝，这个对比有点强烈。作为一家大电信公司的 CEO，约翰是如何成为网红的？

首先，约翰的 Twitter 内容丰富多彩、诙谐有趣，在自如分享的多元生活场景中，现代企业高管的通透、自信与人格魅力获得充分的展现，完全没有人们印象中的古板与拘谨。比如，爱好跑步的他收到唐恩都乐甜甜圈公司寄来的用甜甜圈图案装饰的跑鞋，在草地上与小鹿偶遇，或是出席活动之前的跳舞热身片段，等等，都可能成为他的 Twitter 内容。

约翰的幽默也被巧妙运用在毫不留情地打击竞争对手上，比如，几天前人类历史上发现首个黑洞照片，约翰跟风热点，在黑洞照片上尖刻地配上这个标题——"这就是客户服务请求提交到 Comcast 通信公司的结果"——讽刺竞争对手糟糕的客户服务。通过插科打诨式的调侃，约翰巧妙踩低竞争对手的品牌，而且由于他不羁的个性风格已深入粉丝的内心，因此这样做并无违和感。从竞争营销的角度看，可以说约翰已为 T-Mobile 传递出优质服务的品牌理念。

当然，作为称职的 CEO，约翰在轻松的主题之外，也会不时插入一些公司的宣传，比如 T-Mobile 新推出的 T-Vision 流媒体服务。不过，即使在这种情况下，他也会注意巧妙地不硬性推销：通过感慨地评论泰格·伍兹（Tiger Woods）在时隔 11 年后再夺高尔夫大满贯，自然地推荐自己公司的流媒体服务。

让高管网红为企业代言，首先面对的挑战就是受众可能认为他们的言行是为了企业利益，对其客观中立性存疑。其次，从公关掌控的角度，企业可能担心高管的个人品牌波动会影响到企业品牌（比如俞敏洪关于中国女性角色言论引起的争议及其对新东方品牌的影响），所以不愿意冒险让高管成为网红般的代言人。

不过，总体而言，面对今日崇尚真实感的千禧一代的消费者，企业高管展现真诚和魅力，可以打造专业亲民的形象，建立与消费者的情感联结，帮助塑造可亲近的企业品牌，长远来看一定会为企业营销带来效用，因此，企业高管可以成为企业网红营销的一个出其不意的利器。

2. 企业内部：员工网红

伊莎贝尔·坎贝尔（Isabel Campbell）是美国高端百货公司梅西百货（Macy's）纽约店的一名女装导购。她的工作内容是这样的：遇到梅西百货有好的新款服装面市，就会穿上美美地拍一组照片，有时甚至拍摄专业的视频，然后在社交媒体上发布，收获点赞与咨询，顺便带货，等等。不过，这好像是网红营销的任务呀，与员工有何相干？

其实，伊莎贝尔正是梅西百货"时尚员工"（Style Crew）内部网红营销计划培养的一个员工网红。她的职责之一就是通过展示产品与自我，在粉丝中"种草"，最终实现带货。伊莎贝尔个人的 Instagram 账号拥有近 2 000 个粉丝，同时，她在梅西百货专为内部网红——Style Crew——开辟的专门的网页上，有约 30 个产品的代言视频。如果有人喜欢她身上展示的某件衣服，则可以在梅西百货的网站上直接点击购买。

过去，在营销上，梅西百货曾与不少外部网红合作过，但觉得在挖掘合适的外部网红上投入了过多的精力与资源，而且，由于整个商业大环境下消费者不断增加的需求，网红营销的成本也在不断上涨。相较而言，培养有表现力、影响力的企业员工成为营销网红，具有以下优势：他们通常受过企业的专业产品培训，具有丰富的产品知识，在消费者心目中具有可信度；而且他们对于企业品牌及文化的理解更加贴切、精准（伊莎贝拉是梅西百货的资深导购），不需要像外部网红那样只有经过充分的沟通、交流和引导，才可能体会并传达出代言品牌的独特卖点。

当然，员工网红的推荐，由于其身份，难免会使消费者对其客观性存有一丝疑虑。不过，假如他们可以在传递客观公正的信息方面树立自己的信誉，这种疑虑就有可能被打消。此外，员工网红很重要的一个作用，是建立与粉丝的情感联结，软性地推广产品，当消费者出于情感因素而做出购买决策时，他们会较少地采取抗拒感较强的理性推演模式，比如，伊莎贝尔是梅西百货的员工，虽然她的推荐肯定是为了诱导我买她家的产品，但我还是认为，伊莎贝尔是一个很有时尚鉴赏力的人，所以我认同她的推荐——很有品位！

最不济，哪怕员工网红的营销不能带来大量的销售增长，企业至少可以将他们当作社交媒体的品牌大使，利用他们的粉丝基数，扩大企业品牌内容的传播，这也正是像星巴克这样的企业设立"星巴克伙伴"（Starbucks Partners）项目的原因。

3. 企业内部：客户网红

在企业网红营销中，有咖位、具有代表性的客户，也可以成为影响潜在客户心理的意见领袖，尤其是在产品复杂、购买周期长、试错成本高、客户信任极其重要的 B2B 购买领域。与 B2C 企业选择与客户网红合作时关注粉丝数等指标不同，B2B 企业选择客户中的网红意见领袖，更看重的是他们的行业地位和权威性——这些特质将有力地助推其代言的产品。

比如，销售网络安全云服务的公司 Okta，2009 年在美国的加利福尼亚州成立，2017 年上市，市值约 60 亿美元。客户主要为企业客户，主打身份管理（identity management）业务。公司采访了客户群体中的一些网红意见领袖，并录制视频，请他们分享自己使用 Okta 产品的心得，比如，在采访新闻集团（News Corp）的首席财务官多米尼克·夏因（Dominic Shine）时，他指出，Okta 的产品提升了新闻集团散布在世界各地团队的沟通及合作效率。有了像多米尼克这样的重量级客户代表为 Okta 站台，其将会更具权威性及行业影响力。

4. 企业外部：超级网红

本部分开篇提到的拥有亿级 Instagram 粉丝的美国真人秀明星凯莉·詹娜为英国新锐化妆品品牌 Nip + Fab 代言，就是一个经典的超级网红为企业代言的案例。此种代言模式的优势是超级网红覆盖面巨大，粉丝热爱；而其中一个挑战是找超级网红代言的品牌太多，代言产品的类别调性如果过于分散，会影响甚至打乱消费者的认知，减弱代言效力，另一个挑战则是超级网红代言的成本通常会比较高。

5. 企业外部：中型网红

像凯蒂·斯托弗及其双胞胎女儿米拉和埃玛这样，粉丝在十万到百万级之间，几乎全职打理和运营其社交媒体账号的人，基本可以被认定为中型网红。他们的优势在于通常有一个擅长的专业领域（如凯蒂的快乐育儿），聚集了数量可观的、有凝聚力的粉丝，可顺带"种草"。而且他们一般都具有与商家合作的丰富经验，可较好地完成商业代言的任务。

不过，他们通常最初是从兴趣起步，凭借某一特定领域专业、客观且带有亲和力的内容吸引粉丝，随着其社交媒体账号粉丝基数的扩大、内容的积累及商业代言的不断涌入，如何既保持内容的自发性、真实性而又不引起粉丝的反感就成为一项挑战。这些中型网红需要在商业及兴趣之间找准恰当的平衡点，方可成为值得信任的、有效的品牌代言人。

6. 企业外部：纳米网红

香港女孩袁思行（Cheryl Yuen）2016 年从香港知名的拔萃女子中学毕业，进入香港大学传播系读本科，在北卡罗来纳大学做过交换生——一路走来，都是标准的学霸。

不过，她在社交媒体上还有另外一个身份——由于她的 Instgram 账号有 5 100 个粉丝，因此她被称为纳米网红（nano-influencer），有时也为品牌代言。比如，运动饮料品牌宝矿力水特（Pocari Sweat）就请袁思行做了一个小微代言，目的应该是促进该品牌在香港市场的发展。

与在社交媒体上动辄亿级（如金·卡戴珊、谢娜、何炅等）、千万级（如蔡徐坤、林允等）的明星代言人相比，最近两年来在网红营销领域增长势头最猛的，恰恰是像袁思行这样的纳米网红。

一般认为，纳米网红指的是（单个）社交媒体账号粉丝数在 1 000 至 5 000 左右的网络（小微）红人。他们通常不是全职网红，靠主题清晰或富有个性的内容吸引粉丝，比如，袁思行的 Twitter 内容主要围绕着在当前的时代背景下香港年轻人时尚健康的生活方式。

由于粉丝基数不大，因此与超级网红基本无暇与粉丝互动不同，纳米网红通常能给粉丝带来朋友般的熟悉感，其相对聚焦的内容主题，也有利于形成粉丝之间的社群氛围，导致更高的粉丝活跃度。的确，2016 年数字传媒公司 Digiday 发布的研究报告表明，平均而言，纳米网红的一个帖子可撬动其粉丝中 8.7% 的人参与互动，而超级网红（粉丝数达 100 万以上）只能撬动其 1.7% 的粉丝参与互动。

从网红营销的角度来看，纳米网红具有以下几个优势：

首先是与超级网红或半职业化的中型网红不同，业余玩票性质的纳米网红社交媒体内容中的商业发布不会太多，因此依然能与粉丝保持一种朋友般的真诚交流，粉丝也更易于产生对其代言产品的信任感。比如，袁思行的两张宝矿力水特代言照片的点赞数都在 300 个左右，与她平时发的生活内容的帖子点赞数没有明显的差别。

其次是对年轻一代消费者的精准营销效果。一方面，千禧一代的消费者对于高度商业化的代言（哪怕是来自超级网红或中型网红）逐渐产生了更多的怀疑，比如，小红书上有用户产生了疑问：为什么林允经常更换她代言的面膜品牌？另一方面，千禧一代的消费者更容易相信来自朋友圈或熟人圈的推荐。美国一家叫作 CRISP 的社交媒体咨询公司的内容总监茱莉亚·鲁安（Julia Ruane）认为，对于社交媒体用户而言，他们平时关注的纳米网红虽然不一定是线下面对面的朋友，但因为有着朋友般的熟悉感，因此更容易接受来自这些纳米网红的"种草"（Ismail，2018）。

最后是成本优势。Digiday 2016 年的调查数据显示，Instagram 上的纳米网红发布一个商业合作帖子的价格为数百美元，有的甚至免费，只要其能收到免费产品即可；而拥有 10 万个粉丝的 Instagram 网红，发布一个商业合作帖子的价格则为数千美元；到了像凯莉·詹娜这样的超级网红，一个商业帖子的价格可达百万美元。所以，如果以用户参与度为关注点，"价廉物美"的纳米网红是一个不错的选择。

当然，在网红营销中使用纳米网红也有其局限性及挑战：① 如果企业网红营销的目的是追求尽可能大的用户覆盖面，则粉丝基数大的超级网红或者中型网红比纳米网红更合适。② 企业做网红营销需要达到具体的商业效果，通常需要与媒介载体（暨网红）有密切的交流、合作，超级网红通常有其商业经纪团队，拥有与品牌合作的丰富经验，所以在沟通交流及合作上可能更加顺畅，中型网红在处理商务合作上也相对熟练，而由于纳米网红属于业余玩票的性质，其在处理企业代言合作上缺乏经验，包括如何与企业谈判合同条款，如何处理版权，以及如何恰如其分地植入品牌信息、确定调性，可能都需要学习之后才能掌握。③ 与前一条相关，如果企业在某个网红营销活动中与众多纳米网红合作，可能会牵涉大量的人力及精力，比如，与每个纳米网红单独沟通，跟踪监测更多的单个账号投放效果，等等，总之，交易成本可能更高。

■ 网红类型与网红营销目标

在网红营销的实践中，企业由于目标市场特征不一、竞争形势不同、战略发展方向迥异、自身能力及经验差异等，所期望达到的网红营销目标可能有所不同，因此在网红类型的选择上会有所侧重。

下面从两个维度进行分析：一是网红营销的目标何在，是主要为了品牌效果（如曝光、定位等），还是为了激发潜在用户的具体行为（如出席活动、注册、购买等）；二是与网红合作的时间，是短期的尝试性合作，还是长期的战略性合作。这两个维度交互形成以下四个决策象限，如图 5-2 所示。

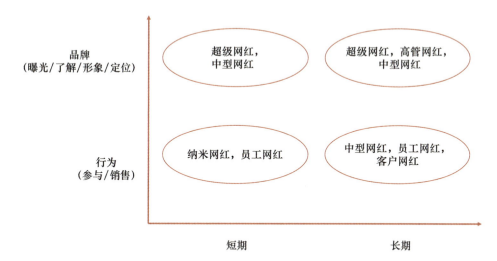

图 5-2 网红营销的目标及时长对网红类型选择的影响

（1）短期：行为目标驱动。如果企业希望通过网红助力，马上促成特定的用户行为，比如，呼吁参与线下活动、试用新产品等，则粉丝兴趣相对集中、社区参与度较高的纳米网红或者员工网红，可能都比较适合。比如，宝矿力水特借助纳米网红袁思行，鼓动她的香港粉丝参加品牌组织的于 2018 年 12 月 30 日在香港科技园区举办的 Run Carnival Challenge 活动。

（2）短期：品牌曝光目标驱动。如果企业希望宣告一个新的创业（小众）品牌或是现有品牌的新产品线，则粉丝基数大的超级网红或者中型网红都适合。

（3）长期：行为目标驱动。在促进潜在用户的实际购买行为上，具有代表性、权威性的客户网红可以起到关键性的助推作用（尤其是在 B2B 领域）。此外，中型网红由于在粉丝群体中有持续的深度曝光，对潜在用户的需求有精准的了解，因此适合与企业合作推出定制款（如凯蒂的双胞胎女儿代言的塔吉特童装品牌 m&e），这一战略也与淘宝网红（如张大奕）推出自有服装品牌的思路类似。

（4）长期：品牌塑造目标驱动。凯莉·詹娜之所以成为 Nip + Fab 品牌大使，是因为该公司意识到，除了可以利用超级网红庞大的粉丝基数带来一次性传播曝光，还可以利用与其的长期合作，润物细无声地植入品牌，塑造和传播品牌形象。当然，从这个角度而言，具有明星气质的高管网红，也可以达到类似的代言品牌的效果。此外，基于中型网红通常起家于具体的兴趣主题（如凯蒂的育儿经），吸引聚焦的粉丝群体（崇尚快乐育儿理念），企业可通过与其的长期合作，逐渐在目标群体中树立清晰的品牌定位。比如，凯蒂的双胞胎女儿米拉和埃玛的 Instagram 内容中，不时会出现一些关于塔吉特超市的广告帖子，在粉丝心目中持续建立"快乐双胞胎与塔吉特"之间的关联，最终树立塔吉特超市是快乐童年购物大本营的品牌定位。

■ 网红营销的步骤

前述从理论背景的角度解析了企业在采用网红营销战略时的考虑重点，具体到实战运用中，企业可参考图 5-3 中提出的主要实施步骤。

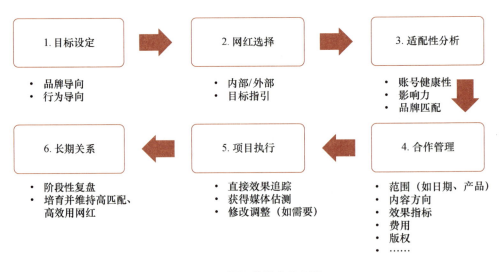

图 5-3　网红营销实施步骤

（1）目标设定。前述讨论指出，企业进行网红营销的目标，大致可分为品牌（内容）塑造和传播以及消费者行为两大类；从营销活动的时间视角来看，又可分为短期目标和长期目标。企业可根据自身的特点及环境来确定每次网红营销的具体目标。

（2）网红选择。一旦网红营销的目标确定，企业就可以从不同类型的网红中做出选择，比如内部网红（高管网红、员工网红或者客户网红）、外部网红（超级网红、中型网红、纳米网红），亦可考虑组合使用。与外部网红不同，内部网红除了可以根据其天生的资质禀赋进行选择（如潇洒不羁的 T-Mobile CEO 约翰·莱杰尔），也可以后天培养。对于外部网红，企业可以通过网红代理机构咨询了解，也可以自己在社交媒体上有意识地寻找，比如，根据品牌品类的相关标签搜索，或是通过社交网络品牌提及（social mentions）的监控工具，来发现网红级别的品牌爱好者。

（3）适配性分析。在确定了所需的网红类型的基础上，企业需要在为数众多的网红人群中甄选最适合的，具体可从以下几个方面予以考虑：① 网红账号的健康性。比如，粉丝数量、增长幅度、帖子的阅读量、粉丝的互动活跃性（如点赞、转发、评论数量及质量）、回帖的频率及质量，等等。② 网红的影响力。比如，帖子被其他大号或媒体转发报道的概率，为其他品牌代言的广告帖表现，如与正常的帖子相比，广告帖的阅读互动是否有显著的不同，为企业带来的具体收益，等等。③ 品牌调性的匹配度。在对网红社交媒体内容进行长期观察的基础上总结出其风格特征，评估与品牌调性的匹配度，比如，可以审视该网红在过去为同类产品的代言效果如何，粉丝反应是否以正面为主，评论中是否体现出品牌态度的改变……

（4）合作管理。如果确定了具体的网红人选，在对方有合作意向的基础上，企业需要与其讨论合作的具体方式，商定合同内容。一般而言，合同条款可能涵盖合作的范围（如时长、产品型号）、社交媒体的内容主题及表现手法（在不影响网红创意自由的前提下）、效果指标、费用支付、内容的版权使用权限，等等。

（5）项目执行。虽说网红营销是企业利用别人的力量为自己的营销事业出力，但并不意味着企业就该采取放任不管的态度。恰恰相反，企业应该在网红营销项目进行的过程中，保持与对方的充分沟通，追踪代言的直接效果（如浏览量、互动数等），并估算活动带来的获得媒体（如媒体报道）的效果。在实施过程中，一旦观察并意识到有明显的问题出现（如负面评论），则需要与网红及时沟通，做出计划予以修正。

（6）长期关系。网红时代，网红很多，但对于每个企业而言，符合自己的需求且能带来良好代言效果的网红，数量可能真的有限。因此，企业一旦发现并确定了适合自己的网红，就应该珍惜并努力维护与其的合作关系，加深信任，共同成长。

小 结

既有天赋又努力的网红是社交媒体的宠儿,他们拥有自己的忠实粉丝群体。企业与网红合作,看中的正是他们的真实感、专业性,以及与粉丝的情感联结及"种草"能力。只要企业能够找到双方之间的适配性,网红应该就能担负起在社交媒体环境下把企业的内容、品牌理念甚至产品精准、有效地传播给目标群体的重任。

第六章

不同行业的内容营销

　　作为数字社交媒体时代的一种新颖营销工具,内容营销具有行业普适性。不过,每个行业都有其具体的行业特征及市场规律,如果内容营销想要发挥最大的效用,就需要结合行业特点提出有针对性的内容营销战略。本章深度剖析了零售业及服务业的内容营销规律,分析了美妆行业的新生力量如何利用社交媒体及内容营销撼动老牌行业巨头,演示了在传统行业中的内容营销做法。最后,针对中国制造业的品牌腾飞提出了一个以内容营销为核心的战略框架。

零售业内容营销

在不少经济体中，实体零售业都面临着严峻的挑战：2019 年，在美国市场就有 9 300 家店铺关门。对实体零售冲击最大的外力，莫过于电子商务（以下简称电商）的崛起。根据美国咨询公司 Digital Commerce 360 发布的调查报告，2019 年美国电商销售额同比增加 15%，达到 6 000 亿美元，占全美零售总额的 15%。这个反映电商重要性的指标，比 5 年前增长了 130%，体现出电商强劲的增长势头及其对传统零售业产生的冲击。在全球范围内，调研公司 eMarketer 2019 年发布的报告预测电商占所有零售业的市场份额，会由 2017 年的 8.9% 增长到 2022 年的 15%（约 9 000 亿美元）。不过，从另一个角度来看，虽然实体零售受到电商的强力冲击，但是就算到了 2022 年其依然占全球零售业的大头（85%），至少实体零售的优势属性，比如亲身体验、触觉、嗅觉、味觉、听觉、社交、娱乐等，电商仍难以取代。

所以，可以预期在相当长的一段时间内，实体零售与电商将会共存，但为了应对电商咄咄逼人的挑战，实体零售需要转型，方能满足数字时代的消费者的需求：它们需要从简单的商品出售者，转变为多元产品及体验的提供者。在数字社交媒体时代，实体零售需要更贴近消费者的心灵，塑造亲密的粉丝关系。从这个角度看，内容营销在传统零售业的数字化转型中会大有可为。

想象一个当代消费者的购物决策挑战：是去电商渠道还是去传统零售店买东西？如果选择去传统零售店，那么传统零售店需要回答这个问题：为什么消费者要选择我？而传统零售店则需要围绕消费者的这个问题，利用内容营销回答以下三个相关问题（并进行推演）：① 我这家零售店有何特点？② 我这家零售店能提供什么样的产品及服务？③ 我的品牌具有什么精神与理念？

本章将围绕这三个方面总结和归纳零售业内容营销的思路及方法。总体分析框架如图 6-1 所示。

这家零售店有何特点？	这家零售店能提供什么？	这家零售店具有什么品牌理念？
• 独门秘籍 • 员工 • 顾客 • 供应商	• 决策帮助 • 演示解惑 • 实用工具 • 实体店铺	• 激励 • 价值观

图 6-1 零售业内容营销：要素与环节

这家零售店有何特点？

1. 独门秘籍

内容营销的一个重要目的是诠释自己与其他品牌的不同之处。零售业的内容营销，也需要展示品牌的制胜一招，这样才有可能从零售的江湖中脱颖而出。

案例

Crutchfield 是美国的一个家用电器及音响设备连锁店。这个品类中，竞争者众多，且其中不乏百思买（Best Buy）、沃尔玛这样的价格杀手。Crutchfield 深知，对于家用电器及音响设备的消费者来说，价格有时并不是最重要的决定因素，因为这类产品具有复杂性及专业性，唯有提供充分的信息和指导才是说服顾客放心购买的王道。于是，Crutchfield 雇用了专业的写作班子，在其网站上打造了也许是零售店史上最强的顾客资源中心，为顾客提供全面、及时、深入的产品信息。

比如，夏天来了，到了在户外与家人、朋友共享欢乐时光的季节。除了啤酒和烧烤，你还需要来点振奋人心的音乐吧！但不少人应该对在户外环境下选择什么样的音响，或是如何布置不太了解。那就了解一下 Crutchfield 写作班子精心创作的《室外音响配置指南》（Outdoor Speaker System Planning Guide）吧。读了这篇文章，相信无论是烧烤、唱歌，还是在后院阳台上晒太阳发呆，关于音响的选择、布线和安装，你都应该弄得清清楚楚的了。

平心而论，Crutchfield 在这个行业中可能不算是最大的，其产品也不是最便宜的，但一定是对顾客最友善、最贴心的。有了这样的定位，就不愁没有前（钱）途……

2. 员工

零售业是典型的服务性行业，一线员工与顾客有大量的互动交流，他们的行为举止、谈吐风貌，都会影响顾客对店铺的观感与印象。因此，零售业内容营销的一个常用手法，就是渲染员工的职业精神、魅力和风采。尤其是，若员工一不小心成了名人，这千载难逢的时机岂能错过？

案例

美国连锁超市塔吉特的一个收银小哥亚历克斯（Alex）长得像歌星贾斯汀·比伯（Justin Biber），以前没什么人注意，但 2014 年 11 月 3 日，这位小哥的一张被人偷拍的照片被上传到 Twitter 上，他也因此瞬间变成网红：12 个小时内多了 30 万个 Twitter 粉丝，还上了不少网站的头条。于是机会来了，塔吉特的社交媒体宣传团队反应迅速，当天晚上就在其官方 Twitter 上发出一个响应的帖子——《我们也爱亚历克斯》。这个简短的帖子几天内就获得 26 000 次转发和 44 000 个赞。员工火了，塔吉特也借势蹿红……

的确，员工可为抽象的服务带来真切的感动。他们的故事能帮助零售品牌树立人性化的形象，因此千万不要忽视他们的力量。

3. 顾客

消费者心理研究（比如，Schouten，1991）认为，消费者希望通过购买特定的产品获得期待的自我或群体身份认同（比如，系上 Hermès 皮带，感觉自己就是一个高富帅，或者进入了有钱人的阶层）。所以，店家常在宣传中打造具有诱惑力的顾客"群像"：在我这里购物吧，这样你看起来就和"他们"一样，或者可以成为"他们"中的一员。

> **案例**

时尚女装品牌 Nasty Gal 的品牌理念是前卫、洒脱、无拘无束。为了具象化这一品牌理念，Nasty Gal 需要精准定位于其目标群体。当然，自说自话不一定令人信服，但如果 Nasty Gal 的顾客都能展示出这样洒脱的风范，那么品牌精神就不再空泛。

如果美，就果敢秀出来！Nasty Gal 的自拍友好型试衣间完美诠释了其品牌精神，突出了其自信前卫的顾客形象。

不论你有没有这样的试衣间，永远都不要忽略塑造理想顾客群像的重要性。他们，可能就是你潜在购买者认同的群体，甚至是被模仿的对象。

4. 供应商

多品牌供应商撑起的零售店品牌，无论多么强势，都难以替代消费者对品牌的追从或排斥。比如，沃尔玛卖的牛仔裤的品牌是威格（Wrangler），但到高端百货公司梅西百货，大家期待看到的则是李维斯（Levis）这样的牌子。所以从某个角度来说，供应商的档次决定了零售店的格局。因此，做内容营销，怎能忘了这样一个重要群体？

> **案例**

杰尼亚（Emernegildo Zegna）是男士服装的顶级奢侈品牌，在世界各地高端商场都有自己的专卖店。其主打产品——西装——的卖点是，由全球顶级的美丽诺（Merino）羊毛织成，单价可能高达数万美元。如何才能让潜在顾客认可品牌高昂的价格及其背后的价值？除了设计，原料也是高档西装的重要标志。

2014年，杰尼亚入股60%，把位于澳大利亚新南威尔士州的阿基尔牧场纳入旗下。这个六代传承的家族牧场占地2 400公顷，放牧着上万只绵羊。

杰尼亚之所以不辞辛苦地从意大利来到万里之遥的阿基尔牧场，参与管理决策，是因为该牧场的羊据说能产出全球最上乘的美丽诺羊毛。这种羊毛的平均直径在18.5微米以下，还不到人类头发的1/4。而这些顶级的羊毛原料，最后会被收集送到杰尼亚在米兰附近的工厂，在巧匠手中制成顶级的男士羊毛西装。

鉴于阿基尔牧场的羊毛在塑造杰尼亚的奢侈品牌形象中为关键一环，杰尼亚的营销中自然少不了渲染这家重磅供应商。杰尼亚集团总裁保罗·杰尼亚（Paolo Zegna）亲自给奢侈品杂志 *10 Magazine* 的记者贝克·库里（Bec Khoury）当向导，介绍牧场的特色及顶级羊毛的由来。可以想见，当奢侈品杂志的读者对阿基尔牧场发丝般纤细的美丽诺羊毛啧啧称赞时，一定也会觉得杰尼亚服装的奢侈档次更有说服力吧。

■ 这家零售店能提供什么？

1. 决策帮助

在零售场景下，消费者除了购买常用的必需品，可能还需要为特定场合、特定人群挑选合适的非必需品。这对于那些不太熟悉某些产品品类的人来说，可能会是个挑战。比如，纠结情人节该给女朋友买什么礼物的男士们。

> **案例**

2015年的情人节，高端百货店Bloomdingdales贴心地用图片分享类社交平台Pinterest推出了一款男士可以秒懂的女友礼物购买指南。如果你的她是位牛仔女郎，那怎能缺了小羊皮靴和牛仔背心？如果她崇尚自然之风，那一定会对新款果蔬榨汁机青睐有加。若她风格前卫，何不送上AQUA"邪恶之眼"羊毛衫，走在路上，绝对不愁回头率！还在犹豫？

那就来套美妆品牌 Bobbi Brown 的 Everything Eyes 眼妆指南和工具包，要是能再捎带一个倍轻松（breo）的眼部按摩仪就完美了！

2. 演示解惑

有时，消费者不敢轻易尝试新产品是对无法直观想象的使用场景有所顾虑，不知道买回来做什么。因此，零售业内容营销的目的之一就是演绎产品的使用方法，展示其可能的效果。

案例

美国家居超市劳氏的主要目标群体是"X一代"（Generation X，指1965—1980年间出生的人），但随着他们的房屋装修装饰需求逐渐减弱，Lowe's 需要重新挖掘消费主力，例如千禧一代的消费者。他们虽然已进入成家买房的行列，但成长于互联网时代的他们擅长的是电脑或手机，而不是扳手与电钻。对他们来说，家居修缮烦琐而无趣，他们自己较难主动去光顾这样的家居超市。

为了改变千禧一代的这种畏惧心理，Lowe's 与著名的广告公司 BBDO 合作，以#fixinsix 为主题标签制作了一系列 6 秒长的超短视频，演示如何轻松完成简单的家居修缮任务，并投放在年轻人经常逗留的短视频网站 Vine 上。比如，家里的浴缸漏水，该怎么办？超短视频以拟人的动画形象予以展示：首先把浴缸注水到约 3/4 满，然后用嵌缝密封胶沿着浴缸与墙体喷涂一遍。

Lowe's 的这一系列短视频生动形象地介绍了产品的使用场景及方法，降低了家居修缮在千禧一代心目中的难度，成功引起了他们的兴趣。视频很快获得数百万次播放，并荣获 2014 年度的 Webby 社交媒体营销奖。

3. 实用工具

新时代的消费者工作忙、压力大，如果零售店能够为其提供减轻负担、轻松完成购物的工具，肯定会被大加赞赏。比如，对于忙碌着为一家人做饭的妈妈来说，有没有这样的一个"饮食宝典"，可以帮助她们妥善计划及准备呢？

> **案例**
>
> 英国食品超市特易购（Tesco）在其网站上推出"备餐计划"（Meal Planner）功能，比如对一个四口之家，只需输入烹饪计划的具体要求，比如是七天还是五天，是一日三餐还是一日两餐，是否有特殊口味（比如素食），烹饪制作时间（30分钟、60分钟等），就会得到特易购专家系统推荐的每日烹饪食谱及食材清单。食材清单有了，知道上哪儿买了吧？特易购当然全都有！

4. 实体店铺

与虚拟电商不同，实体零售业的根基是店铺。且不说那些因门面小而将商品摆放得杂乱无章的店铺，即便对于那些越开越大的购物中心，比如能容下32架波音747飞机的"美国购物中心"（Mall of America）来说，如此复杂的购物环境，怎样才能让消费者充分了解呢？加强消费者对店铺设置的了解，是增加其探索式购买的一个重要因素，当然也是零售业内容营销的一个可能的方向。

> **案例**
>
> Bloomingdale's位于纽约莱克星顿大道和59街交会路口的旗舰店堪称高端百货店中的巨无霸，商品品类从服装、珠宝到家居、电器一应俱全，应有尽有。巨无霸中门类齐全，种类繁多，但也容易让人找不着北。不少顾客反映店铺太大，让他们搞不清楚布局和产品陈列。
>
> 怎么办，给大家发店铺地图？这种做法太老套，而且实践证明收效甚微。需要新思路！
>
> 2016年3月，Bloomingdale's与Museum Hacks公司合作，举办"店内寻宝"（Scavenger Hunt）主题活动。参加者以3人至5人为单位组队，根据主办方提供的线索在整个店内寻找预先藏好的"宝藏"。找到的"宝

藏"越多，奖励就越丰厚。参加者还可以#BloomiesHack 为主题标签，在社交媒体上直播自己的寻宝过程。无论是对于参加者还是对于观战者来说，这样的活动都直观生动地呈现了 Bloomingdales 店铺及其产品陈列的方方面面，有助于消费者在日后的探索及购买。

■ 这家零售店具有什么品牌理念？

1．激励

今日的消费者，面对来自生活和工作的重重压力，却常常无处倾诉。此时，如果有来自品牌的鼓励及打气，一定会感到温暖、亲切。这也是零售业内容营销常打情感牌的原因所在。

案例

2016 年 2 月板球世界杯比赛期间，新西兰的澳新银行（ANZ Bank）作为赛事官方赞助商，推出以"远大梦想"（Dream Big）为主题的宣传活动：不谈产品，只说梦想——帮助新西兰圆梦。

Birkenhead City 板球俱乐部成立于 1898 年，是新西兰最老的板球俱乐部之一。由于年代久远，设备早已陈旧落伍，俱乐部虽有心更换，却缺乏人力及财力去完成。恰逢"远大梦想"活动举办，于是 Birkenhead City 向澳新银行提出更换俱乐部设备的梦想清单，并获得批准。当看到被澳新银行的志愿者改造后焕然一新的俱乐部时，运动员们的灿烂笑脸就是对胸怀远大梦想的完美诠释。

整个"远大梦想"活动的宣传，澳新银行几乎没有提到自己的产品与服务，但有这样一个高品质的筑梦品牌在你身边，下次有了金融方面的业务需求，该去哪家银行办理就非常清楚了。

2．价值观

设想这样一个场景：你是一个户外运动爱好者，正准备挑选一件户外运动夹克,要防风、防水、轻便和速干,到商场一看,好几家店里都有满足你要求的夹克。于是,你开始纠结……

案例

2011年11月,户外服装品牌Patagonia做了一件震惊整个服装界的事。它在《纽约时报》上刊登了一大幅广告,画面是自己的户外运动夹克R2,标题却是"不要买这件夹克"。为什么?下面的文字给出了解释:R2夹克是Patagonia的畅销型号,但这样一件夹克在生产过程中需要消耗135升水,足够45个人每日饮用。于是Patagonia呼吁:每件衣服的环境成本可能高于其售价,所以如果旧衣服能翻新使用就尽量这样做,新衣服能不买就不买。

通过这次高调且出人意料的活动(及其后媒体的热议),Patagonia彰显了其不懈坚持的环境主义价值观。其实,这个价值观与喜爱户外活动人群的理念应该颇有相近之处。因此,Patagonia的举动拉近了品牌与目标人群在精神层面上的距离,吸引了原来对品牌不甚了解或认同的新顾客。有意思的是,虽然这个广告号召大家不要轻易购买,但Patagonia在第二年的销量反而有了显著提高。

价值观,触及灵魂,直击心灵。当双方惺惺相惜之时,购买还需要太多考虑吗?

小 结

在世界范围内,实体零售业都面临不小的挑战,但借助内容营销,消费者可以充分认识到零售品牌的功效与力量。零售业内容营销的重点应落在三大方面:第一,诠释品牌独特优势,展现主要利益相关者的风采;第二,提供具体信息或工具帮助消费者更好地决策,打消其疑惑,使其更深刻地理解产品或店铺;第三,激励和鼓舞消费者,或传递价值观,从而把竞争从产品指标层面提到更高的层面上。做好这三个方面的零售业内容营销,你的零售品牌定将强大起来!

内容营销：数字营销新时代

B2B 企业：内容营销如何舞出精彩？*

说到营销，不少人可能马上会想到麦当劳、星巴克这些面向消费者的 B2C 企业，以及它们令人眼花缭乱的营销活动。但其实，B2B 的市场规模更大：在美国，2018 年，B2B 的市场规模为 9 万亿美元，约为 B2C 的 1.7 倍，但为什么 B2B 行业似乎有点低调，营销举措似乎不为大众所知呢？

与 B2C 产品相比，B2B 产品通常具有"背景"属性，所以其在宣传上一般相对比较低调。比如，手机里的一个元器件——晶体管——B2C 手机买家一般就不知道。又如，当人们在对单价高达 3 万美元的 Gucci 鳄鱼皮包啧啧称赞时，很少有人知道或者关心，皮包原料的提供商（B2B 企业）是位于意大利北部的 Caravel Pelli Pregiate——全球最大的鳄鱼皮厂商。

虽然经常藏在背后，但 B2B 行业在世界各国国内生产总值（GDP）中的占比，通常高过 B2C 行业。比如，中国钢铁行业总产值占中国 GDP 的 5% 到 10%，可谓举足轻重。因此，B2B 行业的健康及发展是商业研究的一个重要部分。与此同时，如何做好面向企业用户的营销，也是 B2B 企业及营销人员关注的问题。

根据 B2B 产品的性质，可以将其分为三大类：第一，元件原料（entering goods），指的是在生产最终产品的过程中用到并成为最终产品一部分的商品，

---

* 本部分改编自窦文宇，《B2B 企业：内容营销如何玩出精彩？》，FT 中文网，2018 年 6 月 27 日。

比如 Gucci 鳄鱼皮包中的鳄鱼皮；第二，基石产品（foundation goods），指的是最终产品的生产过程中需要使用，但并不是最终产品一部分的设备，如游戏设计公司的设计师使用的专业电脑；第三，辅助产品和服务（facilitating goods and services），指的是帮助企业更好地运营，但通常不成为最终产品一部分的商品和服务，比如，企业使用的市场调研服务、安保服务，以及员工食堂的纸杯之类的补给（supplies）。

与 B2C 产品的购买相比，B2B 产品的购买一般具有以下特征：理性（少有冲动型购买），产品复杂（需要了解、解释），决策参与人数多（比如，从现场工程师到高管），决策周期长（比如，不少企业规定 B2B 购买必须比价），后续或附加服务重要，信任至关重要（因此品牌、行业影响力重要），等等。基于此，过去的 B2B 营销，除了展会或专业媒体广告，主要依靠的是奔波的销售人员拜访客户，推销产品。这些勤勉的 B2B 销售人员，其生活轨迹就像演员乔治·克鲁尼（George Clooney）在影片《在云端》（*Up in the Air*）中所展现的一样，机场—酒店—客户，三点一线，风尘仆仆，不知疲倦。

但进入数字商业时代，虽说 B2B 营销依然离不开销售，但用户购买行为的特征已出现明显的变化：2014 年，埃森哲（Accenture）咨询公司发布的一项 B2B 买家调查报告发现，94% 的买家在决定购买前，都会在网络上查找资料以帮助决策。2015 年，美国 B2B 咨询公司 Sirius Decisions 发布的调查结果表明，67% 的 B2B 买家的产品调研、比较及决策过程，全部在互联网环境下完成（甚至可能还未见过卖家的销售人员）。

这种新的 B2B 购买行为特征形成的原因主要有两个：一是现在网络上有更多的信息，方便买家查询和调研；二是现代人的工作压力更大，买家不一定拿得出整块的时间聆听销售人员长篇大论的介绍，但可能会利用碎片化的时间（如上班通勤的时间）浏览相关信息，并将其作为决策的参考。

那么问题来了，既然 B2B 传统的、已经磨炼娴熟的销售招数在数字商业时代遇到不少挑战，那么 B2B 营销有新招可以破局吗？

答案是，有，那就是内容营销！也就是利用有价值的内容，吸引用户的关注，进而增进品牌了解、提升品牌形象，最终促进销售。

2016 年，内容营销协会发布了一个对全球 2 562 家 B2B 企业所做的内容营销使用状况的调查报告，结果显示，89% 的被调查企业都开展了不同形式的内容营销，41% 表示对内容营销高度重视并全力投入，使用最多的前八种内容营销形式为：社交媒体，博客，电邮通讯，主题活动，电子书/白皮书，视频，信息图，在线课堂。

企业期待的主要内容营销效果包括：获得销售线索，进行品牌塑造，提升顾客的认同和参与。至于 B2B 内容营销的效果如何，75% 的被调查企业反馈说，对内容营销的效果感到满意或非常满意。

不过，这份调查报告也指出了 B2B 企业进行内容营销所遇到的挑战，其中提及最多的就是内容创造（content creation），有一半表示内容创造对于企业而言是一个挑战。一个主要的原因可能在于，B2B 企业缺乏足够数量的内容营销专业人才。55% 的被调查企业表示自己只有一个小团队（有的甚至只有一个人）来服务整个企业的需求，感觉力量不够。确实，对于很多中小（或初创）B2B 企业而言，拥有具有合适背景的营销团队已属庆幸，若要求其同时具备内容营销能力更是难上加难，毕竟这是一个只有几年历史的新营销思潮及技巧。

那么，B2B 内容营销的内容创造有无规律可循，可以让新手也尽快掌握，知道从哪些方向创造内容呢？当然有，只要遵循本书提出的四个内容创造维度：原创（original creation），聚合（content curation），众创（crowd sourcing），借势（3rd-party collaboration），企业就可以打开内容创造的思路。

原创

对于开展内容营销的 B2B 企业而言，原创一定是其内容战略中最重要的一环。B2B 买家，由于购买的数量、金额、重要性等，他们的购买决定注重降低风险，而从行业领导者那里购买通常是最安全的选择。那么，如何才能证明企业确实具有行业领导地位呢？行业奖项、证书固然是传统的证据，但越来越多的企业发现，提供高水准的原创内容，是展示企业对行业技术的理解、对趋势发展的掌控的一个重要手段。

案例

在大众的传统印象中，IBM 是一家科技（咨询）公司，与营销不搭界。提起后者的行业领军者，人们首先想到的或许是国际4A（美国广告代理商协会的简称）广告公司之类的。但在2013年，IBM悄悄盯上了数字营销行业——一个快速增长的市场。数据统计资源网站Statista在2017年的调查预测，仅仅在美国，数字营销市场规模在2021年就可达3 300亿美元。IBM希望能为企业提供数字营销的软件与咨询服务，但它首先必须要让潜在客户认可：这个曾经的IT巨头，跨界之后具备这个实力。

于是，IBM开设了一个主题为数字营销的博客（Digital Marketing，现在称为Watson Digital Marketing），定期发布关于行业的最新研究、报告、预测及观点。丰富、翔实、及时的信息为关注数字营销的用户带来了实实在在的价值，同时也树立了IBM在这个领域的权威形象。比如，IBM撰写并出版了白皮书——《现代营销指令》（*The Modern Marketing Mandate*），目标读者为企业的首席营销官（CMO），而他们正是IBM数字营销软件与咨询服务的销售人员平常就想要接触但又难有机会接触的目标客户。这样看来，这本由IBM主笔的白皮书，在帮助其树立在相关领域的权威形象的同时，可能也为其销售打开了通道。

■ 聚合

B2B内容营销，原创固然重要，但由于需要投入的人力、财力较多，对创意能力的要求高，所以企业很难连续不断地产出原创内容。这时，整理现有的（内部及外部）内容素材，组合出"新"的内容产品，也是一种常见的手法。

案例

卡特彼勒（中国）公司的微信公众号，有时就会从公司悠久的历史中挖掘出有趣的内容，以飨读者。比如，其2014年10月23日的微信公众号文章，主题是卡特挖掘机在第二次世界大战期间在战场上的运用，包括参与道路施工、工程建设、运输等。在盟军实施诺曼底登陆的行动中，就有105台被改装过的卡特推土机直接参与。这些生动的图片与故事不仅描述了品牌历史，而且让读者对品牌的深厚底蕴感到由衷的钦佩。

更重要的是，这些内容本来就存在（比如存放在公司的档案中），内容营销人员只需要把素材重新呈现出来就可以了。内容聚合，省时却有效。

■ 众创

B2B 内容营销的目的，当然是为了企业的品牌与销售，但在这个用户拥有充分信息的数字商业时代，不少关于购买的信息，不一定非要来源于企业，而有可能来自其他用户，尤其是在社交媒体环境下。既然这种同类影响效应（peer influence effect）不可避免，企业不如就因势利导，利用用户创造的内容为营销服务。

案例

美国运通（American Express）公司的一个产品线是面向中小企业客户的金融服务。常规的内容营销做法可能是通过其内容营销团队创作文章和视频，阐述自身产品及服务的优势，但美国运通公司在 2014 年 10 月做的一个社交媒体内容营销活动却剑走偏锋：它邀请 6 位知名中小企业主担任其官方 Instagram 账号一天的客座编辑，发布他们自己感兴趣的内容。比如，品牌咨询公司 Team Epiphany 的合伙人柯特兰·柯蒂斯（Coltrane Curtis）发布的是他与同事们的欢乐自拍照，虽然没有提到美国运通公司所提供的产品，但他在运通公司官方账号发布信息这件事本身，就委婉传达出该公司是中小企业之友的意思，从侧面烘托了品牌形象。

■ 借势（与第三方合作）

每家 B2B 企业，不论其多么强大，可提供的内容题材及调性都是受一定限制的，毕竟内容不可偏离自己产品的核心属性。于是，与第三方合作产生内容，既可以拓宽内容的来源渠道，也有可能通过借力第三方（其他企业或者媒体），改造和优化自己的内容基因，提升内容吸引力。

在可穿戴技术（wearable technology）日益发展的时代，芯片巨头英特尔（Intel）公司当然也不甘落后，推出了自己的 Curie Module 系统芯片。这项发明本身就是一项专业、复杂的技术，估计解释起来会略显枯燥。但如果告诉你，这项技术可用于实时测量并发布红牛场地摩托车大赛（Red Bull X-Fighters）车手的各项运动数据，比如，选手的摩托车最高可跳到 14 米的高度，相信你一定会竖起耳朵认真聆听。于是，通过与红牛在内容营销方面的合作，英特尔公司巧妙地把自身产品的强大功能形象、生动地传播了出去。

前述四个内容创造维度，为 B2B 内容营销人员提供了有益的参考，但这个框架只是告诉企业，可以从哪些方向去思考对内容的创造，并没有具体提出怎样才能创造出有吸引力的内容，而这正是 B2B 内容营销的另一大痛点。根据内容营销协会 2014 年发布的 B2B 内容营销调查，"如何创造有吸引力的内容？"高居企业头疼议题的榜首。

虽说这个问题在 B2C 内容营销中同样是一个挑战，但在 B2B 内容营销中的挑战可能更大一些。首先，一般而言，B2B 产品离人们的日常生活较远，可能不够好玩（比如，是对机床感兴趣还是对薯条感兴趣？），创意的发挥具有挑战。其次，B2B 产品的购买一般比较理性，故创作者倾向于采用中规中矩的理性内容及形式，而这更限制了创意的发挥。最后的结果可能是，读者虽然觉得 B2B 内容有价值，但阅读兴趣不大，妨碍了内容效果的产生。

其实，仔细想来，虽说 B2B 产品的购买特征以理性为主，但毕竟做决策的还是普通人，打动他们的除了技术参数，一定还有细微的情感因素，所以，呆板的 B2B 内容对读者及企业都无益处。增加内容从创意到形式的灵活性及趣味性，既可以让内容更具吸引力，打动读者，也可以在略显单调的 B2B 内容红海中脱颖而出，树立自己独特的内容风格。下面介绍四种常见的相关技巧。

■ 多形式

如果说在两三年前，B2B 内容营销还是以文字为主（比如博客、白皮书），现在的趋势则是采用多元化的内容形式，包括图片、信息图、音频、视频、直播等。通过形式的变化，尤其是更有感染力的视觉元素的运用，可以消除人们对于 B2B 内容的刻板印象。

提起 B2B 销售，可能没有多少产品比飞机更复杂：顾客群体有限（各大航空公司），低频购买，价格高昂（一架波音 777X 的售价高达 5 亿美元），决策因素多元（有时购买会上升到政府层面）。如此复杂，购买频率又如此低的产品，该怎么运营图片社交媒体 Instagram 上的内容呢？

波音（Boeing）公司的 Instagram 账号 Boeing Lovers 拥有 63 万个粉丝，其内容虽与飞机相关，但经常会"迂回前进"，比如这样一张照片：即将降落在圣马丁机场跑道上的波音飞机，从下面的玛侯海滩（Maho Beach）上游客的头顶几米处呼啸而过。震撼的视觉冲击力为这张照片赢得了 1.2 万个赞。虽然内容没有提到飞机性能等技术细节，但相信巨大的视觉冲击力足以巩固粉丝对波音品牌的良好印象。

■ 谈感情

在 B2C 内容营销中，善打感情牌的企业不在少数，无论是耐克的追逐梦想、杜蕾斯的爱欲情缘，还是江小白的友情人生，都是屡试不爽的内容手法。但在 B2B 内容营销场景中，企业对采用情感性内容表现手法（除了幽默）似乎还是比较谨慎的，若是触碰到温情更是紧张不已，不过 GE 却不这样认为。

2015 年，GE Health 推出了一款名为 Cytell 的新型电子显微镜，它没有采用通常的技术报告手法展示，而是通过其 Tumbler 博客讲述了一个温馨的家庭故事：一天，发明 Cytell 的工程师萨尔基斯（Sarkis）接了刚放学的女儿去实验室。她正好带了当天生物课上显微镜下观察过的一条蜜蜂腿，听说爸爸这里有新型电子显微镜，便好奇地要求试试看。当那条蜜蜂腿在屏幕上呈现出清晰的画面时，女儿兴奋异常，对萨尔基斯说："爸爸，你能给我们学校送一台这样的新型显微镜吗？"

的确，并不是每个消费者都能理解新型电子显微镜的优势或效果，但大多数（有孩子）的人都能理解和认同这个温馨的故事。技术，以温柔的力量改变生活！

■ 换角度

有些 B2B 产品（比如电路连接器）确实有点枯燥，无论团队多么有才华，要把产品内容写得生动有趣，估计真是不太容易。或许，该跳出固有的框架，换一个全新的角度来表述？

具有百年历史的英国公司 Bulgin 是世界上最大的电路连接器生产商之一。它的一款新产品——Buccaneer 电路连接器——在水下能不受影响地正常工作。不过，若只是以技术参数为基础做内容突出这个优点，估计也不会有多少读者感兴趣，于是 Bulgin 干脆采取过去没用过的带你看天下新鲜事的角度来创作内容。

Bulgin 的内容作品，首先带读者进入一个引人入胜的场景：全球首个水陆两用汽车 Rinspeed sQuba！面对这个自带《007》电影光环的新奇物件，读者一下就有了兴趣。一旦读者沉浸在场景之中，可能就会好奇为什么车被水浸了还能正常工作，这时就会愿意了解这款神奇的汽车到底用了什么神奇的电子元器件。于是，Bulgin 就顺理成章地引出其新款 Buccaneer 电路连接器，并声称它与水陆两用车 Rinspeed sQuba 一样，都是水中豪杰！

B2B 内容，换个角度，或许就能海阔天空。

■ 接地气

一般而言，相对于千姿百态的 B2C 产品，B2B 产品更为复杂，交易金额更大，购买复杂性增加……有点沉重，于是，部分 B2B 品牌的内容营销也就不知不觉凝重了起来，甚至打起了"官腔"，但实际上这样的做法反而会削弱内容营销的感染力。做 B2B 产品购买决定的依然是有血有肉的人，他们的内容喜好在本质上与 B2C 用户没有太大的区别，也期待企业能够展现出内容亲和力，尤其是在社交媒体上。

案例

对出售飞机引擎的企业而言，圣诞节前实在不是一个好的销售季，用户的心思估计早已飞到各个度假胜地了。这时，如果强推技术内容，估计会应者寥寥，既然如此，何不在内容上做到与民同乐呢？

2015 年圣诞季，GE 航空在 Instagram 上推出了一个寻宝游戏活动，其主题标签为#DigitalSnowGlobe（数字白雪星球）。虚拟的圣诞世界被装点成白茫茫的一片，参加者需要寻找隐藏在图片中的雪球，找到的雪球越多则奖励越大。

当然，这个虚拟世界中被不经意地植入了各种 GE 产品，如驱动圣诞火车的节能内燃机、度假飞机上的涡轮发动机等。表面上看，是 GE 通过这种方式让用户玩得不亦乐乎，但实际上，在一次次探寻宝物的过程中，GE 的技术应用已在不知不觉间通过温馨的场景获得了形象的演绎。内容，若做到与读者同声同气（接地气），就不愁反应不够热烈。

小 结

与鲜活的 B2C 世界相比，B2B 行业的内容营销似乎显得有点拘谨，企业要摆脱套在自己身上的这个禁锢，首先就需要广开内容的源泉，从原创、聚合、众创、借势四个维度着手；其次，企业的内容需要增加吸引力，具体做法包括多形式、谈感情、换角度和接地气。只要方法得当，B2B 内容营销一样可以舞动春天！

服务业内容营销

从20世纪80年代开始,世界主要发达国家的经济构成已从以制造业为主转向以服务业为主。比如,如今美国经济中服务业贡献了八成以上的GDP,是其经济结构中最有竞争力的部分。近年来,中国经济的运行也呈现出类似的趋势,服务业对中国GDP的贡献率加速上升,六年间提高了14.7个百分点,2018年达到近六成。

与实体产品(如手机)相比,服务业(如银行、酒店、航空)较难用客观指标(如800万像素)描述,所以消费者在选择其所购买的服务时,考虑的因素会更加多元。此外,服务效果与提供服务的员工素质有较大的关系,而不仅仅靠品牌背书就够了(如丰田汽车的高可靠性)。正因为牵涉到"人"的因素较多,服务业通常被认为是一种非标准化的产品,消费者购买时的感知不确定性会更高。服务业的这些特点也为其内容营销提供了思路:帮助消费者降低服务购买中的不确定性,提升信心,扩大需求,从而增加销售。

服务业的内容营销可以围绕以下三个根本性的消费者决策问题开展。

服务业的从业者需要为消费者解答的核心问题是:服务提供者的服务好在哪里?具体的营销解决方法则是通过提供充分的信息,包括企业核心服务要素(如人员)及外延服务要素(如附加价值)方面的信息,增加消费者对服务的了解及购买的信心,增强购买动机。

服务业内容营销要素如图6-2所示。

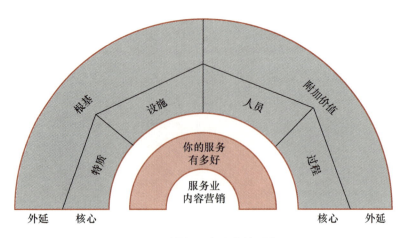

图 6-2 服务业内容营销要素

■ 核心产品/服务

1. 特质

随着大型跨国服务业集团（如喜来登酒店集团）的不断涌现，现代服务业开始同质化，企业的服务逐渐变得难以区分。服务企业要从众多竞争品牌中脱颖而出，就必须为顾客提供独一无二、令其印象深刻的服务体验及价值。因此，服务业内容营销的一个目标是诠释并演绎企业服务的特质，拉开与竞争者的距离。

> **案例**
>
> 温德姆（Wyndham）酒店集团是全球规模最大、业务最多元化的酒店集团，它擅长根据旅客的特点、偏好和需求提供相应的产品及服务。20世纪90年代，当其他酒店集团还沉浸在服务传统男性商务旅客的思维定式中时，温德姆酒店就已开始独辟蹊径，大力开发女性商务客源，创建了"女性乐游"（Women On Their Way）网站。在该网站上，女性商务旅客可以分享旅行规划，寻找出差贴士，策划旅游活动，等等。酒店提供相关内容，充当一个旅行服务建议者的角色。

通过利用大数据分析用户在网站及社交媒体上的内容浏览规律,温德姆酒店掌握了女性商务旅客的具体旅行需求,从而为其提供一系列量身定制的特色服务(如女性度假攻略、蜜月旅行服务、女性专属客房楼层等),在内容及产品上成功拉开了与其他酒店集团之间的距离。

2. 设施

顾客服务体验通常会受到服务设施质量与水准的影响。比如,酒店的核心价值是睡眠,而酒店的房间布置、床垫、被单、枕头甚至灯光照明等都会直接影响睡眠体验。所以,内容营销中对服务设施或设备的诠释与渲染,可以增加顾客对服务的了解,提高预期。

案例

爱彼迎(Airbnb)是全球最大的民宿分享网站。与品牌连锁酒店相比,民宿在设施上的个体差异更明显,顾客决策感知的不确定性更高。因此,爱彼迎内容营销的一个着力点是充分诠释和渲染民宿的家居、器具、装饰、周围环境等要素,让顾客充分了解情况,具有足够的信心。

比如,爱彼迎在其网站上主推过一款度假屋,它位于瑞典首都斯德哥尔摩郊外郁郁葱葱的布罗玛森林中,由一辆"退役"巴士改装而成。惊奇之余,想必有潜在顾客会产生疑问:旧巴士改的,有什么设施,能住吗?

爱彼迎发布的一个社交媒体帖子,对这款别具一格的度假屋进行了图文并茂的描述,让读者清楚地看到这一独特度假屋的温馨舒适:现代化的生活设施一应俱全,如时尚条纹的会客沙发、高清电视、木质书柜、粉色系单人床等。度假屋外还有绝佳的田园风光,窗外高耸的树木和随处觅食的小动物让人仿佛穿越到日出而作日落而息的农耕时代。

3. 人员

制造业生产线上的员工与其制造的产品本身并没有多大的关联,而服务业则不同，服务本身与员工是不可分割的。一个板着脸的空乘人员送出的餐食，与一个真诚微笑着的空乘人员送出的餐食相比，食物本身没有区别，但乘客对服务质量的感知却大相径庭。因此，服务业内容营销中，精心塑造员工专业、可亲的形象，可影响顾客对员工的感知，从而影响其对服务本身的感知。

案例

航空业是一个对员工的专业素质要求很高的服务性行业，员工的敬业精神及可靠性会直接影响乘客对航空公司的看法。对于那些工作强度大且时间长、经常三班倒的空乘人员来说，能做到一年全勤其实并不容易，在很大程度上这个行为就代表了员工的敬业程度，美联航也是这样认为的！

从1996年起，美联航推出了针对一线员工的年度全勤奖励计划。每年年底，公司从其上万名具有全勤记录的员工中随机抽选11名，每位幸运儿均可获赠一辆全新的福特汽车，美联航还会支付所有相关费用，包括消费税、机动车登记证费用、汽车牌照费等。当然，公司绝不会简单认为这只是一个内部活动；恰恰相反，它把员工获奖的欢快照片登在其飞机杂志 *Hemisphere* 上，以内容营销的手法向数量达千万级的乘客展示，美联航拥有一群具有职业精神、高度可靠的员工。

4. 过程

在宽敞明亮的苹果专卖店里，顾客们可以尽情地试玩、试照、试听，因为对于公司而言，产品的"试用成本"很低。

而服务业由于生产和消费同时进行（如理发师理发），企业让顾客"尝试"服务会产生成本，因此，如果企业打算让潜在顾客了解服务过程，"免费试用"并不是一种经济的做法。但顾客在考虑选购新服务项目、外地服务项目或过程较为复杂的服务项目时，如果对服务过程有充分的了解，就可在部分程度上代替"试用"，降低购买的不确定性。为了达到这个目的，服务业内容营销应该化深奥为顾客友好。

> **案例**

位于美国俄亥俄州的前进保险公司（Progressive Insurance）是全美第四大汽车保险公司。正如其名字一样，前进保险公司是美国汽车保险业中的一支创新力量，在这个高度成熟却又竞争激烈的行业做到了持续不断地推出新险种。鉴于新保险服务产品的复杂性，公司花了很大的力气去介绍保险产品的细节及流程。

为此，从2008年起，前进保险公司特意推出了自己的形象代言人弗洛。在公司发布的视频中，她以诙谐幽默的语言及表演方式生动形象地介绍了前进保险公司的各类险种。该轻喜剧风格的系列宣传成功吸引了大量的受众及潜在的保险购买者。

比如，2014年，前进保险公司推出了一个数字化的"顾客保费自定价"（Name Your Price）工具，利用互联网动态地为保费定价。不过，保险公司固定报价的方式本身就已经很复杂了，这种由公司和顾客共同出价的方式会不会让顾客考虑起来更头疼呢？

为了安抚顾客犯怵的心理，广告女神弗洛在公司发布的视频里宣布，"顾客保费自定价"是一个具有魔力的保险工具，而且简单实用、容易上手。至于有多容易？打个比方吧，你看，某某的老公，之前最烦生活琐事，可自从有了这个（被具象化为电锯形状的）神奇工具，居然乐此不疲，拿着到处杂耍了。荒诞幽默的画面形象地显示出"顾客保费自定价"工具的魔力。

■ 外延产品/服务

1. 根基

类似医疗、法律、咨询这样的专业性服务，顾客在选择购买时，心理上会有诸多纠结，因为他们对医疗机构的专业性可能了解不足，或是信任度不够。那么，怎样才能打消这种对服务专业性的疑虑呢？企业必须亮出坚实的服务根基（即服务机构和人员的专业知识及素养）。

> **案例**

1921年建立的克利夫兰医院（Cleveland Clinic），是美国排名前十的综合性大医院，不仅医疗水平领先，而且通过长期、持续、有效的内容建设，广泛宣传了医院及医生的专业水平。在病患的心目中，克利夫兰医院的专业根基深厚，值得信赖。在那里看病，放心！

2012年，医院就在Facebook上开设了账号，由一位"数字顾客参与"（digital engagement）经理率领五个专业营销人员进行运营管理，内容则由40位医生及护士组成的写作团队贡献。此外，Facebook上每天有3个至5个帖子产生，内容主要是关于健康的小贴士等，类似于《减轻炎症和疼痛的七点饮食小提示》《最佳和最差的锻炼方式》《你需要知道的寨卡病毒知识》等文章，月度访问量超过300万次。这个内容颇具深度的账号，简直就是一本随时更新的医学百科全书！通俗易懂、不断更新的传播专业知识的文章形成了克利夫兰医院的服务根基，吸引着来自世界各地的病患。

2. 附加价值

每家服务业企业都有自己期待的产品，即满足顾客基本期待的常规产品。航空公司，指的是一次顺利的飞行经历；酒店，指的是一次愉快的住宿体验；等等。服务企业，做好自己期待的产品固然重要，但若所在行业同质化竞争激烈，企业只靠常规产品可能难以脱颖而出时，就需要"惊喜"，即顾客日常期待之外难以抗拒的附加价值。而这个时候，也少不了内容营销的炮火助攻。

> **案例**

新加坡文华东方大酒店是一家五星级国际酒店，2005年被英国著名旅游杂志 *Conde Nast Traveler* 评为"全球最佳海外酒店"前三名。它靠的是什么独门秘籍？时尚、前卫！但如果仅仅以为只是简单比拼硬件就俗了，新加坡文华东方大酒店通过引入带额外附加价值的旅游主题活动，加深住客对其时尚、前卫品牌精神的理解。

比如，2015 年，酒店推出以 GoPro（一个高端户外相机品牌，代表着前卫、新潮、果敢）为主题的旅游活动。此次活动的住客在酒店的统一安排下跟随专业极限运动教练，参加在新加坡迈佳探险乐园及环球影城举行的探险活动。

活动中的车辆、餐饮、向导、GoPro 相机及其他相关装备都由酒店提供。在迈佳探险乐园，活动参加者顺着一条 1 500 英尺（约 457 米）长的钢丝绳，从 150 英尺（约 46 米）的高空纵身跃下。住客通过戴在头上的 GoPro 相机（防水防震的 HERO4 系列）全程记录这一刺激的体验。同样，当参加者从环球影城公园里全球最高（43 米）的太空堡垒双轨云霄飞车上冲下来时，那种惊悚的感觉也逃不过其固定在身上的 GoPro 相机的捕捉。活动结束后，酒店收集大家用 GoPro 相机拍下的精彩瞬间，传到社交媒体平台上分享。有了这样既刻骨铭心同时又历历在目的精彩刺激体验，相信参加者对于酒店前卫、时尚的品牌精神又加深了认识！

小 结

对于服务提供商，服务业的一个核心问题是：你的服务好在哪里？据此，服务业内容营销可用来诠释企业的特质及三大核心服务要素（设施、人员和过程），降低服务购买的不确定性。此外，服务业内容营销还可跳出产品本身，展示并演绎企业服务的外延因素（根基及附加价值），提升消费者对服务的专业信任度，增强购买动机。

内容营销：数字营销新时代

美妆界搅局者的内容营销*

美妆产品市场在全球范围内都是一片蓬勃发展的景象：2018 年，全球美妆产品市场的销售额达到 4 655 亿美元，2025 年预计会攀升到 7 580 亿美元——显示出这个市场飞快的增长速度及巨大的市场潜力。除了人们对美天然的、无法抑制的追求，若干因素也为这种强劲的市场增长注入了力量。

首先，人们的生活水平提高后，开始把注意力放到提高生活品质的消费（如化妆）上。其次，千禧一代（"90 后"甚至"00 后"）的消费者日趋成熟，成为护肤及美妆产品的主流消费者；这些成长于社交媒体时代的数字原住民，对于自我的表现及他人的认同异常关注，护肤及美妆产品成为其在社交媒体上塑造自我形象的重要利器。世界进入了美妆的数字社交时代。

不过，如此火热的市场及增长，传统化妆品品牌的巨头们却不但未能大获裨益，反而显得有点步履蹒跚。伊丽莎白雅顿、雅诗兰黛、兰蔻等知名品牌产品近年来的销量都出现不同程度的下降。2017 年 WWD（国际时尚特讯）美容峰会上，资生堂北美总裁马克·雷伊（Marc Rey）指出，2016 年美国市场传统美妆品牌产品的销量下降了 1.3%；可与此同时，独立品牌产品的销量却增长了 42.7%。市场烽烟四起，这些独立品牌究竟是何方神圣？它们又有什么样的营销秘籍呢？

---

* 本部分改编自窦文宇，《美妆界的搅局者》，FT 中文网，2018 年 3 月 6 日。

或许可以从"95后"模特、真人秀明星凯莉·詹娜的品牌Kylie Cosmetics的故事一窥端倪。2015年11月30日，首次问世的Kylie Cosmetics推出了首款产品——29美元的Kylie Lip Kit（液体唇膏），在网站上一经推出便即刻售罄。18个月之后，这个初创美妆品牌已经做到4.2亿美元的销售额，预计2022年会突破10亿美元。

也许有人会说，Kylie Cosmetics的成功有些运气的因素。毕竟凯莉是Snapchat上被关注最多的明星、Instagram上粉丝数前十位的明星（1亿）——由这样一位社交媒体超级网红推动的化妆品品牌，爆红指日可待。

那么我们就再看一下Frank Body——一个来自澳大利亚的独立化妆品品牌。2013年，不满30岁的杰丝·哈齐斯（Jess Hatzis）和布里·约翰逊（Bree Johnson）在墨尔本以5 000美元起家，创立了这个以咖啡渣为磨砂原料的特色品牌，其全球的销售额现在已达2 000万美元。

其实像Kylie Cosmetics、Frank Body这样的化妆和美容行业的搅局者还有很多，比如，以眼影上镜效果极佳而著称的Natasha Denona，号称全植物成分及无动物测试的Lemonhead LA，看起来荧光闪亮、适合拍照后在Instagram这样的社交媒体上发布的Star Crushed Minerals，以及热情奔放能带来舞台般震撼效果的Sugarpill。

那么，为什么在这个不断增长的美妆行业中出现了这么多冲劲十足的现有秩序搅局者及创业品牌呢？本书将从用户特征、行业结构和产品形态三个方面分析相关的重要力量及决定性因素，在此基础上总结和归纳在美妆的数字社交时代利用社交媒体及内容抢占用户心智的营销策略。

■ 数字社交时代美妆用户的特征

1. 多元化

传统的美妆产品巨头如雅诗兰黛、多芬、兰蔻和妮维雅等均起源于美、英、法、德等西方发达国家，其主要产品更适合白人的皮肤、体质及五官，符合他们的喜好。

但如今的消费者在世界范围内都已经变得更加多元化，比如中东地区的化妆品销售已占全球的1/5，阿拉伯女性是化妆界的新兴力量，就连在雅诗兰黛、露得清的大本营美国，白人的比例也已经从 1950 年的 90% 下降到今天的 60%，尤其在年轻人（18 岁以下）中，非白人已近 50%，西班牙裔、非裔、亚裔正在从少数人群成为主流人群。在这个多元化的世界里，美妆品牌比过去任何时候都更需要适应及满足多元消费者群体的需求。

2. 鲜明的自我意识

2013 年，《时代周刊》的封面文章《"我我我"的一代》（The Me Me Me Generation）揭示了千禧一代强烈的自我意识及其对社会及商业的影响。在数字社交媒体环境下成长起来的这一代消费者，非常注重个人形象、自我发现、个性及外部认同。他们强烈的表现欲及对认同感的渴望，带动了自拍、美妆、修图、直播等各种自我展示形式的流行及火爆。

强烈的自我意识也意味着他们希望自己做决定，不会轻易听从权威的说教，对商家强行推送的广告感到反感。2017 年，市场调研公司 Millward Brown 在全球 39 个国家对 24 000 人的调查表明，年轻消费者（20 岁以下）中，69% 的人使用广告拦截软件（AdBlocker）刻意避开广告。他们常用的产品选择方式是通过自己搜索了解、朋友分享，以及其信任的网络意见领袖的推荐。如果商家想在这个产品挑选过程中起作用，那么它们必须为个人创造价值，比如带来独特的、有针对性的内容，而不是浪费消费者的时间。

3. 睿智

在传统化妆品世界中，信息流是单向的，企业研发出新品，为其中的成分（技术）取个让人云里雾里的名字，配上铺天盖地的广告，再请来大牌明星站台，就可以等着消费者膜拜和购买了。说白了，并不是过去的消费者智商低，而是确实存在信息不对称的情况，其对产品的了解主要来自商家的宣传（及销售人员的推销）。

而数字社交时代则完全不同，网络上可以找到各种各样的产品及相关信息，社交媒体上的意见领袖及朋友圈的分享又为消费者增添了细节真切的产品体验，消费者们考虑的问题更加专业、深入，对于成分及功效的审视也更加严格。也许商家觉得自己卖的还是"小黑瓶"，但这一代聪明的消费者，早已用 X 光般的锐利眼神及积极的思考，把其中的成分琢磨得清清楚楚——想要像过去那样轻松过关，没那么容易。化妆品卖高价？对不起，请先向消费

4. 崇尚天然

曾经的化妆品世界规则，看重的只是功效（比如美白、抗皱），至于为了达到这个目的需要在原料中加入各种化学成分，消费者既不太清楚，也不太关心。千禧一代的化妆品消费者则不然，其成长于全球环境不断恶化的背景下，极为关注自我的健康及环境的保护，对于天然的原料会由衷地珍惜，因此对于化妆品使用天然（有机）成分及工艺的关注空前高涨。

比如，在有着悠久中草药传统的中国，近年来消费者也开始追捧中草药成分的概念，如灵芝、人参、芦荟等药材已经成为中国消费者青睐的化妆品成分。相宜本草、佰草集、百雀羚等本土品牌开始主推本草概念，在中国市场上的兰蔻、雪花秀等国外品牌也纷纷推出中草药系列的产品。

美妆行业的变化力量

美妆是人类历史上最古老的行业之一，从已出土的 3 330 年前古埃及的一座雕像上就可以清楚地看到，法老阿蒙霍特普四世的大王后纳芙蒂蒂已经使用了最古老的眼影。而在距今两千多年前的罗马帝国，贵妇们热衷于用来自中东的 Kohl（以硫化锑为主要成分的黑粉）画眼线。

根据哈佛商学院商业管理学教授杰弗里·琼斯（Geoffrey Jones）2010 年的研究，现代意义上的美妆行业，20 世纪初起源于欧洲及美国，工业革命的兴起为化妆品的工业化提供了便利和可能。1915 年，首个金属质地的口红外包装壳在美国辛辛那提市问世。1921 年，首支和今天一样的口红产品进入市场。20 世纪 50 年代，电视（及电视广告）的出现增进了大众对化妆品的认知，之后各种零售渠道的铺开及成熟更是促进了化妆品的销售和流通。

早期的化妆品企业通常为家族企业，相对分散。但随着 20 世纪 80、90 年代全球化趋势的出现，一些品牌开始兼并扩张，逐渐出现具有全球影响力的品牌巨头。截至 2017 年，销售额占据全球前十位的化妆品品牌为：欧莱雅、联合利华、宝洁、高露洁、雅诗兰黛、资生堂、拜尔斯道夫、爱茉莉太平洋、强生、法国酩悦·轩尼诗-路易威登。排名第一位的欧莱雅约占全球市场份额的 10%。

在过去的十余年间，这些全球化妆品品牌巨头大致左右了这个行业的格局，在彼此的竞争中基本保持了相对平衡的状态，但正如本部分开篇所述，这个由巨头们一起"欢乐分肉"的格局——由于急剧变化的消费者特征以及以下的行业性因素变幻——开始受到一波波搅局者的冲击。这个变化的发生主要有哪些作用因素呢？

1. 分散的行业影响力

出于历史传统（家族企业）及营销手法（产品光环化）方面的原因，美妆行业历来以信息不透明而著称。产品信息的传播，从广告、美容顾问（销售）、企业请的明星代言人、新品发布会到时尚生活类媒体（如 Vogue），更多掌握在企业手中。

消费者对产品的了解基本来自企业及其利益共同体的信息传递，并且由于广告投入与企业财力相关，因此大品牌的影响力又会远胜于小品牌。总之，企业信息披露的多少及程度，消费者没有多大的控制力，行业的影响主要由品牌自上而下地施加，但在社交媒体时代，这种状况有了很大的改变。

首先，社交网络的扁平性让小品牌也可以像大品牌那样发出自己的声音。对消费者而言，各种渠道（如搜索引擎、论坛、问答平台）信息的广泛散布及唾手可得（移动互联），让他们能找到足够的信息来支撑决策。其次，社交媒体上各种量级的美妆达人的教导及演示，提高了购买决策信息的鲜活度。当然，扩大了的社交朋友圈分享，也为消费者的产品购买提供了更贴近自我的决策考量。总体来看，化妆品品牌传统的自上而下的影响力正在被弱化，而一个由品牌、第三方机构及社交圈组成的影响力生态系统已经成形。

2. 电商崛起

千禧一代的妈妈们那一辈的消费者，是从哪里购买化妆品的呢？当然是在高端大气的百货公司中由妆容精致的美容导购负责的销售专柜里。比如，雅诗兰黛在美国市场上 80% 的销售来自百货公司的专柜。对于它这样的品牌，密布的高端渠道既方便了消费者，而且由于投入高昂及与百货公司的关系锁定（lock-in），也成为美容创业品牌入场的壁垒之一。

电子商务的普及让大品牌曾经倚仗的零售渠道壁垒失去了不少魔力。新晋美妆品牌通过在社交媒体上发起宣传，然后顺势在网站上售卖，直接跳过了进入实体零售渠道这个环节，比如前面提到的 Kylie Cosmetics。也有的干脆在朋友圈中复制起雅芳的直销模式，比如中国的微商或者淘宝网红（如"口红一哥"李佳琦）的直播带货。

在美国，这种利用社交圈子的直销模式也结出了硕果。2012 年，德里克·马克斯菲尔德（Derek Maxfield）和梅拉妮·哈斯克罗夫特（Melanie Huscroft）兄妹创立了直销化妆品品牌优一客（Younique）。公司鼓励其销售代理（人称 Younique Presenter，全球范围内有近百万人）在社交媒体上打造个人品牌及粉丝群，通过分享翔实的个人体验及技巧，汇聚人气，提升消费者信任，完成销售。目前公司估值已达 10 亿美元。

3. 搅局者冲击

兰蔻、雅诗兰黛、欧莱雅……对于千禧一代的妈妈们那一辈的消费者，这些大名鼎鼎的品牌曾经承载了她们的青春梦想，可是要让今天的年轻消费者对这些品牌感到兴奋却似乎有点勉为其难，因为能让她们尖叫的品牌可能是她们的妈妈们从未听说过的 Kylie、Glossier、Urban Decay、Kat Von D Beauty、Fenty Beauty 等新晋独立品牌。

应该说，这些创意独特的新晋品牌——从前只能在化妆品品牌巨头的阴影下默默成长的"野百合"们——是靠创意新颖的产品及营销手法，贴近多元、自我、睿智、崇尚天然的千禧一代的化妆品消费者，抓住整个行业在数字时代风云变幻的大潮，迎来自己怒放的春天。

不过，对化妆品消费者而言，品牌的声势再大，影响也仅限于一时，真正的长久吸引力还必须靠过硬、有特色的产品。那么，这些当红炸子鸡们之所以能够搅局化妆品行业，是因为在产品上有什么样的独到之处呢？

■ 搅局者的产品策略

1. 面向多元消费者

2017 年 6 月，歌手蕾哈娜（Rihanna）推出其主导的 Fenty Beauty 品牌，一口气推出 40 种粉底颜色，适合各种肤色的皮肤。她表示这个品牌将尤其重视过去品牌巨头们轻描淡写的有色人种化妆的需要。市场的反应如何？单日销售额 1 400 万美元的业绩，甚至超过 Kylie Cosmetics 的首发纪录。

2. 促进自我表现

对于被称为"自我的一代"的千禧一代而言，化妆品的功效不仅仅在于美化肌肤，可能同样重要的是，辅助其在社交媒体上传递特立独行的自我风格。Glossier 2014 年由时尚博主埃米丽·韦斯（Emily Weiss）创立，它的商业策略之一是充分释放消费者的表现欲：除了产品本身，其粉红色的透明包装袋、附带的趣味盎然的贴纸，常常成为消费者用来自拍的道具，也成为其品牌吸引力的一个重要组成部分。

3. 个性化产品

高度重视自我的千禧一代，当然不希望化妆品都是千篇一律的大路货，而是希望其能满足个人的独特需求。Function of Beauty 是由麻省理工学院的毕业生查希尔·多萨（Zahir Dossa）在 2016 年创立的一个香波及护发素个性化定制品牌。根据每个人护发的不同诉求，比如由于开叉、油腻以及染烫后受损等需要修复，公司可以提供能针对性地解决问题的香波及护发素。虽然仅仅成立一年多，但公司的销售额已经在快速增长，并获得 1 200 万美元的天使投资。

4. 天然原料

每天，一个典型的职业女性在出门上班前，往脸上、身上涂抹的护肤和化妆品里，可能就有 500 多种化学成分。对于崇尚自然健康的千禧一代化妆品消费者来说，这是不可接受的，于是企业家看到了机会。

2011 年，澳大利亚人艾琳·法尔科内（Irene Falcone）辞去了她作为白领的工作，开创了 Nourished Life——一个号称只以有机、天然成分为原料的化妆品品牌，目前其全球销售额已超过 2 000 万美元。产品线涵盖主要化妆品类别，比如，用红茶提取物制作的 100% 有机液体眼线。

■ 搅局者的社交媒体及内容营销策略

除了在产品上推陈出新，与谙熟传统营销套路的品牌巨头们不同，新科独立美妆品牌从一开始就着力于利用社交媒体营销，在这个过程中也注重发挥内容营销的威力。以下介绍其中几种常见策略。

1. 发动（中小）意见领袖

由于没有传统巨头们的高额营销预算，新晋独立品牌（自带流量的Kylie、Fenty Beauty 之类除外）一般不会请明星（大V）代言，而是依靠中小V，一方面，她们的费用不算高昂，另一方面，她们（通常是普通的美妆爱好者）显得更加真实可信，更贴近睿智、在意真实感的千禧一代的消费者。

以"可享用的奢侈化妆品"为定位的 e. l. f. ，就是主要依靠网络意见领袖做品牌营销。2017年，在美国奥斯汀举办的 SXSW（South By Southwest，西南偏南）科技艺术节上，e. l. f. 一口气请了50位小V亮相直播及现场展示活动，成了该活动一道靓丽的风景。

2. 内容先行

2014年11月，两个美籍韩裔"小姐姐"——克里斯蒂娜·张（Christine Chang）和萨拉·李（Sarah Lee）——辞去了她们在美国欧莱雅总部的工作，用自己积蓄的5万美元创立了 Glow Recipe——一个面向美国消费者主打韩国化妆品的电商平台。

鉴于美国消费者对来自韩国的化妆品缺乏了解，她们采取了内容营销的手法开展市场教育，提升信任。Glow Recipe 在其网站上专门开辟了一个栏目，用轻松风趣的文笔介绍产品的成分及功效。栏目内容丰富，包括图片、视频等多种形式；手法娴熟，追热点毫不含糊，连韩国平昌冬奥会也变成一个内容主题。

在内容营销上的不懈努力帮助 Glow Recipe 在竞争激烈的美国市场站住了脚，其2017年推出的西瓜睡眠面膜登上了全美大型化妆品专业连锁超市丝芙兰（Sephora）的热销榜。

3. 鼓励用户创造内容

对于自我表现欲强烈的千禧一代的消费者来说，化妆和展示美颜是彰显自我的一种方式，而参与心仪品牌的活动及内容创造也是一种方式。来自澳大利亚以咖啡渣为磨砂原料的 Frank Body，创业几年后就成为销售额达 2 000 万美元的国际性品牌。公司的内容营销善于鼓动、促进用户主动创造与品牌相关的内容。比如，仅仅是主题标签#letsbefrank，就在 Instagram 上聚合了来自世界各地用户的近 5 万个帖子，巧妙地让用户自愿为品牌摇旗呐喊。

> **小　结**
>
> 　　从用了这个化妆品"会让我更美吗？"，到"会让我的自拍在朋友圈里获得更多的赞吗？"……随着社交媒体的兴起，以及自我表现欲强烈的千禧一代成为化妆品市场的主流消费者，一大批新兴独立品牌涌现出来，它们的产品新颖独特，且其又擅长运用社交媒体及内容营销，因此为这个古老的行业带来了新风尚。

第六章 不同行业的内容营销

老派传统行业可以做内容营销吗？

在喧闹的超市收银台，手中握着一打折扣券的大妈们，认真地向收银员核实："我的40美分折扣券你扫了吗？"唉，这种老派的市场推广手段，真不像人们心目中的品牌酷营销呀！

但这就是汉堡好帮手（Hamburger Helper）——食品业巨头通用磨坊（General Mills）旗下的速食意大利面品牌——在几年前面临的营销困境：其市场推广基本依赖折扣券，顾客群体渐趋老化，与品牌想要抓住的新生代渐行渐远，因为他们觉得品牌不够酷。

在相当长的一段时间内，Hamburger Helper 在老派的促销式营销中挣扎，找不到品牌的亮点及可以触动用户之处。直到 2016 年 4 月 1 日，Hamburger Helper 在其社交媒体账号上投下一枚重磅炸弹：推出一个以其品牌为背景的 Hip Hop 混音带——*Watch the Stove*，并一炮而红。这个音乐作品得到病毒式的传播，播放量在几天内就达到 400 万次。一夜之间，Hamburger Helper 终于酷了——不再是一个妈妈辈的品牌了！

那么，Hamburger Helper 是怎样在一个老派的传统行业里做出酷营销的呢？2012 年，公司抱着试试看的心态，招了几个刚大学毕业的年轻人，组成了品牌的首个社交媒体（Twitter）运营团队。

其实，Hamburger Helper 是一个和方便面性质差不多的速食食品品牌，因此能把其社交媒体账号运营好，应该不是一件容易的事情，比如，在品牌的官方 Twitter 上每天能发什么呢，总不能三句不离新款的香草牛肉味产品吧？

不过，幸运的是，因为几乎是从零起步，公司充分授权这些年轻人去探索不同的内容主题及风格。最后，基于对潜在目标市场用户（年轻男性，主要是大学生）的了解，团队逐渐定位于一个他们可能感兴趣的主题——嘻哈音乐（hip hop music）。

在运营这个嘻哈调性的官方 Twitter 账号时，Hamburger Helper 以对这个领域的充分了解证明了自己不是在嘻哈音乐界打酱油的。比如，2016 年 1 月 27 日，美国著名嘻哈歌手坎耶·维斯特（Kanye West）和另一位嘻哈歌手维兹·卡利法（Wiz Khalifa）之间爆发了一场 Twitter 大战，起因是维兹前一天晚上发表言论认为坎耶的新专辑 *Waves* 不具原创性，隐含了对其抄袭的指责，因此坎耶当天下午在 Twitter 上向维兹猛烈开炮。Hamburger Helper 不去评判两位知名嘻哈歌手在这件事上谁是谁非，而是以调侃的语气转发了坎耶的一条 Twitter："感觉这两位歌手要开打了呀"，展现了品牌对于嘻哈音乐界热点风向的掌控，与品牌的目标市场用户的兴趣点一致。

又如，2013 年 9 月，在加拿大著名嘻哈歌手奥布瑞·德雷克·格瑞汉（Aubrey Drake Graham）推出新专辑 *Nothing Was the Same* 后，Hamburger Helper 的 Twitter 账号开始大发议论，很有见地地点评了一番，给目标市场用户的感觉是，Hamburger Helper 关注嘻哈，不是为了讨好他们，而是真的有料。

再如，Hamburger Helper 把美国嘻哈歌手肯德里克·拉马尔·达克沃斯（Kendrick Lamar Duckworth）的歌词套用到品牌的吉祥物——拥有 4 根手指、呈现白手套人形的 Lefty 上，声称"我就是你的帮手，我会再帮你的"。这种内容的帖子看似无厘头，但可能正是目标市场用户喜欢的内容风格，而且紧贴嘻哈音乐的圈子。

时间一长，Hamburger Helper 的这个 Twitter 账号慢慢地在用户心目中有了独特的定位及内容亮点，即一个懂得嘻哈音乐的速食食品品牌。有一天，有用户开玩笑地建议道："你们这个账号天天评论、调侃嘻哈音乐，什么时候自己也出个混音带呗。"

言者无心，听者有意。Hamburger Helper 社交媒体团队经过思考和讨论，认为自己制作一个嘻哈混音带可以强化内容定位，吸引目标市场更多的关注。于是他们用了大半年的时间筹划和制作，他们认定，要做就要做出专业水准，让人们爱听音乐本身，而不是 Hamburger Helper 的员工以业余的水准仓促上阵，最后沦为搞笑视频。

鉴于一线大牌歌手不可能参与制作这样的音乐，他们找了处于上升期的

"未来之星"——来自公司总部驻地明尼阿波尼斯的一些说唱歌手：Bobby Raps、Retro Spectro、Daniel Davis 等，参与此次内容创作。

公司给了这些歌手足够的创意自由，只有一个条件：歌词与 Hamburger Helper 相关就行。在整个制作过程中，Hamburger Helper 社交媒体营销人员和歌手进行了充分的沟通及交流，混音带经过专业制作后才最终发布。

在这个社交媒体上"爆梗行天下"的时代，一家速食食品公司制作嘻哈混音带，具有强烈的违和感，本身就自带新闻价值。Hamburger Helper 的公关人员在混音带正式发布前就已把素材发送给主要商业及音乐媒体。

混音带火了之后，不少听众及媒体对于 Hamburger Helper 背后的故事表示好奇，于是公司又获得大量媒体报道，收获了更多的流量与播放次数。用户的总体反应正面，他们认为一家速食食品公司能把嘻哈音乐做到这样专业的水准，确实难得，证明了该公司真的懂自己的目标市场用户。

这次混音带在音乐及媒体圈的火爆，再一次强化了 Hamburger Helper 的嘻哈定位及专业形象，也传递出一个老品牌的时尚气息。

小　结

Hamburger Helper 的案例表明，行业的传统和老派，不应该成为内容营销的障碍与壁垒，只要品牌能找出和用户共通的兴趣，大胆创意，改变用户成见，一样可以打动用户，为传统和老派行业带来营销新风尚，吸引新一代的消费者。

荣耀与梦想：中国制造如何提升品牌力？*

中国制造的规模有多么令人震撼？可能超出一般人的想象。

位于浙江东北部的上虞崧厦，有1 500多家雨伞企业，年制伞5亿把，占全球的1/3，被誉为"中国伞城"。不过，这个产值超百亿元的产业，面临着一个和不少中国制造企业一样的挑战：量大但利润率不高，一把普通伞的价格不到20元，毛利率在5%左右。其中也有不少厂家主要为海外客商贴牌代工（阿里巴巴网站显示单价仅几美元），厂家没有自己的强力品牌，在国际市场上缺乏知名度及溢价能力。

不过，近年来随着国际经贸风云的变幻，崧厦的中国伞企也逐渐开始走上树立品牌、移向高端价值链的振兴之路。有一家企业以紫丁香为品牌，推出了一系列新颖的工艺文创伞：素色车马图雨伞的面料来自日本，稀少珍贵；伞面布满甲骨文，图案由特殊的提花机绘制，据称一把伞的单价就达5 000元（章航英，2019）。

如此昂贵的价格，是否意味着中国伞企已经开始有了自己的高端品牌？目前还无法确定，因为高端品牌的打造很少能一蹴而就。而且，一旦中国制造企业开始在全球价值链上向品牌高端上移，其很快就会发现，有不少已浸淫多年的国外高端（奢侈）品牌，正虎视眈眈地防范着，其中真的包括价格近5 000元的伞，比如Hermès的Pluie de H折叠伞——虽然售价高达630美元，但在雨季的巴黎，能在雨中撑着这种伞徜徉，就是有身份的象征。

---

* 本部分改编自窦文宇，《中国制造如何提升品牌力？》，FT中文网，2019年2月13日；窦文宇，《荣耀与梦想：中国制造如何提升品牌力？》，FT中文网，2019年9月18日。

随着中国劳动力及生产成本的上升，中国制造迟早将不可避免地远离低价竞争之路，而打造高端品牌将成为值得认真考虑的一个选择。那么，曾经以制造为核心竞争力的企业，缺乏打造高端品牌的经验，该从哪里下手呢？

干脆，就向虎视眈眈站在对面的强大对手——奢侈品品牌——学习，从它们的品牌塑造及维系的经验中，总结思路与技巧，从而打造中国制造的高端品牌吧。

奢侈品的品牌秘密

从奢侈品的起源及历史发展来看，在初期（如19世纪末或20世纪初），它们主要为欧洲及北美新大陆的权贵或富豪服务。彼时的奢侈品消费阶层比较单一，奢侈品生产企业则偏向于注重低调、隐秘、唯一，带点稀缺、高贵的色彩。但时光快进到21世纪，随着经济、社会、文化及技术环境的改变，近年来，全球范围内奢侈品的市场及消费者特征都发生了巨大的变化。

随着新兴市场的兴起，奢侈品逐渐从原来的由王侯权贵阶层独享，扩展到成为主流消费者的梦想和追求。在中国，2018年奢侈品的消费额达7700亿元人民币，占全球奢侈品消费总额的1/3，中国"80后"和"90后"的消费群体，分别贡献了中国奢侈品总消费的56%和23%（麦肯锡中国，2019）；为了培养和吸引千禧一代的消费者，奢侈品品牌甚至与街头潮牌合作推出产品，比如LV和Supreme联名款。

其实，对于大多数年轻消费者而言，奢侈品的价格依然堪称高昂，那么他们为什么仍趋之若鹜，有的甚至愿意倾其所有，去满足一个消费梦想呢？奢侈品强大的品牌吸引力应该是其中的一个重要因素。

全球最大的综合性品牌咨询公司Interbrand 2018年发布的全球最有价值百大品牌排行榜中，前40位包括4个奢侈品品牌：LV（第18位），Chanel（第23位），Hermès（第32位），Gucci（第39位）。对于奢侈品行业而言，这个光鲜亮丽的排名绝不是靠规模（及其自然而然的品牌曝光度）取胜：一个规模占全球GDP不到1%的行业，却贡献了全球最有价值品牌前40位的10%，奢侈品行业的品牌塑造能力堪称以一当十。无怪乎连苹果手机也曾认真地向奢侈品品牌学习，比如，2014年它从Burberry挖了其CEO安杰拉·阿伦茨（Angela Ahrendts），她当年的总收入（7000万美元）甚至比苹果CEO蒂姆·库克（Tim Cook）的还高。安杰拉·阿伦茨的加盟被认为是苹果门店时尚化、品牌形象高端化的重要推手。

当然，随着奢侈品消费者的心理及行为发生变化，今天的奢侈品品牌塑造方式可能和数十年前相比已经有了明显改变：奢侈品的选择已经从质量、声誉、稀缺性等硬性因素，逐渐扩展到诸如享乐、自我身份、社会认同、自我实现、体验、格调、价值观等软性因素。因此，传统的神秘、单向的奢侈品品牌塑造方式开始松动，如今奢侈品品牌到底代表什么，不再取决于商家的一家之言，而可能由消费者与商家之间的互动打造。商家在奢侈品营销中，会根据消费者的特征及环境为他们提供和构建奢侈品的消费场景，让他们自己诠释奢侈品品牌的含义。

基于对新时代奢侈品消费者行为特征的观察，综合现有的品牌塑造及奢侈品营销相关文献，本书提出了一个新的关于奢侈品品牌塑造的理论模型，如图6-3所示。这个金字塔形的模型包括五个层次，涵盖了奢侈品品牌塑造的不同层面及维度。

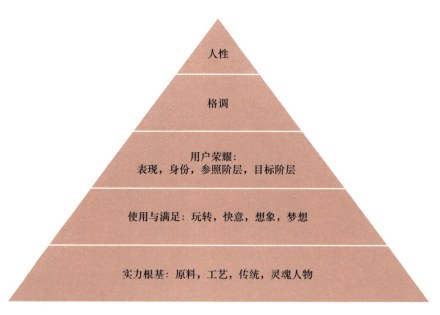

图6-3　奢侈品品牌营销的金字塔模型

新时代的奢侈品消费者不会盲从于品牌的光环及说教，同时又拥有强烈的自我信息搜索的愿望（包括参考意见领袖的建议），所以奢侈品品牌必须具备卓越的产品实力，如此方能赢得挑剔的他们的信赖。

第六章　不同行业的内容营销

实力根基层：指的是奢侈品的原料、工艺等硬指标。消费者对这些指标因子的了解与信任，决定了他们是否认可奢侈品（如一条 Hermès 羊毛围巾）的质量显著高于一般产品（如一条普通牌子的羊毛围巾），从而为优质的产品付出高价。

不过，在注重奢侈品品质的同时，仅仅拥有一件产品（哪怕质量再卓越），并不是打动新时代奢侈品消费者最关键的理由。大量的调查研究表明，他们需要知道这件产品到底能给他们的生活带来什么不同，需要设想拥有一件奢侈品是怎样非同一般的体验，这样才能打动他们。因此，在使用与满足层，奢侈品品牌塑造需要传递的是关于奢侈品使用的不同价值源泉，比如产品如何玩转，怎样享乐，如何激发想象及满足梦想。

如果说奢侈品品牌塑造框架最低的两层主要围绕着产品应怎么样，能做什么，那么，再往上一层，奢侈品品牌塑造的重点，则浓墨重彩地落在用户层面上，因为新时代的奢侈品消费者是不折不扣的"自我的一代"，其奢侈品的购买决定，很大程度上可能取决于奢侈品能否让他们的自我或社会身份更加鲜明和饱满。因此，奢侈品的营销需要促进自我表达或理想自我身份的建立，同时，也需要让处于人生上升阶段的他们，看起来和（理想的）参照阶层一样，并被参照阶层接受和尊重。总之，需要让用户感到荣耀。

以上三层的品牌塑造技巧，可以说已经相当完备，如果面对的是传统的主流奢侈品消费者，则游刃有余。

可是，如果奢侈品品牌关注的终极目标是即将成为主流奢侈品消费者的千禧一代，则需要克服一个挑战：这一代成长于数字社交媒体时代的消费者，对于商家的广告具有天生的警觉及不信任，商家营销的意图，无论包装得多么精巧，都逃不过他们的眼睛，会被报以"尴尬而不失礼貌的微笑"。

所以，在奢侈品（及新奢侈品、潮牌）商家的激烈竞争中，需要有超越传统营销思路的智慧，这样才有可能脱颖而出。比如，不谈产品或用户，或风花雪月，或指点江山，看似超脱无我，却在不经意间完成了对品牌形象在更高层次上的塑造与弘扬，从而与竞争对手区分开来，并拉开距离。

格调层：近年来，面向千禧一代消费者进行奢侈品营销的一些佼佼者（如 Gucci），其闪耀之处有时可能"功夫在诗外"，比如通过与艺术结缘，传递品牌的格调，因为艺术在人类历史上一直被认为是一种拥有巨大感染力的传播介质，能够激起联想，陶冶情操。奢侈品品牌与艺术结缘，首先并不会让人觉得突兀；其次，能避开商业性的嫌疑，打消千禧一代消费者对于广告天生的警觉；最后，还能借助艺术的魅力拉高人们对奢侈品品牌格调的认知。

人性层：与前面若干代的消费者不同，千禧一代的消费者对于品牌有一个执着的理念，那就是求真——他们期待品牌在和消费者的关系中能够展现出真诚、接地气的一面。他们欣赏的是品牌在社会价值观方面不扭捏、不掩饰，明确告诉消费者自己代表什么。因此，奢侈品品牌只有站在人性的高度，方能体现出其视野及格局，这也是对千禧一代的奢侈品消费者产生长久品牌影响力的正道。

以下将以具体实战案例诠释本书提出的奢侈品品牌塑造金字塔模型及其五个层面。

1. 实力根基

这个最基础的奢侈品品牌塑造层涵盖了原料（部件）、工艺、传统和灵魂人物四个因素。

（1）原料（部件）。奢侈品中，原材料或部件的质量往往决定着产品的档次，故奢侈品营销对原料（部件）的彰显是其必修课，比如，Hermès强调鳄鱼皮包中用的皮革来自没有污染的养殖场，需要满足用户对于皮革上不能有丝毫叮咬或疮面细痕的挑剔要求。以下案例展示了奢侈品如何通过聚焦原料的品质体现品牌价值。

> **案例**
>
> 春日的清晨，天刚蒙蒙亮，印度泰米尔纳德邦的一个种植园内，一帮泰米尔族女工已借着晨光来到各自的工作岗位上。她们熟练地双手飞舞，摘下一瓣瓣还沾着轻盈露珠的圆叶茉莉花。不远处，有两位男士边聊边向这片花海走来，一位中年模样的肤色黝黑，像当地的泰米尔人，另一位岁数大的则是个白人，两人似乎在交流着对茉莉花的看法，年长者有时会停下来，和正在摘花的女工简单交谈。
>
> 这个带着浓郁印度次大陆风情的场景，不是来自电影，而是出自Dior拍摄的系列专题视频《寻味之旅》（*Quest for Essence*）。在这一集中，

Dior 的首席调香师弗朗克斯·德马奇（François Demachy）造访泰米尔纳德邦茉莉花园，与香料供应商进行现场沟通，和采摘茉莉花的女工倾心交谈：一方面是为了保证挑选到最合适的花种，另一方面也是从原产地浓厚清醇的花香中寻找香水配方的灵感。或许，弗朗克斯在泰米尔纳德邦茉莉花园的灵光闪现，就是 Dior 这几年最畅销的香水 j'adore 的源头吧。

像 j'adore 这样的高端香水之所以在市场上热卖及长盛不衰，最终要追溯到香气的魅力本身，而香水原料的质量、档次及特质，正是决定这种魅力的重要因素。Dior j'adore 浓墨重彩地渲染原料，在满足消费者的好奇心之外，还展现出产品的高度透明性，使消费者更认可产品品质及其稀缺的价值。

（2）工艺。为什么 Hermès 的皮包贵？原料稀有固然是一个原因，另一个理由则是其历史悠久、独特精湛的制作工艺：Hermès 至今仍坚持只在其法国的工坊里全手工生产，每个铂金包需要一位皮革工匠（工厂里一共有两百多位，上岗前需经过两年的培训）用锥子、麻线一针针地用祖传的双骑马钉针法花费三天的时间才能完成。所以 Hermès 骄傲地认为，其全手工制作的皮包的极致细节感，工业化的生产线难以匹敌。在奢侈品营销中，对制作工艺的宣传与弘扬，是传递产品质量的一个直观、有效的方式。品牌可采用实地报道、幕后爆料、视频介绍、直播、现场展示等不同方式，来弘扬其独特精湛的制作工艺。

> **案例**

2016 年 9 月下旬，十几个法国人飞抵加拿大温哥华，他们不是游客，而是 Hermès 工坊的工匠。他们来到温哥华著名的杰克·普尔广场，在人流交汇的中心地带支起展位，铺开设备和物件，现场演示产品制作过程。比如，制包的过程中怎样切割皮革，或围巾如何染色等，观众可近距离观赏工匠的精湛技艺。公司还安排了法语翻译，有兴趣的观众可直接和工匠交流。整个展示活动持续了四天，吸引了不少人的目光。这一活动把奢侈品的制作过程搬到大众眼前，鲜活地传递出 Hermès 精湛制作工艺的独特卖点。活动既可巩固已对品牌有一定了解的消费者的购买信心；对于年轻一代的潜在消费者，又有培育市场的功效。

（3）传统。奢侈品品牌在营销中总少不了弘扬自己具历史感的元素，像富有传奇色彩的创始人（如生于19世纪的可可·香奈儿）、独特的原材料（如一百多年前的博柏利嘎巴甸专利面料）等。但如果是在今天这个时代，一家新企业要想打造奢侈品品牌，是不是就没有可能提传统了呢？未必！

案例

创立于2011年的美国手表及生活方式品牌Shinola，在几年之内几乎从无到有把自己打造成了一个新奢品牌：政界名人如奥巴马、克林顿，商界名流如大卫·所罗门（高盛公司总裁）都是它的忠实客户。2016年，奥巴马在对英国进行国事访问时，还将一个定制版的Shinola表赠送给了当时的英国首相卡梅伦。

其实，作为一个新奢品牌，Shinola在制表技艺上并无革命性的突破，最重要的机芯也是由瑞士的Ronda提供的。如果不在传统上找亮点，要宣扬其具有奢侈品的高贵感委实存在挑战。不过，这难不倒曾经一手打造了Fossil手表品牌的精明的美籍希腊裔商人汤姆·卡特索蒂斯（Tom Kartsotis）。

作为一个钟表业的老兵，卡特索蒂斯拥有与亚洲、欧洲钟表供应厂家合作的丰富经验，也被称作营销奇才。Fossil这个1984年创立并在亚洲制造的中档表品牌，在美国及全球市场上比肩瑞士及日本品牌，在时尚表领域占据了一席之地：2018年，Fossil集团年销售额达30亿美元。2010年，卡特索蒂斯离开Fossil去开创事业的新天地——他以敏锐的商人嗅觉又发现了一个新机会。

21世纪的第一个十年，美国制造业在全球化的冲击下加速外移，大量工厂关闭，工人失业，受影响最大的底特律市一度在2013年申请破产保护。在这个大背景下，制造业的复兴及工人的前途成为美国社会的一个情感热键，而情感热键恰恰是建立有影响力品牌的捷径，精明的钟表老兵及营销奇才卡特索蒂斯岂能错过？

2011年，他带领一众从Gucci、LV等奢侈品品牌跳槽出来的钟表业专家，到底特律创立了Shinola品牌。工厂雇用了从通用汽车等车企裁员下来的技术工人，培训后使其转行钟表制造。在营销手法上，Shinola利用自己位于美国制造业重镇底特律的特点，通过人们的情感性关注提升品牌的知名度及美誉度。当然，作为一个全新创立的品牌，要想打好美国制造的传统牌并不容易，于是营销奇才卡特索蒂斯精心运筹策划，采取了一系列举措，塑造人们心目中 Shinola 的传统感。

第一，名称：Shinola 本是一家成立于 1877 年的美国鞋油公司，20 世纪上半叶曾风靡一时，但 1960 年已关门结业。卡特索蒂斯付了 100 万美元买回这个品牌的使用权，将其用作自己的手表品牌名称。使用一个成立于 19 世纪的美国经典制造品牌，可帮助其借用美国传统制造的一些光环。

第二，场地：2012 年，Shinola 挑中了位于底特律市区具有悠久历史传统的阿尔戈纳特大楼（Argonaut Building）作为总部及工厂。阿尔戈纳特大楼是通用汽车 1927 年建的 11 层的研发部大楼，这里诞生了通用汽车的第一个自动变速箱。不过，后来这里渐少使用，也曾在 21 世纪初空置过一阵。占据这样一个具有历史意义、代表美国制造业过往荣光的建筑，Shinola 在含蓄中传达出美国悠久的制造业传统是其发展的内在力量。

第三，价值观：Shinola 知道奢侈品在消费者心目中不仅仅是个产品，也是其对完美的坚持。只要品牌展现出自己在技术、管理和人文上追求完美的价值观，就可以和老牌奢侈品一样，拥有傲然的奢侈之魂。Shinola 在其内容营销主网站上讲述了一个具有代表性的 Shinola 钟表匠人的故事：钟表维修世家的传人斯蒂芬·米霍克（Stefan Mihoc）出生在罗马尼亚，16 岁起在该国唯一的钟表学校学习。他在 1996 年移民美国，但由于当时美国没有制表工业，因此只好在底特律的一个汽车厂找了份技工的工作。2004 年，他因制造业衰落而被工厂裁员，于是重操旧业在底特律开了一家小的钟表维修店维持生计，直到 2011 年接到猎头的电话，加入 Shinola 的工厂，担任制表师。如今可以在 Shinola 平台上梦想成真的钟表匠人斯蒂芬·米霍克以百倍的专注投入工作，生产线上制成的每一块手表，他都会用鹰眼般的目光审视细节。对他而言，制作 Shinola 手表不再只是谋生的手段，而是体现了生命的意义。通过类似斯蒂芬·米霍克这样的人物故事，Shinola 传达出自己对完美品质毫不懈怠的追求，而这样的品牌价值观，也正是具有悠久历史传统的奢侈品的灵魂所在。

(4) 灵魂人物。奢侈品品牌的塑造中，灵魂人物指的是在该品牌历史发展或当下运营的过程中起到关键作用，奠定了品牌基石，或是能决定品牌核心竞争力的重点人物，比如 LV 的男装艺术总监、具有浓厚的潮牌基因的弗吉尔·阿布隆（Virgil Abloh）。类似他这样的品牌灵魂人物，给予奢侈品消费者对于企业管理及品牌的信心；他们神一般的存在，也是奢侈品消费者进行品牌选择的决策捷径（比如，认为弗吉尔领衔设计的男装一定前卫、新潮）。以下案例具体诠释了灵魂人物对于奢侈品品牌塑造的重要性。

案例

2004 年 4 月，当汤姆·福特（Tom Ford）走出 Gucci 在意大利佛罗伦萨的总部时，心情久久难以平静：作为一个美国的时装设计师，他自 1990 年起就举家搬到意大利，加盟当时处于破产边缘的 Gucci，1994 年被提拔为该公司的创意总监。他以新颖前卫的设计，配以大胆的广告营销，让 Gucci 的销售额翻了几倍，达到 30 亿美元。可惜，由于与大股东法国奢侈品集团巴黎春天老总的经营理念不同，明星设计师汤姆·福特不得不黯然出局。

时光快进 15 年，如今以他的名字命名的 Tom Ford，已是年销售额达 20 亿美元的时装帝国，涵盖男女时装、配饰等，成为一个有实力和老牌法国奢侈品集团同场竞技的新晋奢侈品品牌。汤姆·福特是如何在竞争激烈、传统品牌呼风唤雨的奢侈品行业闯出一片天地的？

从企业的整体战略到金融、营销、运营等各商业功能层面，汤姆·福特都有其独到之处。不过，如果从内容营销的角度，不得不说他是一个无师自通的奇才，尤其擅长通过 CEO 的相关职能，打造品牌的英雄形象，为全新创立的 Tom Ford 品牌注入灵魂。

事业目标明确的汤姆·福特知道，一旦自己离开 Gucci 这个闪耀的平台，曝光率及知名度都将不可避免地下降。于是，为了维持自己在时尚圈的影响力，他做的第一件事就是出了一本书——《汤姆·福特：十年之路》（Tom Ford：Ten Years），总结自己过去十年在 Gucci 的成功经验。这本书绝非为自己歌功颂德的作品，而是按高标准打造的。除他本人参与选题策划和写作之外，作者团队中还包括著名的编剧及小说家布里奇特·弗利（Bridget Foley）、*Vogue* 杂志美国版的主编安娜·温特（Anna Wintour）、《名利场》（*Vanity Fair*）的主编格雷顿·卡特（Graydon Carter）。这个堪称时装媒体梦之队的团队，花了5个月的时间完成书籍的编写。2004年11月，该书正式出版，2008年再版。如今，这本书的销量在亚马逊的艺术设计史类图书中仍然名列前茅。该书的出版，在汤姆·福特再次创业之初缺乏正式行业曝光渠道的情况下，成功起到为他的专业影响力保驾续航的作用。

一个顶尖的设计师，不仅需要高雅的品位，也需要展示其对人性的深刻理解，如此方能以恰当的艺术形式演绎和装点人生。在时装本行之外，还有什么艺术形式最能体现出这两条？或许，拍一部电影？

2009年，当Tom Ford品牌正处于爬坡上升期时，汤姆·福特执导了电影《单身男子》（*A Single Man*）：男、女主角为英国演员科林·费斯（Colin Firth）及美国演员朱莉安·摩尔（Julianne Moore）。影片改编自作家克里斯托弗·伊舍伍德（Christopher Isherwood）的同名小说，讲述的是在20世纪60年代的南加利福尼亚州，一位来自英国的同性恋大学教授（科林·费斯扮演），因伴侣车祸去世一度想要轻生，后在友人（朱莉安·摩尔扮演）的安抚和陪伴下走出低谷的故事。虽然本片导演看起来似乎只是玩票，但影片质量却毫不含糊，获得第66届威尼斯电影节酷儿狮奖，并获得金狮奖的提名。

所谓外行看热闹、内行看门道，当电影界的专业人士主要聚焦在影片的情节及演员的表演上时，时尚媒体却将目光投放到影片呈现的格调与美感上，20世纪60年代风格的华丽道具、服装、发型、妆容：Nalco黑框眼镜，Smythson记事本，一尘不染的白衬衣……影片对于道具、服装、饰品等细节的讲究及精益求精，让人不禁慨叹，影片的画面美得就像梦境一般。

汤姆·福特这次影坛玩票对于他的时装事业有帮助吗？当然，除了与好莱坞圈子加深了关系（后来不少影星参加颁奖典礼都爱穿Tom Ford品牌的服装），汤姆·福特通过美轮美奂的电影，再次体现出自己作为创意人士的艺术品位，影片的成功从另一个角度展现了汤姆·福特在创意领域的才华及灵气，夯实了他作为品牌灵魂人物的根基。随之而来的媒体关注及报道，客观上也促进了Tom Ford品牌的传播与提升。

2. 使用与满足

与 Zara、H&M 这样的快时尚商品相比，消费者在奢侈品上的财力投入更大，产品的耐用性更强，故有理由认为，消费者在购买奢侈品后，对于它能给自己带来什么收获具有更高的期待。大卫·巴兰坦（David Ballantyne）和理查德·瓦雷（Richard Varey）2006 年提出使用中的价值（value-in-use）概念：从现象学的角度来看，奢侈品的真正价值，只有在消费者使用产品的场景下才有意义。无怪乎越来越多的奢侈品企业，逐渐开始把营销精力从销售队伍及渠道建设上扩展到理解、引导消费者对于产品的使用上，力求让奢侈品消费者找到并挖掘出更多的产品使用动机及场景，从而增加其对奢侈品价值的认可。

本书参照传播学中的使用与满足（uses and gratifications）理论框架，将奢侈品使用中的价值概念具体化，其中包括四个因子：玩转，快意，想象，梦想。

（1）玩转。指的是品牌教育和引导消费者正确使用或发现产品的新用途。

> **案例**
>
> 奢侈品集团法国酩悦·轩尼诗–路易威登集团旗下拥有一百多年历史的法国化妆品品牌娇兰（Guerlain）被誉为贵妇品牌，属于化妆品中当之无愧的奢侈品。如何引导消费者扩展产品的使用范围，让其玩转产品，觉得物有所值呢？
>
> 首先，品牌没有把这个任务完全推给意见领袖或让用户相互进行教育，毕竟高端品牌担心的是品牌信号混乱——可能会稀释品牌价值，所以娇兰专门设立了自己的首席化妆艺术家（make-up artist）一职，聘请知名化妆大师马库斯·蒙森（Marcus Monson）来引领公司的用户产品使用教育（由于工作卓有成效，他已于 2017 年跳槽至 Chanel，扮演同样的角色）。
>
> 其次，通过影响二级影响力入口来扩大用户的产品使用教育覆盖面。在网红经济时代，网红因为其个人特色及接地气的特征，对于用户的产品使用有一定的影响力，是企业宣传的二级入口，马库斯当然不会忽视

这个重要的影响源泉。2015年，娇兰王牌产品幻彩流星粉球（Meteorites）的当季新品上市，马库斯和生活方式媒体The Stripe的专栏作者斯泰茜·阿特伍德（Stacy Atwood）合作，指导斯泰茜利用娇兰的新品打造精致的妆容，然后由斯泰茜完成效果的展示。

最后，提出用户可能没有意识到的一些产品使用思路，比如，一般人对于美妆可能只有笼统的美观需求，但马库斯在一个电视采访中，在模特身上现场展示了如何巧妙运用化妆手法，比如眉头抬起术（brow lifting）达到类似于医疗整形手术的效果。

其实，娇兰使用的这种技巧，不少奢侈品品牌也都在用，比如哈雷戴维森摩托车向用户提供骑行路线指南，也是为了增强用户对于产品适用场合的认知，当用户认识到品牌能让他们获得更大的价值时，也就更愿意为品牌付出溢价。

（2）快意。指的是品牌辅助和鼓励消费者通过产品使用享受快意人生。英国营销学者卡罗琳·泰南（Caroline Tynan）及其团队2010年的研究表明，今日奢侈品消费者的心理行为已发生变化，从过去的购买与拥有即满足，扩展到关注品牌经历（brand experience）和内心激荡（hedonic value）。因此，在奢侈品营销中，商家可以为消费者构建适当的场景，营造相应的氛围，激发情感性反应，从而让消费者从产品使用中体验到清晰的愉悦感。

案例

美国的西班牙裔消费者是奢侈品购买中一支不可忽视的市场力量。Gucci的CEO罗伯特·波雷特（Robert Polet）曾表示，集团在美国的指数型增长离不开两个关键的"南"——南加利福尼亚州及南佛罗里达州，因为那里有最多的西班牙裔美国人。

如何才能用最贴近这个目标群体的方式去传播奢侈品品牌信息？仅仅靠说西班牙语估计不足以激发与用户的情感性联结，法国酩悦·轩尼诗-路易威登集团旗下的世界知名奢侈香槟品牌Veuve Clicquot认为，和热情奔放的西班牙裔消费者打交道，营销也需潇洒飘逸——哪怕面对的是骷髅头。

于是 Veuve Clicquot 一次大型营销活动的重点，就落在一个西班牙裔美国人熟知的节日——亡灵节（Día de Muertos）上。这是一个类似于万圣节的节日，在墨西哥及其他一些西语国家盛行：每年 11 月初，家人和朋友会聚在一起，共同为亡者祈福。虽然亡灵节的符号象征是骷髅头，但它并不是一个悲伤的节日；相反，节日期间，画着骷髅妆的人们手捧蜡烛和鲜花，随着音乐起舞，在墓地中与亲人的亡灵一起狂欢。

围绕着 2015 年亡灵节的庆祝，Veuve Clicquot 通过其 Tumbler 官方账号组织了一个主题为 Clicquot Dia 2015 的内容专题——Veuve Clicquot 教你如何有品位地庆祝亡灵节。在这个专题中，有些帖子是关于亡灵节的装饰及布置的；有些是关于节日的特别菜谱的，如与第三方合作，由生活方式网红卡米尔（Camile）演示南瓜黑豆吐司的制作过程；有些则是关于节日风俗的，如与时尚媒体 Make Up for Ever 合作推出的如何画一个新颖、惊艳的骷髅妆的教程……在这些帖子的内容中，Veuve Clicquot 在背景中颇为自然地出现，使消费者产生一种下意识的条件反射：多姿多彩、有品位的亡灵节节日庆祝，与 Veuve Clicquot 香槟紧密相连！

Veuve Clicquot 的这个内容营销活动，通过在有格调的吃喝玩乐上的浓墨重彩，展现出品牌对于目标群体（西班牙裔美国人）的重要节日——亡灵节——的细腻解读，也体现了品牌对于享乐主义的娴熟掌控，为 Veuve Clicquot 用户提供了全新的欢乐视角（如当下最潮的骷髅妆），加深了用户对于使用 Veuve Clicquot 品牌的产品能获得愉悦的印象。

（3）想象。指的是品牌通过营销刺激创造奇妙、非日常性的场景，引导消费者通过想象扩展产品用途，产生情感性价值。社会心理学家苏珊·费金（Susan Feagin）和帕特里克·梅纳德（Patrick Maynard）将想象定义为，将不存在的东西憧憬为存在的，以及随之而浮现出的思绪及情感（若它当真出现）。他们指出，想象力是人类与生俱来的一种能力——通过体味相应的情感性反应来模拟体验事件的真正发生。相关心理学研究表明，沉浸在对一个物件或活动的想象中所引发的情感性反应，有可能和亲身在现实中体会获得的情感性反应类似。比如，观看一部电影，其中有一段是迪士尼乐园的烟花表演。观众目不转睛地盯着画面中璀璨的烟花，耳边回响着清脆的烟花爆炸声——只要足够入戏，即使不在现场，也能在视觉与听觉创造的震撼中想象迪士尼乐园的奇幻世界。也就是说，如果刺激物能带来强烈的心灵悸动及情感性反应，人类的想象就可绽放。

在现代消费社会中，想象是一股不可忽视的商业力量。英国社会学家唐·斯莱特（Don Slater）指出，商家倡导的消费主义，通过将广告营销工具作为载体，激发消费者对于产品或使用场景的想象，继而引发情感性反应，产生对产品（或其代表的生活方式）的憧憬，刺激消费或购买欲望。

加拿大社会学家科林·坎贝尔（Colin Campbell）的消费主义理论认为，商家通过激发想象与梦想，也可能引发人们自我身份的觉醒，进而对产品"上瘾"——那种心里痒痒的感觉。

当然，并不是所有产品都需要或擅长激发消费者的想象，比如一般性的家居用品，或是类似于无印良品那样在设计及装饰上走极简冷淡风的品牌，可能就较难激发消费者的想象。相比之下，奢侈品可谓是在营销中善于引导、创造消费想象的高手。比如以下的场景：你在浏览一本时装杂志，翻到的其中一页是 Gucci 2019 年春夏新款彩色格子半身裙的图片——欧阳娜娜同款，你被其精巧的设计吸引，想象到这条裙子穿在自己身上，飘逸顺滑轻舞飞扬的感觉，以及路人和同伴艳羡的目光……或者，这种想象能体现你对于自我身份的梦想——穿上这条 Gucci 裙子，我也算是一个有品位、有档次的时尚达人了。于是，你做出决定：虽然裙子有点贵，但或许值得抢购一条。

为了最大限度地释放消费者的想象力，奢侈品品牌练就了各种刺激、创造想象的营销技巧，比如，果敢的配色、神秘的旋律、奇异的符号、充满异国情调的场景（或熟悉场景中的别样元素），而随之激发出的温暖情感，或者理想的身份认同，都是推动人们不顾障碍（高价格）义无反顾地购买奢侈品的重要因素。

案例

2015 年，卡地亚（Cartier）推出"巴黎新浪潮"（Paris Nouvelle Vague）系列。这款以巴黎这座浪漫都市为灵感的创意珠宝，主要目标群体为相对年轻的女性。她们可能比卡地亚的传统主流消费群体年轻一些，购买实力稍逊；但她们年轻，对未来（比如爱情）充满希望与想象，正好与品牌的相关营销创意相匹配。

在卡地亚推出的同名广告中，一位神秘、洒脱、自信的女士，戴着造型各异的饰品，出没在巴黎的街道及景点中，比如，和一位帅哥不期而遇，擦身而过之时，一言不发，悄悄地在他口袋里或手中留下一件珠宝饰品——留下他在原地迷惑不解，怅然若失。

这样一个浪漫的巴黎爱情故事，诠释了女性追求自由的情怀，与卡地亚血统中的前卫时尚相得益彰。广告中大胆的配色、跳动的镜头、神秘的配乐，刺激着观众的感官神经及消费想象：如果我戴着和广告中的女主角同样的戒指，或许也能像她一样，散发出自信的魅力；或者，如果我挂着那串项链，也就可以像广告中那位时髦、性感的巴黎女郎一样，情场得意……在栩栩如生的想象中，结论有了——必须"剁手"！

（4）梦想。指的是利用消费者对于理想状态的恒久性追求心理，将品牌投射到他们的梦想之中，传达奢侈品具有造梦、圆梦魔力的信息。

有一种观察称，奢侈品行业的本质，就是贩售梦想，即期待实现的理想状态。法拉利（Ferrari）北美区CEO吉安路易吉·隆吉诺蒂-布伊托尼（Gianluigi Longinotti-Buitoni）就曾说过，所谓奢侈品，就是用独一无二、精美绝伦、光芒闪耀的产品，激发消费者的梦想与追求。

与想象激发的当下消费欲望不同，消费者关于奢侈品的梦想更加持久，它可能不仅仅是产品，还包括其所代表的生活方式；而且，既然是梦想，通常就会有支撑梦想的品牌要素，比如，神话（如泰坦尼克号沉船里找到的LV行李箱，居然没有进水），传奇（如出身贫寒的香奈尔创始人可可·香奈尔），历史故事（如19世纪后期从法国兴起，最初为皇室马车做皮革配饰的Hermès），标志性的产品型号（如保时捷911），等等。有奢侈品品牌梦想的消费者，一旦机会合适，就会毫不犹豫地去实现梦想，比如，如果拿到今年的年终奖，我一定要给自己买一只劳力士手表。

既然梦想在奢侈品的购买中可能会起关键作用，奢侈品品牌营销又该如何顺势而为呢？

法国营销学者让-诺埃尔·卡普费雷（Jean-Noël Kapferer）和P. 瓦莱特·弗洛伦丝（P. Valette Florence）2016年的研究指出，奢侈品品牌给消费者带来的梦想感由两个高阶维度决定：甄选（selection）和诱惑（seduction）。甄选包括四个因子：质量卓越，独家零售，非大众主义，经久不变，这些主要反映了奢侈品品牌的稀缺与独特性；诱惑也包括四个因子：精英血统，华丽夺目,时尚创意,阶层地位,这些主要反映了奢侈品品牌的光彩与创意。

在一系列跨文化样本的实证研究中,卡普费雷和弗洛伦丝发现,对于不同品牌或不同的奢侈品消费群体(比如中国消费者与法国消费者),两个维度中各因子的相对重要性可能也不尽相同。因此企业在奢侈品营销中,应该找准品牌自身的关键因子。比如,其研究中的调查数据表明,对于LV,由前卫明星(如肯达尔·詹娜)站台所呈现出的光彩夺目,比时尚创意更有利于消费者在心目中实现对LV的梦想。

案例

位于南加利福尼亚州的尼古湖丽思卡尔顿酒店,坐落在拉古纳海滩的山崖上,纯白的地中海式建筑就像白雪公主的城堡,房间的装潢高端华丽,从阳台上可远眺烟波浩渺的太平洋,酒店里还配有花园、游泳池、网球场……可以到明星大厨理查德·桑多瓦尔(Richard Sandoval)的拉丁菜系餐厅Raya吃晚餐,在一波波海浪拍岸的节奏声中享用美味佳肴;走出酒店不远即可到达海滩,可以伴随着夕阳逐波踏浪,十分浪漫与惬意。酒店房间的平均价格在每晚800美元至1300美元之间,是当之无愧的奢侈酒店。

利用人们的梦想做营销,这家酒店一点都不掩饰:2015年,酒店举办了一个名为"终极梦想清单"(The Epic Bucket List)的促销活动。

看着电视、电影上别人潇洒地冲浪有点心动,但又有点害怕?没关系,在这次"终极梦想清单"活动中,酒店请来了专业的冲浪教练,并且配好了装备,教你在太平洋的浪尖上起舞。

希望体验爱人之间的终极浪漫?酒店给你们安排位置最好的能够俯瞰太平洋的超大房间,提供私人管家式的服务,安排专车先送你们去疯狂购物(附上折扣券),回来后体验双人Spa服务,晚餐时配送Moët & Chandon香槟,餐后还有私人观星教练带你们去人迹罕至的野外观看流星雨……第二天,有专门的游船把你们送到深海观赏鲸鱼……更棒的是,你们的整个浪漫旅程中都会有一个专门的摄影师跟拍,记录美好瞬间……

这个"终极梦想清单"的营销活动安排,抓住了几个可能的品牌梦想因子：非大众主义（这个位置的无敌海景大床房，整个酒店仅有几间），豪华的服务（帮你像运动达人一样在浪尖上起舞），创意十足（旷野的流星秀），阶层地位（摄影师全程跟拍，这样的待遇，似乎只有明星才能拥有）。所以，活动设计较好地激发了潜在用户对于尼古湖丽思卡尔顿酒店的渴望及梦想。

3. 用户荣耀

鉴于用户购买奢侈品需要相当大的财力投入，奢侈品营销在用户层面的主要目的，应该是让其成为营销的中心，并感到荣耀。而用户感到荣耀——而不仅仅是满意——的原因，在相当大的程度上来源于奢侈品对于消费者自我身份及社会身份的标定及提升作用。

英国营销学者卡罗琳·泰南及其团队 2010 年的研究指出，除了产品使用带来的收获本身（如 Hermès 羊绒围巾超级保暖），消费者认为奢侈品还可以传递两个维度的附加价值。在内向性维度上，奢侈品可以辅助消费者强化自我表达，塑造理想的自我身份；而在外向性维度上，奢侈品可通过塑造理想的参照阶层，比如偶像用户或经典用户，让消费者清晰地体会品牌能给自己带来的社会阶层提升。

（1）自我表达：精巧闪亮的新娘婚鞋是梦幻婚礼的重要一环。数千元甚至上万元奢侈品级别的新娘婚鞋已经不再稀有，其中堪称领导品牌的就是 Jimmy Choo——它著名的 Cinderella 高跟鞋，缀满施华洛世奇水晶，鞋尖点缀的是大颗水晶，宛如灰姑娘的水晶鞋再现！虽然这款鞋的售价高达 3 万港币，但梦幻得令人着迷——它也是明星杨颖的婚礼用鞋。当然，并非每位新人都像杨颖那样财力雄厚，对于不少人来说，这可能是她们一生中最贵的一双鞋。那么，这样的足尖闪耀时刻岂能错过，必须完美展现——因为此时正是用户最有表现欲的时刻。于是 Jimmy Choo 抓住用户的这个心理，倡导穿着其品牌婚鞋的新娘们，用主题标签#IDoinChoo 在社交平台（如 Instagram、Pinterest）上分享自己婚礼上的闪耀时刻。公司也会精选一些用户的照片，在其官方社交账号上展示。该主题标签从 2015 年开始启用，一直持续到今天：让奢侈品的用户围绕一个统一的主题表达自我，分享荣耀，Jimmy Choo 的营销做到了持之以恒!

(2)身份:消费社会学研究认为,人们都有自己理想或期望的自我身份,在现代消费社会中,他们可以通过(特定)商品的拥有来保持、提升、改变或延展这个自我身份。比如,平时温文尔雅的医生,若是周末跨上了哈雷摩托,即可化身为豪迈不羁的摩托骑士。这一现象在象征性消费(symbolic consumption)意义更明显的奢侈品行业愈发突出。所以,奢侈品品牌通过各种营销手法鼓励、帮助用户发现或彰显自我身份。

案例

2015年12月,LV推出了一个名为LV & Me的珠宝配饰系列,目标群体定位于千禧一代的年轻女孩。这个群体是奢侈品品牌努力培养,未来寄予厚望的细分市场客户。她们对于品牌的单向说教(无论品牌有多么辉煌的历史)兴趣不大,更在意的是一个奢侈品品牌到底能给自己带来什么。

或许,带来的就是真我的情感释放——以奢侈品的格调进行。比如,LV以一个重金属范儿的宣传视频诠释了一组字母主题的配饰,如字母A代表Anything(想什么就是什么),K代表Kiss and Tell(亲吻与诉说),S代表Sexy and Sad(性感而忧郁),X代表Extremely Mysterious(神秘至极)……用户还可以购买不同字母的珠宝配饰组合使用,想表达什么都可以做到。

在LV & Me的珠宝世界里,一个字母已经远远超出了它的拼写含义,而是以符号浓缩地代表现代年轻女性的身份认同:爱与忧愁,都是真实的自我……

(3)参照阶层:对于某些用户或在某些场景下,奢侈品的消费可能是冲着别人(自己的参照阶层)来的。买家期待自己的奢侈品购买与拥有可以让自己看起来和"他们"(理想的参照阶层)一样,继而被"他们"接受。比如,在华尔街投行圈子里,如果你是初级职员,西装穿Brooks Brothers牌的肯定没错,但如果你到了常务董事(managing director)级别,则可能需要Canali这样的西装才能彰显档次。所以,在奢侈品营销中,渲染参照阶层对于品牌的使用与欣赏，也是吸引用户购买或者让用户买了之后啧啧称赞的秘籍。

> **案例**

2015年，高端男装品牌杰尼亚为了扩大自己在日本市场的影响力，推出了其首个日本制造男装系列，由杰尼亚的设计师斯特凡诺·皮拉蒂（Stefano Pilati）设计，采用日本制造的面料，缝制也由日本的匠人完成，整个系列的设计风格独树一帜，既有明显的日本文化特色，也具有朋克的气质。

显然，这款剑指日本市场，带有一丝革新和反叛气息的日本制造西装系列，目标客户可能和过去日本传统企业的CEO有所不同，他们是见过世面的旅行者和环保主义者，对于时尚风格的追求是优雅休闲而不失精致。

带有这样独特气质的奢侈品用户怎么找？或许，最好的办法就是让他们看到榜样（参照阶层），自己主动靠过来。于是，杰尼亚在日本挑选、聚合了一批既有鲜明特色同时又具有一定知名度的男士（但不是影视巨星）为这个系列代言。他们中有米其林名厨长谷川在佑（Zaiyu Hasegawa）、建筑师重松象平（Shohei Shigematsu）、演员加濑亮（Ryo Kase）、导演村上开（Kaie Murakami）、作曲家涩谷庆一郎（Keiichiro Shibuya）。镜头下的他们展示出了平静下的朋克张力，很好地体现了杰尼亚日本制造系列的气质。

杰尼亚的此次营销活动，传递的信息清晰明确：你想看起来和他们一样，拥有不俗的气质吗？那就穿上杰尼亚日本制造系列——你也可以进入这个精英阶层的行列。

（4）渴望阶层：不少人都有自己认可、追崇的明星，羡慕他的生活方式，比如，对于喜欢著名影星乔治·克鲁尼的人来说，每天清晨，用他代言的Nespresso咖啡机冲泡一杯香醇的咖啡就是美好的生活。人们仰慕的、希望有机会靠近的这个阶层，被称为渴望阶层。虽然奢侈品的购买与拥有不一定能让用户成为其渴望阶层中的一员，但若是能因此而体验到其渴望阶层的生活，哪怕只是匆匆一瞥，可能已经令其感到相当荣耀了。

> **案例**

对于喜欢意大利以及那里的精致生活方式的消费者而言,意大利著名影星索菲亚·罗兰(Sophia Loren)就是美丽与时尚的象征,烈焰红唇是她的典型标志。在对20世纪80年代意大利时尚风范感兴趣、充满艳美和梦想的那些用户的心目中,她是女神一般的存在。

2015年,为了以复古风作为卖点吸引这些用户,意大利奢侈品品牌杜嘉班纳(Dolce & Gabbana)用 Its My Red 为活动主题,设计推出了一款以索菲亚·罗兰为创作灵感的口红产品 No.1,向这位意大利女神致敬。

这款口红的基色为深粉红,边缘为樱桃红,半透明的材质让它带有自然润泽的光亮,看起来既性感优雅又有一丝成熟的韵味,与索菲亚·罗兰的气质如出一辙。无怪乎该纪念款的唇膏获得索菲亚·罗兰本人的亲自推荐。也许,索菲亚·罗兰的粉丝没有可能和她同处于20世纪80年代的意大利,但拥有 Dolce & Gabbana No.1 纪念款口红,可以让她们在嘴唇的轻轻一抹间,感受与偶像同款的幸福和喜悦,梦回那个时代!

4. 格调

法国奢侈品营销学者让-诺埃尔·卡普费雷指出,奢侈品与艺术有着天然的联系与共通之处,二者都具有高贵永恒的特征,也都怀揣着对于创意、匠心及特异性的追求(Kapferer, 2010)。而且,由于艺术不属于商业的范畴,和艺术结缘不会给人以极力推销的感觉,因此不易招致消费者(尤其是千禧一代的消费者)的警觉。所以,越来越多的奢侈品商家开始借助艺术作为桥梁,在潜移默化间塑造品牌的高贵气质,从而形成差异化的竞争优势。

> **案例**

《阿黛尔·布洛赫-鲍尔夫人的肖像》(Portrait of Adele Bloch-Bauer)是奥地利知名画家古斯塔夫·克里姆特(Gustav Klimt)1907年的名作。这幅画是当时的维也纳犹太富商布洛赫-鲍尔(Bloch-Bauer)委托克里姆特为其妻阿黛尔·布洛赫-鲍尔(Adele Bloch-Bauer)绘制的画像。画中的阿黛尔沐浴在一片金色之中，显得神秘而宁静，因此这幅画也被誉为"金色的蒙娜丽莎"。该画被视为新艺术运动的杰作，2006 年以 1.3 亿美元的高价在艺术品拍卖市场上成功拍卖，被位于纽约的画廊 Neue Galerie 收藏。如果说到格调，能比这幅画更高的恐怕也不多了。奢侈品品牌如果能自然地搭上它，堪称完美。

2015 年，雅诗兰黛集团的时尚总监艾琳·兰黛（Aerin Lauder），也即创始人雅诗兰黛夫人的孙女，以这幅举世闻名的优雅女性画为灵感，推出 Aerin 品牌的阿黛尔限量版唇膏，色调来自阿黛尔的红润面庞及华丽服饰。这个限量版礼盒装内包括两支唇膏：一支为 Liebling 桃红色系，一支为 Neue Galerie 亮金色系。本来在雅诗兰黛集团的产品线中，Aerin 并不算是高端奢侈品牌（La Mer、Jo Malone 才算），但与顶尖艺术品的结缘，提升了该品牌的气质，很有可能在潜在消费者心目中上了一个档次。

5. 人性

奢侈品品牌塑造框架的最高层，与产品的用户无关，甚至不会刻意去追求格调，而是关注社会与人性。因为它们知道，今天的奢侈品消费者眼界更加开阔，它们需要让用户清楚地知道，在社会价值观层面，它们到底代表了什么才是其对用户产生的长久的影响力，而这个原则，对于具有高度社会责任感及敏锐度的千禧一代尤为重要。

因此，近年来，奢侈品品牌开始主动在公正、环保、性别角色、歧视等人类面临的共同挑战上发声，甚至敢于触碰一些前卫话题，树立起有血有肉、态度鲜明、充满人性魅力的品牌形象。

案例

2016 年年初，LV 的创意总监尼古拉斯·盖斯奇埃尔（Nicolas Ghesquière）通过自己的 Instagram 账号透露了 2016 年 LV 春夏女装的风格。这一组时尚大片由模特简·坎贝尔（Jean Campbell）、瑞安妮·范·罗佩（Rianne Van Rompaey）、萨拉·布兰农（Sarah Brannon）以及 17 岁的大男孩贾登·史密斯共同出镜演绎。贾登·史密斯是美国著名演员威尔·史密斯的儿子，同时也是演员、歌手和设计师。

值得注意的是，贾登·史密斯在这组照片中穿的不是男装，而是正儿八经的 LV 女装——模特莉莉·斯图尔特（Lily Stewart）展示过的黑色夹克以及用金属片镶边的白色棉质上衣和褶裙。这组时装照片发布后引起了媒体的大量报道以及社会的热议。

其实，LV 请贾登·史密斯客串演绎女装，并没有想把其 2016 年春夏女装系列推荐给男士的意思，而且他的出镜也未必有助于促进该系列对女性顾客的销售。

但对社会和人性有着极为敏锐的观察的 LV 创意总监尼古拉认为，千禧一代对于传统性别角色（及相应的着装模式）展现出一定程度的宽容，不排斥对其进行探索。所以他请贾登·史密斯参与展示这组时装，体现了 LV 对于社会不同群体的包容（至少从时尚的角度）。

其实，奢侈品品牌之所以被认为前卫时尚、引领潮流，不仅仅是指其设计风格，其实也体现在价值观及人性层面。尼古拉为 LV 迈出的这大胆的一步，或许对于销量没有帮助，但一定会引起潜在消费者心灵的震撼，塑造和烘托 LV 在奢侈品品牌中前卫时尚的领头羊形象。

小 结

拥有多年世界工厂经验的中国制造，现在面临的一个巨大挑战是如何打造在全球范围内有影响力的中国制造高端品牌。本书提出了一个新的视角，即向深谙如何塑造品牌高端形象的奢侈品品牌学习。书中提出了一个奢侈品品牌塑造的金字塔模型（涵盖实力根基、使用与满足、用户荣耀、格调与人性五个从低到高的层次），解码了奢侈品品牌如何通过创造场景、制造梦想、荣耀用户等内容营销的手段与技巧，让人们向往品牌，为之上瘾，而且不介意付出更高的价格。

第七章

社会大视角下的内容营销

　　内容营销中,各种技巧及行业洞察固然重要,但有时能带来创意思路的另一个视角是社会大环境,因为作为社会人的消费者,其心理行为不可避免地会受到社会大环境的影响,其中就包括文化环境。本章重点剖析了文化环境中的几个重点因素,比如,如何从文化潮流及价值观出发烘托所创造的内容,怎样巧妙利用音乐的魔力让内容营销出彩,如何利用社会亚文化来提炼面向特定群体的内容营销创意以及提升内容营销的品位。

　　内容营销,要想上档次,必须有文化!

内容营销的文化境界

营销学中最让人关注的莫过于消费者的心理与行为，而作为社会人，消费者的心理与行为不可避免地会受到社会大环境的影响，其中就包括文化（环境）。

文化（环境）指的是社会中形成的信念、价值观念、宗教信仰、道德规范、审美观念、风俗习惯等各种被社会认可的行为规范。社会对于消费者行为的影响在于信念，价值观中的文化因素为消费者行为做出了指引。比如，在春节时，出于孝顺的价值观，中国人会给长辈购买礼物；而文化中的风俗习惯则决定了消费者行为的得体范式，比如，春节时送出的礼物最好用红色包装。

人们对于文化的理解不是天生的，而是可以通过后天学习掌握的，而且，文化在社会中也不是一个固定不变的框架，通常会随着社会的发展而演进。比如，近年来，在中国白领一族中兴起的跑步热，就是受到舶来的国外体育文化的影响。

文化对于内容营销的启迪有两个方面。一是符合社会文化的内容营销创意方式与手段，通常更容易被受众理解、认同与接受（而不是排斥）。比如，2019年春节期间最火的广告宣传片之一《啥是佩奇》，表面上的主角是外国文化舶来元素小猪佩奇，但真正打动人心的还是中国文化中浓厚的亲情，体现了背后的品牌——中国移动——的文化敏锐性。二是在社会文化可能发生急剧变化的时代（如数字商业时代），企业越是能及早发现并善用文化新趋势，就越有可能提炼出新颖的内容营销创意，从而吸引受众的注意。下面分析企业善用正在萌芽中的流行文化因素进行内容营销的两个成功案例。

案例

奢侈品品牌在推出新品时,营销阵式中通常少不了高端大气的发布会、星光熠熠的来宾,以及蜂拥而至的主流媒体(或加上网红)。可当Gucci 2018年推出其Le Marché des Merveilles新款时尚手表时,一个社交媒体的营销重器却是迷因。对于千禧一代而言,迷因已成为传达信息或情感的符号以及交流的快捷路径,也是品牌进入其世界的一种雅致的、可以意会的通行证。

比如,Gucci在社交媒体上发布了一个帖子,展示了其与新锐艺术家威廉姆·那提拉(William Ndatila)合作的迷因。它采用了荒诞却富有喜感的古典油画风格:一位身着华服的女子面露不悦,因为她的追求者只是送了花,而没有送她一块Gucci的Le Marché des Merveilles手表——含蓄地讽刺了一下享乐主义。

Gucci的另一个社交媒体帖子则描述了年轻恋人们熟悉的一个场景:男朋友责怪你约会迟到了三个小时,可是你才不在乎他的反应呢——因为你戴着Le Marché des Merveilles手表,感觉自己魅力十足,自信满满,才不在乎别人怎么说呢。

Le Marché des Merveilles手表的这个基于年轻人潮流文化的迷因营销,与传统奢侈品含蓄的营销风格迥然不同,但它体现了Gucci很高的文化敏锐度,即对目标客户群体(年轻人)文化潮流风尚的了解、掌控及共情。

从目标客户群体的热烈反应来看(每个帖子的点赞数接近10万个),Gucci这次培育年轻人奢侈品消费市场的内容营销堪称具有贴切性及针对性的典范。Gucci对年轻人文化的高度敏锐性,也正是其能玩转社交媒体营销的底气,无怪乎数字奢侈品媒体Luxe Digital 2019年评出的全球在社交媒体上粉丝量及活跃度最高的15个奢侈品品牌中,Gucci高居榜首。

> **案例**

  Zappos 是美国最大的鞋类电商平台，年销售额达 5.6 亿美元。作为年轻人喜欢买鞋的一个地方，它的商品种类符合年轻消费者的口味，比如，女性喜欢的高跟鞋、男性喜欢的运动鞋等。虽然 Zappos 在商业上堪称成功，但它依然有继续提高市场占有率的雄心，比如，如何才能让女性也多买一些运动鞋呢？

  试试内容营销吧！Zappos 在其网站上专门开辟了一个针对年轻女性的专栏——THE ONES，内容聚焦于一些女性的潮流人物（如嘻哈歌手）、她们代表的流行文化，以及她们的时装品位（其中很可能就包括运动鞋）。

  在为这个专栏组织内容的时候，Zappos 的团队注意观察和判断最新的社会文化思潮与趋势。比如，最近几年在女性中滑板运动逐渐热门起来，颠覆了原来认为只有男性才玩滑板的刻板印象。女性滑板爱好者和专业选手的崛起也吸引了媒体及赞助商的关注。滑板界最大的专业杂志 *Thrasher* 在其 2017 年 8 月刊上，选取了女滑板运动员莉齐·阿尔曼图（Lizzie Armanto）作为封面人物，这是该杂志自 1994 年以来的首次。

  Zappos 以其敏锐的文化触觉注意到这个体育文化的潮流趋势，于是 THE ONES 专栏采访当红的女滑板选手布里安娜·金（Briana King），写了一篇报道并拍摄了视频，讲述她如何通过滑板运动克服自己的性格弱点，变得更加果敢自信。

  采访中金鼓励女孩们大胆投入这项充满激情的运动之中。当然，在文章的结尾，很自然地推荐（植入）了几个她喜欢的运动鞋品牌，如范斯、匡威、阿迪达斯、耐克等。

  当然，社会文化对于企业内容营销的影响也不仅仅局限于对文化潮流做出反应，一些真正具有文化内涵和社会责任感的品牌，甚至可能通过内容营销活动输出自己的文化理念，引领社会的文化潮流。

  比如，2016 年 4 月，化妆品品牌 SK-Ⅱ在中国推出广告《她最后去了相亲角》，聚焦社会对于大龄未婚女性的偏见以及她们自己及其家人由此产生的焦虑，提倡女性主动掌握自己命运的新社会价值观。广告推出后，微博上由

SK-Ⅱ主持的话题总阅读量达到5.4亿次,SK-Ⅱ当年的产品销量增长了50%。SK-Ⅱ这次成功的内容营销体现出品牌的文化前瞻性。

> **小 结**
>
> 处于社会大环境中的消费者,其心理与行为不可避免地受其影响,而文化环境就是这样一个可以影响企业内容营销策略的重要因素。善于利用此类文化环境因素顺势而为的企业,其内容营销定可沉实丰厚。所以,企业内容营销竞争的最高境界,或许就是比拼文化境界!

音乐奏响内容营销

在人类社会的文化环境中,音乐可能是最具情绪感染力的因素之一,对人们的心理及精神会产生一定的影响。根据美国音乐哲学家伦纳德·迈耶(Lenoard Meyer)的理论,音乐的魔力在于,它的声学规律性刺激人们的大脑猜测一段音符的后面是什么,如果猜对了,大脑就会给自己一个奖励,释放出让人觉得愉悦的多巴胺,从而使其产生愉悦感。因此,音乐一直以来都是内容营销创意的灵感源泉。

谈到利用音乐来推动内容营销,应该没有什么平台能比 TikTok(抖音短视频国际版)更合适的了,因为这个平台一直以来都以鲜明的音乐特色而著称,而想要在这个平台上做好内容营销的企业就必须展现自己的音乐魅力。

案例

家得宝是全美最大的家居建材超市,主要目标客户群体是以中年人为主的家庭顾客,看起来似乎和 TikTok 平台偏重年轻的用户群体不一样。但从另一个角度看,营销的目的不仅仅在于促进当下的销售,还在于培育未来的市场。当千禧一代的消费者进入买房装修、建立家庭、结婚生子的生活阶段时,他们少不了要和家得宝这样的家居建材超市打交道。所以,在年轻人喜欢驻足的 TikTok 平台上建立品牌知名度及好感度,就是在为未来的市场奠定基础。

和抖音一样,TikTok 是一个高度音乐化的平台。2019 年,平台上的热歌有艾维奇（Avicii）的 *The Nights*、凯尔（Kyle）的 *iSpy* 等。用户们通常会在这样的一些热门歌曲的伴奏下跳起舞蹈，或是完成一些有趣的挑战任务，同时拍摄音乐短视频记录下来。比如，2019 年 5 月，Chipotle 餐厅和网红大卫·多布里克（David Dobrik）合作发起了一个翻盖挑战（Flipping the Lid）活动，在 5 天之内就有 11 万人投稿参加，活动总播放量达 1 亿次。

摆在家得宝面前的问题是，在 TikTok 这样一个音乐性很强的社交平台上做营销，作为一个家居建材零售品牌，该如何自然巧妙地切入，抓住用户？

家得宝首先明确了在 TikTok 上进行营销的目的：由于 TikTok 现有用户较年轻，因此现阶段不太可能靠其为实体店铺引流；此外，公司对 TikTok 平台及用户的特点尚未完全熟悉，因此暂时不打算在 TikTok 上开设固定的家得宝官方账号，因为一旦开设了，如果保证不了持续不断的、合适的内容供应（和音乐相关的），那么这个官方账号在 TikTok 挑剔的年轻用户心目中，可能很快就会失去吸引力，以后也难以挽回。

在不开设官方账号的前提下，又想和 TikTok 的年轻用户拉近距离，家得宝巧妙采用了品牌专属标签的做法，在 TikTok 上发布并宣传品牌专属标签#HomeDepot，鼓励用户围绕品牌场景及店铺拍摄和发布视频，从而将内容聚集在品牌专属标签下，形成品牌的内容合力。

为了推动用户参与，也为了塑造品牌的独特形象，家得宝没有直接套用 TikTok 上的热门歌曲，而是推出其 2013 年的广告 *Curb Appeal* 中的一段魔性动感的背景音乐，鼓励大家围绕这段音乐自由发挥。比如，有人拍摄的视频中，家得宝的收银员跟随着音乐节奏双手各把玩着一个钻头。在另一段视频中，一位女士随着家得宝的这段主题小曲恣意舞动，背景字幕显示："男人对木材的喜爱超过对老婆的喜爱"（A Man Loves His Lumber Than His Wife），舞姿中传达出一丝幽怨——其实，这只能怪家得宝的木材太棒了，不是吗？

从家得宝有意识地通过#HomeDepot 品牌专属标签在 TikTok 上鼓励来自用户的品牌内容聚焦活动起，短短几周内，平台上的相关视频播放量就达到 6 500 万次，成功地在年轻用户心目中塑造了家得宝品牌酷及新潮的形象。

> **案例**

据市场调查公司 Nielsen 的统计，2017 年，嘻哈音乐（含节奏布鲁斯）超过雄踞多年的摇滚乐成为美国第一大音乐类型。随着嘻哈音乐及文化的走红，其影响开始在企业社交媒体营销中呈现，嘻哈音乐中常见的 diss 精神（指歌手之间的挑战和歌曲对决），也被一些企业借用到社交媒体营销上，呈现出像饶舌歌手之间互相 diss 那样的场面，实则是借品牌之间的互动展现个性，刺激用户围观，带来流量与品牌关注。

2017 年 10 月 2 日，以鸡翅为主打产品的美国快餐店 Wingstop 以嘻哈的文字风格和欢快的语气在 Twitter 上发了一个帖子："把鸡翅涂上配料，在锅里翻转烹炸，马上做出我们经典的辣鸡翅。"本来这事儿属于品牌自己乐呵，却偏偏有一个好事的 Wingstop 粉丝在 Twitter 上发帖，并@了快餐品牌巨头 Wendy's 的官方 Twitter 账号，挑衅道："你出来走两步试试。"

在快餐品牌中，Wendy's 在社交媒体上的营销做得风生水起，在 Twitter 上有 360 万个粉丝，而无论是线下店体量还是社交媒体影响力（Wingstop 在 Twitter 上只有 21 万个粉丝），Wingstop 与 Wendy's 相比都不在一个量级上，面对小个子对手递过来的 diss 战书，这招是接还是不接？沉默了约 10 分钟后，老大哥决定接招，为了显示领导品牌的优越感及大气，它挥笔来了一句："急啥？好好坐着。"

这个回答本身也是一句歌词，来自饶舌歌手肯德里克·拉马尔（Kendrick Lamar）2019 年的嘻哈音乐专辑 *Damn*（也是美国当年最火的嘻哈音乐专辑）中的主打单曲 *Humble*。Wendy's 的这个回应本想用一首热门歌曲避重就轻地绕开 Wingstop 的挑衅，显摆一下自己的嘻哈音乐品位，可 Wingstop 这位挑战者却气势不减，马上接了两句嘻哈歌词："你有新东西吗？别老拿旧的说事。"这两句话语义双关，踩在了 Wendy's 的命门上，因为 2017 年 Wendy's 的宣传主题就是"新鲜，而不是冷冻的牛肉饼"。

被激怒的老大哥终于重磅出击："手里抓着鸡翅你就想飞上天？呵呵，不知道大家都喜欢在 Wendy's 用薯条蘸冰激凌吃吗？"

双方短兵相接，一场硝烟弥漫的 Twitter 对战大戏全面上演，而对战的形式则是押韵的嘻哈歌词。

Wingstop："他们爱来我家吃，你们只能算备胎。"

Wendy's：“他们现在爱来我家吃，以后也是，怎么样？我们又赢你一局，马上在计算器上累加我们的胜局数。”

Wingstop：“你们累加胜局？别逗了，有什么能比我们的 ranch 酱鸡翅更美味的呢？”

……

双方在 Twitter 上的战火从中午一直烧到下午，到了下班时间，双方终于决定鸣金收兵，握手言和——这次，玩得真嗨！

在这场以嘻哈音乐为载体的 Twitter 品牌 diss 风暴中，老大哥 Wendy's 没有输，不过估计挑战者 Wingstop 收益更大，整场活动为它带来了 900 万次点击量，网络转发量达 7.2 万次。

Wendy's 和 Wingstop 这次在社交媒体上以嘻哈音乐中 diss 的形式进行的调侃和互动，之所以能达到激发受众、活跃气氛的效果，是因为他们的顾客群体以年轻人为主，而嘻哈音乐正是年轻人的一种时尚潮流——满足了他们的听觉愉悦需求，可能也就满足了他们的味觉享受需求。

当然，在内容营销中，企业如果想要像 Wendy's 和 Wingstop 这样玩转以音乐为载体的营销，就必须具备相当的音乐素养及能力。就以这次的嘻哈对战案例来看，无论是 Wendy's 还是 Wingstop，若没有深厚的嘻哈功底，不可能在对手步步紧逼的 diss 下很快创作出既能打击对手又能为自己加分的内容。所以，在内容营销人员的素养中，音乐素养成为一种软实力。

小 结

在缤纷多姿、竞争激烈的内容营销时代，能够激发人们情感反应的音乐可以成为企业，尤其是面向年轻消费者的企业提炼独特创意的元素。企业要想做好音乐营销，其内容营销人员必须具备音乐素养这一软实力，这样才有可能奏响绚烂的乐章！

亚文化内容营销

在社会学中，主流文化指的是一个社会、一个时代倡导的，起主要作用，符合大众主流审美的文化。人类社会每个时期的主流文化可能都不尽相同。亚文化则指的是非主流、非大众审美认可的文化，主要适用于特定人群，比如特定的年龄、职业、身份、生活圈子、价值观的特定文化。

比如，嘻哈文化发源于20世纪60年代美国纽约市布朗克斯区的贫民聚集区，穷困的黑人用嘻哈音乐发泄其对现实生活的不满。从70年代开始嘻哈文化逐渐成为美国文化中一种不可忽视的亚文化：代表性的文化符号有DJ（Disc Jockey，唱片骑师）、MC（Microphone Controller、Move the Crowd等的缩写，是指说唱歌手）、街舞和涂鸦等，而嘻哈歌手喜好的肥大衣服、破洞牛仔裤、文身、棒球服、潮鞋等服装风格，也被粉丝模仿。

显然，由于亚文化与主流文化存在差异，因此，一方面，它总会有意无意地表现出对主流文化的叛逆和挑战。比如，中国的有些青少年喜欢嘻哈文化，认为嘻哈风的装扮很潮很酷，是对传统审美的一种反叛，而家长则会觉得子女的嘻哈打扮不伦不类。另一方面，有些亚文化发展壮大到一定程度，就可能逐渐为主流文化所接受和吸纳。比如，2020年，说唱歌手董宝石以歌曲《野狼Disco》中文说唱登上中央电视台的春晚舞台就是其中的一个例子。

一般而言，营销的传统做法以符合主流文化为根基。企业的营销活动（如广告），多以符合大众审美和主流社会价值观的风格出现。比如，欢乐的家庭、温馨的生活场景，等等。这种做法的优点是比较稳妥，适合大众传播；挑战则是可能会忽视一些亚文化群体的具体需求，或者创意过于四平八稳，难以出新。

数字商业及社交媒体的发展为原来小众、长尾的亚文化提供了更多的曝光机会和成长的温床,更有可能被主流文化理解。比如,随着社交媒体上年轻人搞怪文化的流行,"丧文化"及"尬文化"两种亚文化开始进入大众视野。

丧文化指的是弥漫在工作辛苦、生活压力大的年轻群体中的一种"负面"思潮。在中国,与"喜茶"叫板的"丧茶"就是这种社会文化思潮的落地版。比如,北京的一家丧茶店,有顾客表示菜单上的"混吃等死奶绿""加油你是最胖的红茶拿铁""前男友过得比我好果茶"等饮品的名字,正是吸引他们尝试的原因。

与丧文化的性质类似,尬文化也是一种亚文化:尬是尴尬的简称,指的是别扭、难为情之类的情感体验,也可指别扭的处境。尬文化指的是人们通过看似尴尬的行为(或场景),如浮夸乖张的舞蹈、表情包、歌唱等形式展现自我或表达情感。这些表面看来无厘头的、特立独行的行为举止,可以帮助人们宣泄情绪压力,展现独特个性,向社会传达自己的声音。

中国尬文化的代表之一的尬舞是2017年从中国三、四线城市火起来的一种特色广场舞。它夸张搞笑,风格不羁,专业人士看到其中的舞蹈动作,也许会替舞者感到尴尬,但跳的人却陶醉其中。

在这些远离大城市话语权及媒体中心的地方,人们或许感到自己人微言轻,但通过这些看似漫无目的、略显颓废的舞步,人们表达出突破外在规范的情感需求。随着智能手机及短视频社交平台如快手等的走红,尬舞作为一种文化现象也流行开来。对于自我认知需求强烈的年轻人来说,尬舞就是一种不羁的身心释放。

国外也存在类似的尬文化现象,尤其是在爱搞怪的千禧一代人群中。比如,美国的年轻人或许没有参与尬舞,但他们也没闲着:社交媒体上那些什么都无所谓并且敢于调侃权威的迷因风格的图文,多半出自他们的手笔。

就拿严肃的结婚宣誓来说吧,在这些迷因中见不到"应有的"温情梦幻,而是变成潮人俚语的集聚。比如,主持婚礼的牧师口中念念有词的是女朋友(而不是新娘),新郎嬉皮笑脸地表示愿意,最后牧师宣布的不是"你们结为夫妻",而是"你们算是一伙的了",于是婚姻仪式的庄严神圣感瞬间消散。但转念一想,既然美国的离婚率本身已经居高不下,结婚仪式也就不用端着了吧？或许满不在乎反而有助于减轻压力，成就长久的姻缘呢？

随着丧文化和尬文化越来越不再是人们的禁忌，而是可以调侃、理解和接受的亚文化，它也慢慢从年轻人的社交圈传到品牌营销界，在内容营销上获得实战运用。

案例

2017年8月，汉堡王（Burger King）在美国推出了主题为"皇堡解雇补偿"（Whopper Severance）的营销活动。

如果有人最近刚被炒了鱿鱼，只要用自己的领英（LinkedIn）社交平台账号发布这样一个帖子："我被解雇了，我想要一个免费皇堡"（I got fired. I want a free whopper），再加上主题标签#WhopperSeverance，就会收到一封来自汉堡王的电子邮件，注册并提供住址信息后不久，就会收到汉堡王邮寄来的一张免费皇堡的优惠券（价值约5美元）。

据称这个活动的本意是为了宣传汉堡王用炉火进行烹调（cook with fire）的独特方式，而不是像其他快餐店那样用微波炉加热，所以这里的用词"fire"是个多义词，带有双关的含义，既指烹调，也指被解雇。

仔细一想，就算丢了工作，为了5美元的优惠券，就在商务社交平台LinkedIn上把自己刚被炒了的消息广而告之，也犯不着吧！此事怎么看也不像一个具有同情心的品牌该做的，莫非是在"逗你玩"？其实，参加这个活动的消费者（被炒的人）和汉堡王一样心知肚明：哥看重的不是优惠券，而是"你懂我，和我一起进行情感宣泄"。

汉堡王之类快餐店的目标客户群体主要是年轻人，而这次面向年轻一代的营销活动主打的风格就是贴近丧文化和尬文化。的确，中外年轻人出现"丧"思潮的原因可能大同小异：无论是美国大学生的高额学贷，还是中国大学生对阶层固化的无奈，他们或许喝过太多的心灵鸡汤，但感觉还是过不好这一生，那就索性在自嘲中拂去生活的敌意，挥洒自我。

汉堡王这次成功的营销活动，抓住被炒鱿鱼这个有点丧、说出来也有些尴尬的人生痛点，却不用一般品牌常用的励志套路（比如，只要你努力，下一个好工作很快就会到来），而是巧妙运用年轻人中盛行的丧文化和尬文化潮流，以具有共鸣性的内容拉近与用户的距离：被炒了固然有点灰溜溜的,但又有什么呢?大胆喊出来,别的品牌灌你没用的心灵鸡汤,只有汉堡王给你送实在、实惠的免费皇堡。汉堡王,最懂你,不是吗?

小 结

随着内容营销竞争的日益激烈,人们对大路货的内容题材和风格会逐渐倦怠,因此,只有找到新颖、出奇的内容视角,比如社会亚文化,才能吸引读者的眼球。玩转丧文化或尬文化,体现了内容营销高手(比如汉堡王)对社会亚文化思潮的精准掌握,这也是它们的内容营销能以不俗的创意引发目标群体情感共鸣的利器。

如何打造有品位的内容营销?*

内容营销有可能好心办坏事吗？当然可能。如果没有对内容的品位进行把关，不但无助于品牌形象，反而可能对企业营销造成打击。的确，由于品位不够给企业营销帮倒忙的例子，在国内外内容营销实践中都不少见。

2017年10月，联合利华旗下的个人清洁品牌多芬在Facebook上发布了一个短视频。视频中，一个黑人女性脱去外面的短袖T恤后，赫然变成了一个白人女性，旁边的多芬沐浴露醒目可见。虽然多芬事后声称这个视频只是为了凸显其多元的顾客群体，但在社交媒体平台上，人们几乎一边倒地指责这个内容创意带有种族主义的气息，认为这种创意手法与19世纪初的一些香皂广告差不多：黑人小孩想变成白人小孩，所以选择使用某品牌的香皂。网上甚至还出现了#BoycottDove的主题标签，于是，多芬只好在尴尬道歉后匆匆撤下了这个视频。

有人可能会感慨，像多芬这样具有丰富营销经验的国际知名品牌，怎么也会犯这样的低级错误？一个可能的解释就是，为了在内容红海中博出位而不惜剑走偏锋。

内容红海有多深？每隔60秒，Twitter用户发布51万条推文，Youtube观众播放450万个视频，Instagram用户发布28万条Stories（故事）。类似的内容拥挤现象在中国的社交媒体上也屡见不鲜。新浪微博2017年度报告指出，

---

* 本部分改编自窦文宇，《二更事件的警示：企业如何打造内容营销的品位？》，FT中文网，2018年5月22日。

在化妆品行业，有超过800个品牌的内容获得曝光，总微博数达43亿条（含转发）；在二次元（动漫）领域，3万多个头部博主发布了5 000万个帖子……

其实，像多芬这样大胆做别的企业不敢做的内容，以期突破内容红海的手法，在传统广告的策略中也出现过——被称为争议性广告（provocative/shock advertising），即故意采用与社会主流价值观、行为规范不相符的广告内容或创意，以博取眼球（Vézina and Paul，1997）。

意大利时装品牌贝纳通（Benetton）被公认为是争议性广告手法的开创者。从20世纪80年代开始，在著名摄影师奥利维罗·托斯卡尼（Olivero Toscani）操刀下，Benetton以"United Colors of Benetton"为主题做了一系列广告，诠释当时在欧美国家仍然很敏感的种族、战争、艾滋病等议题，传达其品牌理念：团结起来共同应对人类的挑战。在一片争议声中，这个意大利的本土时装品牌被推上了国际大舞台，比如，Benetton 1991年做的一个广告，画面中出现了一个多种族的同性恋家庭，传达出在那个年代依然具有禁忌性的一种理念。

鉴于Benetton及其他品牌（如Calvin Klein）的争议性广告实践行为，广告领域的学者开始关注这个现象，现有研究（比如，Vézina and Paul，1997）认为，广告的争议性可能来自打破社会规范中的以下几个维度，如风化（decency）、品位（taste）、美感（aesthetic propriety）以及道德标准（moral standards）。从争议性广告的效果来看，因为违背社会规范会带来意外，能够抓住注意力，所以其更能引发读者强烈的情感反应。同时，由于争议性内容元素更能引发思考，而不是像常规广告那样自动过滤，因此能增强广告记忆。

虽然争议性广告对于突破目前商业环境下拥挤、饱和的广告红海有独特的效果，但由于其弱点也很明显，所以真正敢于使用的企业并不是特别多。

首先，从商业伦理（business ethics）的角度来看，许多专家认为争议性广告手法虽然能博出位，但在道义上并不占优势，从商业伦理的角度绝对是扣分的。其次，从顾客的反应来看，由于争议性广告经常引发读者的负面情感（比如厌恶），这些负面感受很可能会从广告本身转移到品牌上，给品牌带来负面影响。最后，由于广告行业是各国都比较严格进行监管的对象，因此，如果争议性广告引发消费者或社会的强烈反应，品牌将难以规避监管部门施加的压力。

这样看来，尽管争议性广告或内容有博出位的可能，但其风险亦不容忽视。尤其在社交媒体时代，内容传播的范围更广、速度更快，如果企业的内容引起争议，极有可能被迅速放大，导致出现企业不愿看到也无法控制的局面。

此外，即使争议性广告能够控制风险，企业也会担心消费者是否认为这种做法降低了品牌的品位。如果可能，品牌一般还是宁愿规避不必要的风险，做正能量的营销，以优质的内容来突破内容的红海。

那么，什么是内容的品位？要搞清楚这个概念，可以从社会学中的品位概念及理论说起。

社会学中的品位

法国学者皮埃尔·布尔迪厄（Pierre Bourdieu）提出了一个关于品位的理论，将品位定义为指引人们生活方式的公式。品位，可以通过物件（如衣物、饰品）、爱好（如古典音乐）、审美（如白色婚纱）、行为举止（如贴面礼）、道德观（如扶助弱者）等的选择，体现个人的自我独特性，以及与他人的不同和值得骄傲之处。一般而言，个人的品位是在成长过程中逐渐形成的，并受以下因素的影响：家庭、教育、所属阶层、文化背景（如奔放的巴西桑巴文化）。

品位的社会学意义在于，它不仅是指导人们生活的罗盘，也是区分群体的一个重要指标。布尔迪厄认为，对于社会中的统治（上层）阶层而言，在他们的社会影响力中，群体的品位（比如英国贵族的宫廷舞）有时甚至比财富还重要。品位概念的启示是，品位可以帮助树立个人风格，表明群体归属，传递个人优越的社会地位。

品位与内容营销

作为社会学的一个概念，品位不仅代表了个人的特征，更重要的是它指引了人们进行社会交往的规范，也常常是评判交往对象的一个重要指标。比如，女士通常不会和言语粗鲁的男士进行第二次约会。

类比到社交媒体营销上，企业开通社交媒体账号的初衷，就是为了以拟人化的形象与用户交流。既然是交往沟通,那么基于人际关系的品位概念,应该会发挥类似的作用。也就是说,在社交媒体营销中,有品位的内容可以帮助企业确立独特的品牌特征,表明品牌的调性与档次,扩大品牌的影响力。

当然,商业环境及其逻辑与社会学研究的场景还是有所不同的。所以,企业内容营销的品位可能具有以下特点:

(1) 企业社交媒体账号是虚拟的,不能像社会学意义上的品位那样可以通过物件或行为(如礼貌)来表现,更多的则是通过内容的风格偏好、审美导向、价值观来突显品牌的内容品位。

(2) 消费者的需求及口味决定了企业应有的内容品位,因为企业就是为了消费者而创造内容的,因此,超越消费者的审美水准,过于阳春白雪的内容既没有必要,也可能会给消费者以造作之感。

(3) 个人的品位通常受成长环境的影响,需要通过一个吸收、学习的过程才能形成。但企业在实施社交媒体内容营销策略时,有时需要快速主动地确立内容战略(包括品位),来应对快速多变的市场,比如,当企业打入国际市场时,需要尽快摸准国外消费者的内容品位。

(4) 企业内容营销的品位具有实用性的维度,即提供满足消费者预期的内容就是具有商业品位。比如,消费者关注来自 X 国葡萄酒品牌 Y 的社交媒体账号,是为了了解相关背景,汲取知识营养,但若账号内容仅有风花雪月(如只顾讨论 X 国的电影文化),不能给消费者带来与品牌相关的具体价值,那么这种所谓的内容品位就缺乏商业意义及长久的生命力。

■ 内容营销的品位实践

1. 功能实用性

在人们的印象中,IBM 是一家技术公司、IT 界的领军人物,但若称它为"营销大咖",估计不少人会质疑这个名头。

几年前,当 IBM 决定进入数字营销咨询服务行业时,它迫切需要建立自己在这个行业中的权威性及知名度。于是公司投入资源打造了博客账号"Watson Digital Marketing"及其他相关的社交媒体账号,发布了公司创作的关于数字营销的特点及趋势的大量分析文章,涵盖人工智能、顾客体验、实时用户追踪、个性化内容等热点话题。通过发布权威和前沿的内容，IBM 成功树立了数字营销服务行业领导者的形象。

可以预期，Watson Digital Marketing 的大部分读者都是企业高层决策者。从他们的角度来看，这些内容满足了他们的需求，即了解数字营销前沿。这就是具有实用性的商业品位。这种品位，才符合 IBM 一贯的老牌世界 500 强企业的形象。

2. 风格偏好

在社会学的品位概念中，爱好是体现人们品位的一个重要指标。以音乐为例，某个精通古典音乐的人，可能会被认为比另一个只会哼乡间小曲的人更有音乐品位。虽然这种判断不一定准确、公正，但正如前述，对于品位的判断受到阶层、文化环境、主流价值观等变量的影响，本身就带有一定的主观性。

在内容营销战略中，什么样的内容风格可以被称为是有品位的呢？应该说没有绝对的公式可以套用，它可能与产品特征、用户特征相关联，需要具体分析，但有一点可以确定，那就是在社交媒体上，用户厌倦企业呆板、说教式的内容，更偏好真诚、接地气、令人感动、轻松愉悦、睿智、幽默或类似风格的内容。

比如，幽默就被公认为是社交网络上最具吸引力的内容风格之一，不过，幽默本身也存在格调高下之分，因此，企业可以通过不同的幽默技巧来确立内容的品位。

不少人认为卫生纸是个没什么新意的产品，没必要在社交媒体上进行内容营销，但宝洁旗下的卫生纸品牌 Charmin 却不这么认为，它经营的社交媒体账号是家居用品品牌中最活跃的社交媒体账号之一——在 Facebook 上拥有一百多万个粉丝。它聚集粉丝的秘诀之一就是幽默的内容。比如，2019 年 4 月 15 日是热门美剧《权力的游戏》（*Game of Thrones*）最后一集播出的日子，热情的粉丝们翘首以待，Charmin 也不失时机地蹭了个热点：它发布的帖子中的图片里有 Charmin 的吉祥物大熊及一个马桶，配文为"上厕所的时间"（Throne Time），意指某些观众拿着平板电脑坐在马桶上追剧。Throne 这个词本身就一词多义（既可以指王座，也可以指马桶），用在这个帖子的场景下，使读者会心一笑，让他们在忍俊不禁中加深了对 Charmin 俏皮的品牌个性的印象，巧妙确立了内容品位。

3. 美感

内容传达出的美感是最能体现内容品位的。无论是精妙的文字、唯美的照片还是流畅的视频，在给受众带来美的享受的同时，也让他们叹服于企业的品位。

例如，一般而言，社交媒体 Instagram 上最受热捧的是时装、美容、美食、娱乐之类的光鲜行业，而美国佛蒙特州一家具有百年历史的面粉厂 King Arthur Flour，则会被认为在 Instagram 上做内容并无优势——不就是面粉吗？但 King Arthur Flour 却毫不气馁，它巧妙地从由面粉做出的烘焙美食的角度出发制作内容，吸引了 21 万个忠实粉丝，被社交媒体咨询公司 Hootsuite 评为六个大家没有想到却又认为极棒的 Instagram 账号之一，可谓品位一流。

4. 价值观

全食超市是世界上最大的有机食品超市（2017 年被亚马逊收购），它的快速成长及壮大与坚持自己的价值观——为消费者提供天然、有机的食材——有很大的关系。全食超市在内容营销中也非常注意强化这种价值观，比如，它制作了一个主题视频系列——《与农场主面对面》（*Meet the Ranchers*），展示为其提供有机食品的供应商的故事，内容包括他们的工作以及他们对有机理念的坚持。比如来自英国，成立于 1833 年的 Barber's 奶酪农庄，其六代人是如何保持对自然品质的追求的。

不难想象，那些经常在全食超市购物的消费者，通常会认同它的这种有机食材的理念。于是，当全食超市的内容营销弘扬这种价值观时，用户会认可并赞赏这种做法，觉得它的内容营销有品位。

当然，在实际操作中，企业传达内容品位不一定非要自己单打独斗，有时也可以通过借力很有品位的第三方来实现，比如，借力高雅艺术，或是依靠网红意见领袖背书等。

> **小　结**
>
> 企业在追求以内容博出位的道路上可能会忘记品位。本章分析了采取类似争议性广告手法的内容战略的由来，以及其中可能存在的风险。通过对社会学中品位理论的分析及扩展，提出了在内容营销中确立品位的几个可能的方向及维度：功能实用性，风格偏好，美感，价值观。

第八章

面向国际市场的社交媒体内容营销

　　当企业走向国际市场时,可能面临的是不同于国内市场的消费者群体、内容风格偏好及社交媒体平台,因此企业如果想要玩转面向国际市场的内容营销,就需要了解和掌握这个领域的特殊性。本章解析了几个有代表性的主题及行业:企业在开展国际市场营销时,传统的营销手段依然有其作用,但它该如何和内容营销相互配合、相互促进?如今,海外入境游客在中国的旅游市场中只占一小部分,怎样利用社交媒体及内容营销吸引他们?最后,中国的社交媒体平台(抖音及其国际版 TikTok)打入国际市场,能够吸引国际大品牌进驻并进行营销吗?

　　国际社交媒体及内容营销的独特魅力,尽情展现!

国际市场营销：如何结合内容营销与传统营销？

中国企业走向国际化面对的第一个挑战，就是如何打开国际市场，确立品牌知名度及美誉度，赢得海外消费者的认可及青睐。

在中国企业走向国际市场的初级阶段，营销及市场开拓可能主要依靠进口商、代理商或电商平台找到客户或进入流通渠道。这种做法的优点是风险较低，可以小步摸索前进，缺点则可能在于依赖第三方来面对终端消费者，难以精准地了解消费者的感受，捕捉其反应；另外，可能正因为有别人可以依靠，所以自身在国际市场上树立品牌的决心及投入不足，品牌的辐射力及影响力不够。

不过，近几年来，中国企业进军国际市场开始更加重视面向终端消费者直接树立品牌，如华为在国际市场上进行多种媒体的广告营销，重点是推广 B2C 端的手机产品。中国企业在逐渐掌握国际市场上传统的品牌营销模式后，下一步就该考虑借助社交媒体及内容营销的力量，增强传统营销的效果，让中国企业的品牌营销更鲜活灵动，贴近终端消费者的脉搏。

以下解析海南航空拓展美国市场的营销案例，提出融合传统营销与数字营销的思路及战略。

2016 年秋冬季节，全世界的目光几乎都集中在白热化的美国总统竞选上：特朗普对阵希拉里。不过，无论结果如何，最高兴的可能还属电视媒体，高企的收视率让它们的广告收入大增。以全球知名的 CNN 为例，一条 30 秒的电视广告，平日可能只需 5 000 美元，竞选高峰期则翻倍；若是赶上候选人辩论会转播，则猛涨 40 倍，达到 20 万美元。赶在这段巅峰媒体事件期做广告的品牌，真是蛮拼的！

还真有一家中国品牌——海南航空——豪气入场。它不仅连续在 CNN 做广告，而且选的还是其王牌节目——全美收入最高的主播安德森·库珀（Anderson Cooper）主持的节目 *Anderson Cooper 360*。

海南航空的 30 秒广告《优雅》（*Elegance*），由国际著名钢琴家郎朗代言。在广告中，伴随着莫扎特《第 16 号钢琴奏鸣曲》优美的旋律，海南航空卓越的服务、可口的餐饮及机组人员昂扬的精神风貌均一一呈现。结尾自然地引出口号——"优雅与卓越"（Connecting Elegance with Excellence）！整个广告的氛围烘托得恰到好处，加之又是在美国大选媒体反应热烈时期播放，应该能达到较好的品牌塑造效果，扩大海南航空在不断增长的国际市场尤其是美国市场上的品牌影响力。

当然，在数字社交媒体时代，中国的国际市场营销除采用传统的营销方式如电视广告外，也应该考虑消费者日常使用的社交媒体平台，如 Facebook、Twitter、Instagram、YouTube 等进行二次推广，这样方可放大电视广告的诉求，让品牌飞得更高！

那么，海南航空这次高调的 CNN 电视广告是否借助社交媒体达到举一反三的效果了呢？作为参照系，本章对比分析了同期也在 CNN 的 *Anderson Cooper 360* 节目中打广告的另一家知名国际航空公司——阿联酋航空（Emirates）。

阿联酋航空的广告情节是这样的：头等舱的一位女乘客（由国际知名演员詹妮弗·安妮斯顿扮演）在自己的座位上发现了一个走错了的小男孩库珀，她先是耐心地和他聊他长大以后开飞机的梦想，然后送他回到其父母坐的经济舱座位。广告在展现空中客车 A380 各种先进设施的同时，也渲染了人与人之间的温情。总体来看，阿联酋航空与海南航空广告的艺术表现力及感染力不分伯仲，各有千秋。

战略咨询公司 Forrester Research 2009 年提出了一个数字媒体时代传播的框架：付费媒体，自有媒体，获得媒体，这三个部分勾勒出新媒体时代企业品牌传播路径的多样性。在该框架的基础上，本章进一步细化了电视广告在国际社交媒体下放大传播效果的六种机制，提出如图 8-1 所示的实施框架。

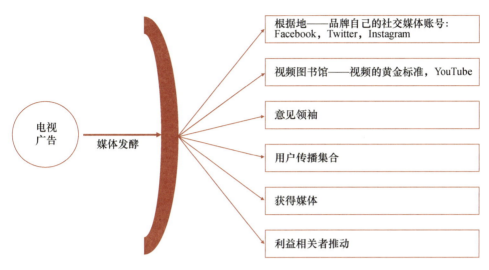

图 8-1　国际社交媒体环境下品牌电视广告放大传播效果的途径

根据这个分析框架，以下对海南航空和阿联酋航空在 CNN 投放的广告的深度传播效果进行对比（数据收集时段为 2016 年 12 月）。双方这次的广告投放应该主要针对的是美国市场。阿联酋航空有 11 条直飞美国城市的航线，而海南航空有 8 条。双方在美国市场的覆盖率上有微小的差距。

■ 根据地——品牌自己的社交媒体账号

消费者心理学认为，如果企业的营销宣传能够引发消费者的兴趣，他们就会主动寻找相关信息。考虑到 30 秒的电视广告转瞬易逝，那些观看后觉得有趣、感到好奇或者能够产生共鸣的消费者，可能想再找到广告回味一下。花了那么多钱拍摄、制作的广告存储在哪里合适？社交媒体时代，企业自己的社交媒体账号是一个很自然的选择。

表 8-1 总结了海南航空和阿联酋航空在三个最常见的社交媒体平台——Facebook、Twitter 和 Instagram——上的电视广告二次传播情况。

表 8-1　海南航空和阿联酋航空电视广告社交媒体二次传播对比

社交媒体	海南航空	阿联酋航空
Facebook	首页未见，专门的视频页面也未找到	首页醒目可见，自动播放，480 万次播放
Twitter	首页未见视频页面，前溯一个月也未见到	视频置顶，433 次转发，632 个赞
Instagram	前三页都没有找到	在第二页可以看到，330 万次播放

从第一个传播路径的对比来看，阿联酋航空做到了充分利用自己的社交媒体账号广泛散布其在 CNN 投放的广告，力争促进社交媒体的二次传播和用户讨论。

视频图书馆——YouTube

在视频营销界，历史悠久、功能强大、用户注意力更集中的 YouTube 一直被认为是黄金标准，以及企业视频营销的"图书馆"：凡是精彩的作品，这里理应要存一份。不少企业更是在 YouTube 上开设专门频道，聚合其旗下的视频，方便用户查找。

在这条路径上，阿联酋航空开设了其品牌频道（订阅用户达 17 万人），共收集了 386 个视频。其 CNN 广告的视频在首页醒目可见，播放量达 370 万次。

海南航空在 YouTube 上也开设了品牌频道（订阅用户为 436 人），共收集了 27 个视频，首页视频为 *Book Your Airfares with Hainan Airlines*，该视频发布于 2015 年，播放量达 1 197 次。不过，其在 CNN 投放的广告《优雅》没有被收录进来。

从 YouTube 这条路径来看，阿联酋航空充分利用了其收藏和展示功能，力争扩大自己正在投放中的品牌电视广告的传播。

意见领袖

在网红及粉丝经济时代，企业传播越来越期望能借力意见领袖，扩大和强化自己的宣传。无独有偶，这两家航空公司 2016 年在 CNN 热播的广告中，选取的代言人都是具有国际影响力的明星级人物：海南航空选的是钢琴家郎朗，阿联酋航空选的则是影视红星詹妮弗·安妮斯顿。

在意见领袖这条路径上，一方面，詹妮弗·安妮斯顿有点特殊，她是好莱坞出名的社交媒体规避者,所以指望她通过个人社交媒体扩大广告效果似乎不太可能。另一方面,国际社交媒体上表现活跃、亲和的郎朗,通过其 Facebook 账号发帖,则成功地为海南航空扩大了其 CNN 广告的传播。两位代言人自身在社交媒体上再传播的情况总结如表 8-2 所示。

表 8-2　郎朗和詹妮弗·安妮斯顿在个人社交媒体上的电视广告传播

社交媒体	郎朗	詹妮弗·安妮斯顿
Facebook	37 万个粉丝,其首页置顶视频为 2016 年 11 月 5 日发布的一个郎朗国际音乐基金会的相关视频;而 CNN 的海南航空广告,则通过其 2016 年 10 月 22 日的帖子发布,获得 985 个赞、40 次转发	未开通
Twitter	35 万个粉丝,首页未见,前溯一个月未见到视频页面	1 912 个粉丝,从 2012 年 1 月起便未更新
Instagram	11.6 万个粉丝,主要发布个人演出及生活照片和视频,前溯两个月都未看到他分享 CNN 的海南航空广告	12 000 个粉丝,只有 5 张照片

从这条路径来看,海南航空广告中的郎朗应该算是一位更加有效的社交媒体传播意见领袖。

■ 用户传播聚合

在人人都可以成为自媒体的时代,企业品牌传播切不可忽视用户的力量,而应采取各种恰当的方式鼓励用户进行二次传播。在社交媒体圈子中,一个常用的技巧就是企业发布,即利用特定的主题标签,聚合用户发布的相关内容,达到使雪球越滚越大的效果。

阿联酋航空为推广这次由詹妮弗·安妮斯顿拍摄的电视广告,在 Twitter 上发布时用了 #JensBack 主题标签:呼应她一年前首次为阿联酋航空拍摄广告。点开 JensBack 的主题 Twitter 页面,可以看到不同用户发布的帖子,基本上都和这个电视广告相关,比如来自意大利的网友 gisemissima 在 2016 年 10 月 12 日转发了这则广告,虽然她不是大 V,但至少她的 464 个粉丝通过她的转发可以看到这则在 CNN 播放的阿联酋航空的广告。

郎朗代言的海南航空的广告,虽然在 Facebook 上发布过,但只是一个外部网站的视频链接,没有配备一个特定的活动主题标签,如 #LangLangHainanAirlines 之类的。这样用户在转发评论时，可能会自行创造、使用不同的内容主题标签，难以被聚合起来形成合力。此外，其他用户也难以通过一个统一易懂的主题标签来搜索活动的相关内容。

■ 获得媒体

企业做营销宣传时，会期望好的创意广告能够引发新闻媒体的兴趣，从而主动报道。这样，在正常的付费曝光之外，还有可能受到获得媒体的关注。由于海南航空和阿联酋航空都在广告中邀请国际大牌明星代言，媒体对于明星天然的兴趣可能有助于其主动报道。

本章综合以下两个分析工具来度量：

（1）Google News。首先，用"Lang Lang and Hainan Airlines commercial"作为关键词搜索，没有找到一条与该 CNN 广告直接相关的媒体报道。然后，用"Jennifer Aniston and Emirates commercial"搜索，出现了约 5 000 条关于该广告的报道，主要来自欧美及其他国家的媒体，虽然不能排除其中的一部分可能是有偿发布，但从媒体分布及稿件内容的多样性来判断，其中应该有不少属于获得媒体。估计詹妮弗·安妮斯顿在国际上的超高人气以及阿联酋航空本身的品牌号召力，对此有一定的影响。

（2）社交媒体搜索。将以上两组搜索词在世界上最大的社交媒体平台 Facebook 上再搜索一遍，发现类似的规律：詹妮弗·安妮斯顿为阿联酋航空代言的广告，获得 Facebook 上不少媒体的转载，比如 Business Insider，其转载本身还获得 3 500 个赞；而对于郎朗及海南航空的广告搜索却没有发现转载。虽然不排除有些媒体在 Facebook 上对阿联酋航空广告的转发是付费的，但其中肯定不乏一般用户，比如来自加利福尼亚州的丽贝卡·莫拉（Rebecca Morea）。

不论背后的具体原因如何，可以观察到在获得媒体这条路径上，阿联酋航空的 CNN 广告似乎在这个环节表现不错。

■ 利益相关者推动

在社交媒体环境下，企业社交媒体官方账号之间的联系及互动与人和人之间的联系及互动有相似之处。企业的广告宣传，若能获得与其关系密切的利益相关者的支持，则有可能使品牌理念传播得更广。

由于阿联酋航空的广告中突出了空中客车 A380 的内部配置细节与优势，于是乎，投桃报李，拥有 110 万个粉丝的空中客车 Facebook 账号在 2016 年 10 月 5 日转发了阿联酋航空的广告，并在一周内收获 13 000 个赞、5 300 次转发及 606 条评论。

海南航空国际航线主要使用的是波音 787 机型。如能借助拥有 85 万个粉丝的波音 Facebook 账号转发，应该会有所帮助，比如，波音的 Facebook 账号曾转发过一条卡特尔航空的帖子，就获得了 856 个赞。可惜海南航空似乎没能依靠这条路径。

当然，航空公司营销活动的利益相关者也不一定只限于飞机制造公司。营销人员若开动脑筋，也许还能找到其他公司帮忙推广。比如，广告视频中郎朗穿的不是杰尼亚的西装吗？那么是不是可以请杰尼亚的 Facebook 账号帮忙转发呢？至少它有 40 多万个粉丝呢！

小 结

2016 年美国异常激烈的总统选战，刺激了主要电视台收视率的飙升及广告投放的猛增。在这场千载难逢的媒体盛宴中，海南航空是其中几乎唯一的中国品牌，由郎朗代言的电视广告频频亮相于 CNN 王牌选战节目 *Anderson Cooper 360* 中——为中国品牌高调出镜。据权威的旅游媒体 TravelPulse 的分析，海南航空在美国市场上咄咄逼人的宣传气势，成功树立了其中美航线上高端中国航空公司的形象。

当然，相比于本章对比分析提到的阿联酋航空（2004 年进入美国市场），2008 年才开通首个美国航线的海南航空，在美国市场上进行全面营销的经验还需要继续积累。尤其在今天的社交媒体环境下，企业电视广告可以、也应该通过不同路径继续加大传播力度。本章总结分析了六种常见的路径：品牌自己的社交媒体账号，YouTube，意见领袖，用户传播聚合，获得媒体，利益相关者推动。

随着中国企业国际化进程的不断深入，全面提高国际营销能力的迫切性将更为显著。在传统强势媒体（如电视）上投放广告固然重要，但只有充分掌握社交媒体环境下的继续传播途径，才能让品牌的声音传播得更广、更远。

如何提振海外游客入境游——内容营销战略解析

■ 中国入境游市场：现状及挑战

据联合国旅游组织（Word Travel Organization）2018年发布的《全球旅游报告2018》，2017年约有6 000万名游客入境中国内地，其中，中国港、澳、台居民占80%（约4 800万名）。在剩下的约1 200万名海外游客中，来源国排名前五位的是缅甸、越南、韩国、日本和俄罗斯。从客源国的多元性来看，仍有待扩展，尤其是来自欧美、亚洲非近邻国家的旅游人数还不多。

从收入来看，中国入境旅游业的提升空间也相当大：据《好奇心日报》2018年10月18日的报道，2017年中国人出境游的花费是2 580亿美元，而来自入境旅客的旅游收入却只有它的11%（326亿美元）。

有一种说法认为，中国入境游市场发展不足，与签证不便、空气污染有关。这种说法似乎有一定的道理，不过，即便如此，中国是一个拥有5 000年历史的文明古国，幅员辽阔，自然景观丰富多元，在世界旅游市场上理应占有一定的地位。至少在亚洲，不该和目前国际旅游收入排在首位（570亿美元）的泰国相差太远。事实上，根据2017年世界经济论坛（World Economic Forum）发布的全球旅游竞争力排行榜，从设施、环境、人力、价格等多个指标进行衡量，中国内地的综合排名比上一年提升了2位，在全球排在第15

---

* 本部分改编自窦文宇，《如何提振中国海外入境游？》，FT中文网，2019年1月17日。

位,在亚洲仅仅在日本(第4位)、中国香港地区(第11位)和新加坡(第13位)之后,应该说已经具备了一定的国际旅游竞争力。

因此,中国入境旅游市场的不温不火,固然与硬件条件需要提升有关,但可能并不足以解释目前不够理想的市场现状。从旅游管理的角度来看,中国入境游一方面需要提升产品服务(比如,自2019年起厦门、青岛、武汉、成都、昆明5个城市开始实施外国人144小时过境免签),另一方面也需要加强中国作为旅游目的地的营销,从而吸引更多的海外游客,吸引来源地更多样化的海外游客,吸引层次更高(旅游消费能力更高)的海外游客——在这些方面,营销大有可为!

中国入境游营销现状

2018年岁末,贵州旅游局在香港国际机场为推广贵州旅游做了一个大幅展示广告,主题是"爽爽的贵阳"(Cool Guiyan),配图为贵阳的青岩古镇(Qingyan Ancient Town),广告中同时使用了繁体中文和英文,估计面向的群体为香港和国际旅游者。

由于投放位置比较醒目,这个旅游目的地广告估计会有一定的品牌曝光的效果。不过,贵阳毕竟不像北京那样,在海外已具有一定的知名度;对海外旅游者而言,一个新的旅游目的地,如果只是地名的曝光,并不足以提供足够的信息。从消费者旅游决策过程的角度来看,如果仅靠类似这样的机场广告,潜在消费者可能会失去从了解到感兴趣再到喜爱的机会。

当然,从理论上而言,看到贵阳的这则广告的人,也可能自己去搜索更多的信息,但这需要假设消费者具有较浓厚的兴趣,那样他才会花时间和精力去这样做,而一般来说,旅游消费者如果只是接受一两次这样的广告曝光,是较难进入主动搜寻状态的。

另一个挑战是,年轻一代的消费者,对广告的态度已发生了不小的变化。据市场调研公司 McCarthy Group 2014 年发布的千禧一代消费者调查报告,84%的人表示对传统的单向、推销导向的广告缺乏兴趣,不够信任。这一变化对具有传统营销思维的旅游业从业者来说是一个挑战,因为多项研究报告都表明,千禧一代的消费者已是最活跃的旅游消费者群体,他们的年旅游消费额总计近3000亿美元。

当然，如何向千禧一代的消费者进行旅游营销，也并不总是令人沮丧的消息。市场咨询公司 Collective Bias 2017 年对 2 000 名美国消费者的调查表明，千禧一代并非千篇一律地拒绝广告，如果企业传达的营销信息质量高，对他们具有价值（干货或是触动其心弦），他们也会有兴趣关注和考虑——无论这种信息是来自企业本身，还是来自与企业合作的意见领袖。

千禧一代的旅游消费者的这些特征为如何打造更容易被接受、有影响力的旅游营销提出了新思路：内容营销！虽然内容营销作为一个普适性的营销理念有其共通的规律，但在每个行业的具体运用中，还需要做一些行业性的定向聚焦才能最大限度地发挥作用。以下具体分析其在旅游行业中的运用。

■ 旅游业内容营销

旅游业具有服务产业的相关特征，如无形性（intangibility），这意味着它难以像实体产品（如手机）那样，依赖具体的产品指标（如 OPPO R9s 前置摄像头 1 600 万像素）来判断和决策，因此，消费者对旅游服务的不确定性感知较高。

比如，某海外潜在旅游者，在香港机场看到贵阳旅游的广告，心理过程可能是，照片中的风景看起来不错，很有吸引力，可如果我真的去贵阳旅游，在住宿、饮食、交通、环境、语言沟通等方面是否适应？我的整体旅游体验是否会像照片中传达的那样舒心顺畅？

基于旅游服务的不确定性，消费者的旅游（尤其是跨国旅游）决策可能具有以下特征：

第一，由于客观指标缺乏或不具备可比性（如中国人在点评网站上对餐馆及其菜品所做的评价，不一定符合外国旅游者的口味），决策的感性因素不容忽视。只要潜在消费者，尤其是注重体验及个性的千禧一代的消费者被打动，那可能就是一场说走就走的旅行。大量研究表明，具有视觉冲击力的图片或是具有故事性的视频都可触发情感；美国《媒体邮报》网站 Media Post 的调查表明，在 Instagram 上，近一半的用户表示会在上面浏览与旅游相关的图片，寻找旅游灵感；Google 旗下的数字化营销平台 Think with Google 2014 年的数据显示，YouTube 的旅游类内容播放量比上年增加了一倍多，一半左右的 YouTube 旅游频道订阅者选择订阅旅游视频播客，因为其真实、鲜活。

第二,千禧一代的消费者更愿意接受来自参照阶层的推荐,包括其他旅游者的体验分享,以及旅游意见领袖(如小红书上的旅游达人)的推荐。这个规律在跨国旅游上也适用,旅游咨询公司 Axon Marketing & Communications 2018 年做的一个对南美旅游者及业界人士的调查表明,80% 的受访者表示对国外旅游目的地的选择在一定程度上受到旅游意见领袖的影响。

综合以上的分析及对国际上成功目的地营销案例的解析,本书提出了一个适合中国旅游企业(及旅游管理部门)利用内容营销手段,促进海外游客入境游的营销思路框架(见图 8-2)。

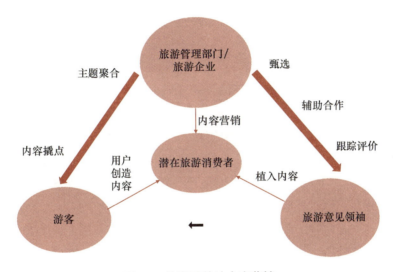

图 8-2 旅游目的地内容营销

对于旅游目的地 X,此框架的核心(或主要目标)是促进海外游客对于 X 的品牌认知及好感,进而带动实际旅游。为实现此目标,旅游企业(或者旅游管理部门)可以采取以下三种营销方式:① 企业从官方渠道(如利用社交媒体账号)开展内容营销,重点是图片及视频。② 鼓励并组织已经旅游过的游客分享、扩散自己在 X 的经历,具体手段包括提供目的地营销主题标签,以聚合用户内容;提供内容创造的撬点(trigger point),方便用户主动分享内容。③ 甄选合适的旅游意见领袖,帮助他们创造植入性的内容,追踪和监控进展,保证合作效果。

下面通过旅游目的地内容营销的成功案例诠释此框架。

■ 目的地内容营销的成功案例及解析

1. 官方渠道内容：图片

位于南半球的岛国新西兰风景秀丽，但因在地理位置上远离欧美、亚洲主要旅游客源国，一向在跨国旅游中属于小众市场，但社交媒体的兴起却为其带来了希望及改变。

2014年，新西兰旅游官方推广机构——新西兰旅游局（Tourism New Zealand）——开通了Instagram账号"纯净的新西兰"（Pure New Zealand），粉丝数达到100万（2020年4月数据），在Instagram上国家级的旅游账号中名列前茅。2016年，该账号被旅游咨询公司Trekk评为全球十佳旅游局Instagram账号；2018年，被IT公司Meltwater评为全球旅游业前五位的Instagram账号。

这个Instagram账号成功的秘诀何在？第一，虽然新西兰各地的美景不少，但这个账号的内容不是简单的风景照的堆砌，所有发布的照片都和账号的主题精神"纯净"（Pure）一致：无论是景点的选取还是照片的颜色、构图、光线等创意元素，都较好地体现出新西兰旅游天籁般的纯净感。

第二，坚守内容的高质量。由于新西兰位置偏远，因此来自欧美、亚洲旅游者的成本较高，从某种程度上可算是旅游奢侈品，而奢侈品的宣传必须匹配顶级质量的内容（照片），而非业余的随手拍摄。事实上，这个账号中相当一部分作品都由专业的旅游摄影记者贡献，比如一张由杰克·伯登（Jack Burden）拍摄的华拉里基海滩的震撼日出景象，就收获了2.2万个赞。

第三，善打社交媒体组合拳。如果说Pure New Zealand的Instagram账号是给潜在的新西兰游客提供天籁般纯净的旅游梦想，那么拥有300万个粉丝的Pure New Zealand的Facebook账号，由于包括文字、图片、视频、直播等多元展示形式，则可帮助潜在旅游者了解更多的具体信息，如照片中呈现的华拉里基海滩，交通怎么安排？食宿如何？……而且，由于粉丝群体不完全重合，受众的兴趣和需求不完全一样，因此，Pure New Zealand旗下Facebook与Instagram两个账号之间开展联动合作（如互转），促进了各自的粉丝数增长。

2. 官方渠道内容：视频

加拿大阿尔伯塔省拥有像班夫、贾斯珀这样的世界知名国家公园，旅游业是当地除能源产业之外的一个重要支柱产业，超过 10 万名雇员参与其中，旅游收入占加拿大总旅游收入的 12%。这样一个旅游立身的大省，宣传及营销水准也必须与之相称：阿尔伯塔旅游局在 YouTube 上的 Travel Alberta 频道，内容题材覆盖全面（有 200 多个视频），视角多元，拥有 22 000 个粉丝（2020 年 4 月数据）。

当然，视频营销的好坏，并非只看粉丝数量，最终还要看效果，即视频能否让潜在消费者在购买阶段不断下移，从认知、考虑、购买到忠诚。精巧的视频营销可以针对每一个阶段精准下料，打动消费者，具体的视频形式及种类可参考本书第四章第三节"效果导向的视频营销"。

从增加消费者认知的角度来看，YouTube 上 Travel Alberta 频道的头条视频为《准备好来阿尔伯塔旅游了吗》（*Ready Travel Alberta*），这是一个时长 2 分半的视频，介绍了阿尔伯塔旅游的主要景点，勾勒出其旅游的特色。这个普及宣传型的视频，播放量达 58 万次（2020 年 4 月数据）。

一旦潜在消费者进入考虑阶段，他们就会主动了解产品（即阿尔伯塔旅游）的细节，若有困惑的话当然也希望得到回答。比如，在白雪皑皑的冬日阿尔伯塔大地徜徉，或许是一个梦想中的旅程，但不少南方人很难想象冰雪游是一种什么样的体验，于是 Travel Alberta 推出了一个名为"阿尔伯塔全景观"（Alberta in 360）的子内容主题，360 度地拍摄及播放全景旅游视频。比如，全景视频《阿尔伯塔冬季胜景 360 度大观》（*360 Winter Wonderland in Alberta*）创造出亲临白雪皑皑的阿尔伯塔的现场感，丰富的产品细节呈现有助于促进潜在消费者在考虑阶段更偏向去阿尔伯塔（而不是其他目的地）旅游。

到了购买阶段，消费者的信任异常重要，尤其是像旅游这样的服务性产品，再全面的产品描述及展示也无法完全传达出服务业中人的因素。有时，潜在消费者下定决心去某个国外目的地旅游，可能还需要其信任的人（如亲朋好友、意见领袖）的大力推荐。

为了增加潜在消费者的信心，阿尔伯塔旅游局邀请在 YouTube 上有 200 万个粉丝的旅游网红、英国人路易斯·约翰·科尔（Louis John Cole）拍摄了一系列视频播客，诠释他个人在阿尔伯塔旅游的心得——《和路易斯一起发现在阿尔伯塔旅游的快乐》(*Explore Alberta with Fun with Louis*)。

比如，在视频《他们带我一起找恐龙骨！》(*They Let Me Dig Dinosaur Bones!*) 中，路易斯展示了阿尔伯塔旅游的另一个重头活动：恐龙化石探寻。对观众而言，如果一个周游世界、阅景无数的旅游大咖（路易斯）都觉得恐龙之旅有趣好玩，那么自己也去阿尔伯塔来个恐龙之旅，应该会是个不错的选择！

对于并非处于黄金位置（如巴黎、纽约）的旅游景点（如阿尔伯塔）而言，吸引游客前来本身就不轻松，来了之后更需要把顾客关系维护好，争取让他们不仅仅来一次，而是有机会就想着要再来。这时，扩大产品线或丰富产品的使用范围，就是一个途径。

比如，去阿尔伯塔游过山，滑过雪，鉴过（恐）龙，还能再做什么呢？那就"陪你去看流星雨落在这地球上"。空旷静谧的自然风光，远离城市的光电污染，再加上高纬度的地貌，使得阿尔伯塔拥有世界上数一数二的观星条件，因此阿尔伯塔旅游局的 YouTube 账号上有一个阿尔伯塔观星（Stargazing in Alberta）的子主题，展示游客在不同地点观星的美妙经历。类似这样的产品细节丰富了阿尔伯塔的旅游服务，刺激人们以不同的理由再次到访，从而提升游客的忠诚度。

3. 用户创造内容：主题聚合

在用户创造内容的时代，与简单直白的广告相比，消费者更加信任来自其他真实用户的购物心得分享，个性需求鲜明、体验为先的旅游消费更是如此。一项针对千禧一代消费者的调查发现，近四成的人表示只有看到其他用户关于酒店经历的分享（评论或者社交媒体帖子）才会考虑预订该酒店。因此，用户创造内容已成为旅游业内容营销的一个利器，众多目的地营销会经常使用。

以美国佐治亚州为例，在人文方面，这个南部州虽有一些历史（它是名著《飘》的发生地），但并不具有新英格兰那样的厚重历史；景观上虽称得上是田园风光，却也没有大峡谷般的珍奇特异，从吸引旅游者的角度来说，委实面临一些挑战。

2015 年，佐治亚州官方旅游局"佐治亚探索"（Explore Georgia）的数字内容专家帕克·惠德比（Parker Whidby）女士，想到了一个好的宣传卖点：

该州每年有大量开车旅游者经过，他们通常都是去其南方的佛罗里达州，这些人之所以选择开车旅游，有不少是因为这样便于携带宠物。于是，她策划了一个叫"带宠物游佐治亚"（Explore Georgia Pup）的主题活动，宣传佐治亚州的卖点是"宠物友好型"。

在 Instagram 上，佐治亚州旅游局以此主题标签邀请用户参与，每周他们都会从投稿者中挑选一位作为获奖者，送给他一个宠物公园的纪念品，以及一封手写的感谢信。几个月内，这个主题标签就收到 2 000 多份投稿。通过统一的主题标签，佐治亚州旅游局聚合了原来游客零散发布的关于宠物在佐治亚州的内容，在社交媒体上形成声势。该主题宣传活动让"佐治亚探索"的官方 Instagram 账号获益不少，粉丝数从活动开始时的 3.2 万增加到 22 万（2020 年 5 月数据）。

4. 用户创造内容：撬点

旅游目的地营销可能苦乐不均，比如，守着雄伟长城的北京，或是拥有奇妙景色的黄石公园，总是国内外旅游者的热门选择，它们需要的营销（至少传统意义上的）可能不是太多。但如果主要是由一马平川、一望无际的玉米地组成的美国内布拉斯加州呢？要找出卖点吸引游客前来，似乎难度不小！

在美国的 50 个州中，内布拉斯加州若干年来一直排在游客想去旅游的州的最后一名。连该州自己的旅游局，2018 年也讪讪地推出了新的州旅游口号，"我们州确实不一定适合所有的旅游者"，可以想象旅游部门的官员虽然绞尽脑汁却也只能提出这个旅游口号的尴尬。

不过，穷则思变，内布拉斯加州第一大城市奥马哈的旅游局，觉察到社交媒体上游客分享的旅游经历在提高旅游目的地知名度及美誉度上所起的重要作用，决定通过激励用户创造关于奥马哈旅游的内容，带动该市的旅游市场。

可是，地形地貌与自己所在的内布拉斯加州整体相差不多的奥马哈市，要想找出具有网红打卡气质的景点也是有点勉为其难。最后，奥马哈旅游局决定把希望寄托在一个 900 米长、名叫鲍勃·克里的行人桥上。该桥建于 2008 年，以内布拉斯加州原参议员鲍勃·克里（Bob Kerrey）的名字命名，连接了奥马哈市与密苏里河对岸艾奥瓦州的康瑟尔布拉夫斯市。

怎样才能将这座本来只是两地居民日常通勤用的桥打造成一个网红景点

呢？奥马哈旅游局首先对这座桥采取了拟人化的营销方式，让它自称是一座叫鲍勃的桥，并开通了鲍勃自己的 Twitter、Instagram 以及视频播客账号，给鲍勃打造的人设是具有美国中西部地区的人朴实、爽朗和好客的个性！

鲍勃桥在社交媒体上有了一定的知名度后，逐渐有美国各地的旅游者专程来这里拍照打卡，并将其发布在社交媒体上；奥马哈旅游局因势利导，推出了鲍勃桥专用打卡主题标签#ItHappensOnBob；也通过意见领袖，比如哈林篮球队的队员，提高鲍勃桥的热度。为了让游客打卡更好玩，奥马哈旅游局还开发出了一个拍照姿势：双腿横跨两州交界线，打卡留念，并给这个专用拍照姿势起了个名字——Bobbing。精选出的游客鲍勃桥打卡照，还会被收集到奥马哈旅游局官方网站的鲍勃桥专属页面下。

于是，通过鼓励游客在拟人化的鲍勃桥上进行花样繁多的自我表达，提升内容分享的趣味性以及旅游沉浸感，在旅游资源天生乏善可陈的内布拉斯加州，奥马哈市旅游闯出了一片天：该市 2018 年游客数量达 1 300 万人，比 2016 年增加了 6%，而鲍勃桥也成为该市旅游的三大必去景点之一。

5. 旅游意见领袖植入内容

人口达 40 多万的岛国马耳他位于浩瀚的地中海。它具有悠久的历史，与古希腊、罗马、阿拉伯文明同期；在悠久的历史传统之外，亚热带的海洋性气候、优美的海洋景观，对于经常忍受冬天阴冷天气的欧洲旅游者具有极大的吸引力；此外，其处于地中海中心、欧亚大陆之间的地理位置，也吸引了北非（如摩洛哥）及西亚（如土耳其）的旅游者。

（国际）旅游业是马耳他重要的经济命脉：世界旅游及旅行理事会（World Travel & Tourism Council）发布的数据表明，2017 年旅游业对马耳他 GDP 的总体贡献为 27%，旅游业相关就业在总就业人口中的占比为 28%。对该国而言，旅游业的兴盛就是经济的成功，因此，做好旅游目的地营销至关重要。

由于外国旅游者到马耳他最主要的交通工具为飞机，因此该国唯一的国家航空公司——马耳他航空（Air Malta）——主动承担起一部分国家旅游目的地营销的任务：2018 年 3 月，在数字营销公司 Switch 的筹划下，马耳他航空推出了主题为"带我去马耳他"（Take me to Malta）的营销活动，主要目的是塑造马耳他旅游的品牌，加强其对千禧一代年轻旅游者的吸引力，同时也期望增加马耳他在非热门季节（冬季之外）的游客数量。这次营销活动主要通过与旅游意见领袖的合作，让他们在自己的社交媒体账号上发布马耳他旅游的植入内容。

旅游意见领袖（旅游网红），指的是在社交媒体上通过发布有价值的旅游相关内容吸引粉丝的旅游发烧友，他们可能是 Instagram 旅游及生活方式博主、YouTube 旅游达人、抖音大号等。

根据平台的不同，这些旅游意见领袖的粉丝数通常在几千到几十万之间。用户（粉丝）觉得这些意见领袖发布的旅游内容（相比商家的旅游广告）更真实、更接地气，因此具有较大的兴趣。基于旅游意见领袖对旅游决策的影响力，旅游企业逐渐考虑与他们合作，请他们通过（有偿）创作和发布赞助内容的形式，来软性地推广旅游目的地及服务。

马耳他航空此次旅游意见领袖营销活动的具体实施经过甄选、辅助、评估三个阶段。

（1）甄选：马耳他航空的这次活动意在从其新开航线的城市带来旅游者，因此，它从6个国家（西班牙、俄罗斯、葡萄牙、意大利、以色列、摩洛哥）选取了17位在旅游或者生活方式领域具有影响力的意见领袖，他们的粉丝数总计达500万个。在同一个国家，考虑到潜在旅游者的不同旅游兴趣，马耳他航空会选取特色不同的旅游意见领袖，比如，来自俄罗斯的弗拉季斯拉夫·卡普尤克（Vladislav Karpyuk）的 Instagram 账号内容的个性是登高与探险，选择他主要是想吸引在旅行中期待探索和追求刺激的那些人，偏向于年轻男性；而同样来自俄罗斯的尤利娅·塔斯卡耶娃（Yulia Taskaeva），她的 Instagram 账号内容的特点则主要集中于旅行中美的发现，包括适合拍照的美景、美食、时装等，粉丝群体偏向于女性。

（2）辅助：与天性喜好自我表达的旅游意见领袖合作，马耳他航空并未采取放任自流的态度，为了保证内容的质量及吸引力，其在给予意见领袖们充分创作自由的基础上，也会主动出力辅助他们探寻珍奇，确保能找到上镜的景点及服务设施。比如，就餐当然不会随便迈入一家路边小店，而是会来到 Trabuxu——一家位于马耳他首都瓦莱塔古色古香街道上的葡萄酒吧，香醇温润的葡萄美酒搭配芳香浓郁的特色奶酪，唇齿留香之间，在夕阳的余晖中拍下一张照片，透出浓浓的地中海风情。或者，为了让弗拉季斯拉夫发挥他登高探险拍照的特长，包下当地著名的面向圣乔治海湾的五星级酒店——科林西亚酒店里一间风景绝佳的高层海景房：弗拉季斯拉夫双脚站在阳台的栏杆上，拍下一张令人震撼的望海照片（这张照片收获了 7 000 个赞）。

（3）评估：与旅游意见领袖合作，旅游企业需要对效果追踪及评价有清晰的计划，毕竟，这些旅游意见领袖都不是专业的广告媒体，他们的主要专长在于创作内容，至于效果追踪，既不是他们的专长，估计也非他们的兴趣所在。因此，旅游企业在与旅游意见领袖合作时，需要自己主动关注效果，审视阅读量、评论、点赞数或网站引流等指标。一旦检测到活动的进展不尽如人意，就应该及时与旅游意见领袖沟通，建议其尝试不同的内容角度或表现形式。

马耳他航空此次与旅游意见领袖合作的营销活动，总体而言达到了期待中的传播效果，两个月内，#TakemetoMalta 主题标签在 Instagram 上聚合了近 1 200 个帖子（照片），而且由于这些旅游意见领袖的吸引力及粉丝黏性，每个帖子的点赞数都在数千个左右。

小　结

近年来，中国的入境游人数下滑，和出境游的火爆形成鲜明的对比。提升中国对海外游客的吸引力，既能增加旅游外汇收入，也能在某种程度上向世界全面展示中国的形象。为了达到这个目的，在加强旅游产品及服务之外，中国旅游业也需加强目的地营销，而利用社交媒体开展内容营销就是一个有效的工具。本章提出了一个相应的框架，指出具体可以在三个方面开展旅游目的地营销：企业内容营销（图片及视频），激励用户创造及聚合内容，与旅游意见领袖合作创作和发布内容。

国际品牌的 TikTok 营销

2019 年，TikTok 在苹果和 Google 应用程序上的下载量名列第二（仅次于即时通信应用 WhatsApp），达 16.5 亿次。在美国市场上，据媒体咨询公司 Wallaroo Media 2020 年的统计，TikTok 用户数约为 6 000 万人，主要覆盖青少年及 30 岁以下的年轻人群体。

虽然美国的商业媒体报道对 TikTok 相对谨慎：有观点认为这个 App 主要是 20 岁以下的小年轻在玩，用户群的成熟度尚待观察；也有的因平台上出现过儿童色情事件而为品牌在其上的营销担忧。但商家的选择出于效果考虑则是诚实的，在美国已经逐渐有主流品牌借助 TikTok 进行营销。

案例

Fenty Beauty 是出生于巴巴多斯的知名歌手蕾哈娜在 2017 年 9 月创立并推出的一个新的美妆品牌。在竞争激烈的全球化妆品市场，一个新品牌必须具有独特新意方能突出重围，而 Fenty Beauty 的主打卖点就是它的包容性。

多年来，欧美大牌化妆品企业（如雅诗兰黛、兰蔻等）的产品主力布局以白人女性为主，对有色人种女性的化妆需求考虑得不够细致，比如粉底的颜色可能更适合白人皮肤的特点。Fenty Beauty 则打破了这种思维定式，定位面向所有女性，而不论其肤色。它首次推出的 Pro Filt'r 粉底系列就有多达 40 种色号（传统品牌可能只有十余种）。

一方面，一个全新的品牌要想抓住消费者的心并非易事，因为现有市场的消费者可能对某些品牌已建立了使用习惯或忠诚度；但另一方面，年轻消费者的品牌忠诚度及购买模式尚未固化，所以Fenty Beauty正是将吸引年轻一代的消费者作为其营销的关键任务。

如何才能抓住年轻人（特别是青少年）的媒体注意力？传统媒体，他们几乎不碰；社交媒体平台如Facebook，他们觉得有点老派（父母那一辈用的），甚至像Instagram这样美轮美奂的图片社交平台，他们也觉得雕饰感过强；而主打音乐与炫技的TikTok，正好符合这一代青少年豪放不羁的个性。

于是，越来越多的大品牌开始认识到这个快速成长的平台对"90后""00后"的吸引力：用美国e.l.f.化妆品公司首席营销官科里·马奇托（Kory Marchisotto）的话来说，TikTok就是如今的青少年聚会及共享欢乐时光的虚拟空间。

Fenty Beauty和TikTok几乎同时（2017年）在全球最大的消费市场——美国——闪亮登场；或许是因为同时站在美妆营销日益数字化的风口上，Fenty Beauty在TikTok这个快速走红的音乐社交平台上押注了公司主要的营销力量。

首先，Fenty Beauty是第一个建立正式的TikTok创意工作室的化妆品品牌。2020年3月6日，品牌创始人蕾哈娜在位于洛杉矶的Fenty TikTok创意别墅主持了工作室的启动仪式。别墅中配备了自然光照明系统、豪华化妆间、室外游泳池、性能良好的拍摄设备以及Fenty Beauty的各种最新产品，如Killawatt Freestyle Highlighter、Full Frontal Mascara等。蕾哈娜亲自挑选的5位TikTok美妆网红入住这幢创意别墅。Fenty Beauty期待她们能够通过同吃同住，激发创意思维，创作和拍摄更多的TikTok爆款视频——在润物细无声中展现品牌魅力。

Fenty Beauty选中的5位美妆网红是：埃米·库姆斯（Emmy Combs），在TikTok上有440万个粉丝；玛卡拉（Makayla），32万个粉丝；萨万娜·帕拉西奥（Savannah Palacio），48万个粉丝；查伦·特里什安（Challan Trishann），100万个粉丝；唐·莫兰特（Dawn Morante），110万个粉丝。她们5位中有白人、黑人、西班牙裔、亚裔，契合Fenty Beauty包容性强的卖点。她们擅长音乐、舞蹈、表演以及制作美妆教程等。此外，她们也都有过在Instagram或YouTube上做网红的经历；转战

TikTok 后，她们原有的社交媒体运营经验及人气也随之而来。

为什么 Fenty Beauty 愿意投入如此大的精力建立创意别墅，激励网红为品牌发声，而不是公司自己招聘组建内容团队？用蕾哈娜的话来说，原因之一就是"这一代的消费者，不可思议的酷，他们创意无限……"公司自己招来的内容团队，创意广度及代表性估计难以和这些自带光芒的网红相比，所以蕾哈娜明智地为她们搭台，请她们为品牌唱戏。

此外，Fenty Beauty 放手让美妆网红们为自己创作 TikTok 内容，而不是生硬挤入公司自己的营销内容，也是基于 TikTok 的社群文化特点。根据年轻态营销咨询公司 Ypulse 的调查，TikTok 的用户有较强的社区参与感，因此品牌的 TikTok 营销应该像社区一样亲切，与硬邦邦的、极易引起用户反感的推销划清界限。所以，Fenty Beauty 让潜在用户中人气超高的美妆网红们站在一线，并给予其充分的支持（如创意别墅），实为顺势而为的明智之举。

此次 Fenty 创意别墅活动推出后，TikTok 用户反响热烈。在一周内，活动的宣传视频播放量就达 35 万次，而其中一位入驻网红——埃米·库姆斯——拍摄的自己在一张 Fenty Beauty 海报前跳舞的视频，播放量则达到 66 万次。

Fenty Beauty 通过建立实体创意基地（Fenty 创意别墅），请美妆网红进驻，系统性地为品牌产生了有机的内容，克服了和网红单次合作可能出现的一些挑战，让内容具有更持久的生命力；此外，不同网红之间的创意碰撞也为内容带来了更多的可能性，激发用户的期待感及持续关注的意愿。

案例

2019 年 1 月，在马里兰州弗雷德里克市的一家墨西哥连锁快餐店 Chipotle 里，一个 18 岁的工作人员在顾客面前展示了以迅雷不及掩耳之势将卷饼从盖子中挪到盒子中的特殊技能。有围观者把这一娴熟技艺拍下来发到社交媒体上，引起了人们的惊叹和关注以及不少的模仿。

到了 2019 年 5 月初，觉察到顾客对于这一技艺的热切关注后，Chipotle 决定顺势在社交媒体上推出一个翻盖挑战活动，鼓励顾客们都来尝试。

其实，让用户参与内容创造的这种做法，过去在 Instagram、Snapchat 之类的社媒平台上也有不少。但 Chipotle 之所以选择和 TikTok 合作，第一个原因在于，TikTok 的用户主要是 Z 时代（相当于中国的"00 后"）的年轻消费者，现在面向他们做品牌宣传，可以占据他们认知的先机，布局未来。第二个原因在于，TikTok 的调性与现有的社交分享平台的调性有所不同。比如在 Instagram 上，如果企业追求用户创造内容，主要的标准是唯美及艺术感，这样做的优点是可以带出高端的品牌气质，缺点则可能是在艺术方面的门槛略高，一般用户参与可能心中没底。

但 Tiktok 的用户参与则是轻松、不羁的，不惜自黑，娱乐至死——平台还贴心地提供了不少工具，比如配乐、特效等，让一个普通用户的作品也可以被装点得多姿多彩。因此，在 Chipotle 的这次活动中，因为参与的门槛低，参与行为有点搞笑（快速翻转 Chipotle 的菜盘），在几周内就吸引了 11 万个参赛视频，整个活动的曝光量达 1 亿次。

Chipotle 此次 TikTok 营销活动的成功表明：源于中国互联网的抖音，在欧美市场也开始进入数字广告主的法眼，与 Facebook、Google、Instagram 等平台争夺企业的数字营销预算。目前，企业在 TikTok 上的营销的一种常见做法是利用平台提供的工具（比如音乐、特效），鼓励用户创造内容。不过，这样做需要企业拥有敏锐的洞察力及创新精神：第一家组织顾客玩翻菜盘比赛的餐馆可能展示的是营销才华，第二家再这样做，就显得乏善可陈了。

小 结

TikTok 在欧美年轻人中风靡已有一段时间，不过大品牌利用这个平台做营销还是最近的事。总体来看，企业还在摸索：在这个年轻人喜欢的、有点搞怪和不羁的平台上做营销如何既好玩又不失品牌品位。Fenty Beauty 和 Chipotle 的成功表明，需要给用户（网红）提供参与发力点：Fenty Beauty 给网红代言人提供了创意别墅，Chipotle 则是通过普通人也可尝试的小技艺让用户（在不知不觉间）觉得参与是件好玩的事，从而主动为品牌曝光出力。在好玩中加深对品牌的理解及好感，这就是 TikTok 营销的魅力所在。

参考文献

1. Accenture. 2014 Statement of B2B Procurement Study: Uncovering the Shifting Landscape in B2B Commerce [EB/OL]. (2015-06-24) [2020-06-20]. https://www.accenture.com/t20150624t211502＿＿w＿＿/us-en/＿acnmedia/accenture/conversion-assets/dotcom/documents/global/pdf/industries＿15/accenture-b2b-procurement-study.pdf.

2. Andrew Hutchinson. Data Never Sleeps 7.0 [EB/OL]. (2019-07-16) [2020-06-20]. https://www.socialmediatoday.com/news/what-happens-on-the-internet-every-minute-2019-version-infographic/558793/.

3. Ballantyne, D. and Varey, R. J. Creating Value-in-Use Through Marketing Interaction: The Exchange Logic of Relating, Communicating and Knowing [J]. Marketing Theory, 2006, 6 (3): 335–348.

4. B2Bard. Dispelling the Size Myth: Which is Truly Bigger, B2B or B2C? [EB/OL]. [2020-06-20]. https://b2bard.com/which-is-truly-bigger-b2b-or-b2c/.

5. Belk, R. W. Possessions and the Extended Self [J]. Journal of Consumer Research, 1988, 15 (2): 139–168.

6. Buijzen, M. and Valkenburg, P. M. Developing a Typology of Humor in Audiovisual Media [J]. Media Psychology, 2004, 6 (2): 147–167.

7. Buss, D. M. The Evolution of Desire: Strategies of Human Mating [M]. 2016, Basic Books: New York.

8. Cain, E. Using Video to Increase Conversions on Your Landing Page [EB/OL]. (2017-12-28) [2020-06-20]. https://www.business2community.com/video-marketing/using-video-in-

crease-conversions-landing-page-01979971.

9. Campbell, C. The Romantic Ethic and the Spirit of Modern Consumerism [M]. 1987, Oxford: WritersPrintShop.

10. Chen, Yuyu (2016). The Rise of 'Micro-influencers' on Instagram. Digiday [EB/OL]. (2016-04-27) [2020-06-20]. https://digiday.com/marketing/micro-influencers/.

11. Content Marketing Institute. B2B Content Marketing 2017: Benchmarks, Budgets, and Trends [EB/OL]. (2016-09-30) [2020-06-20]. https://contentmarketinginstitute.com/wp-content/uploads/2016/09/2017_ B2B_ Research_ FINAL.pdf.

12. Content Marketing Institute. B2B Content Marketing 2015: Benchmarks, Budgets, and Trends [EB/OL]. (2014-10-30) [2020-06-20]. https://contentmarketinginstitute.com/wp-content/uploads/2014/10/2015_ B2B_ Research.pdf.

13. Content Marketing Institute. B2C Content Marketing 2019: Benchmarks, Budgets, and Trends [EB/OL]. (2018-12) [2020-06-20]. https://contentmarketinginstitute.com/wp-content/uploads/2018/12/2019_ B2C_ Research-FINAL-PDF-12_ 10_ 18.pdf.

14. Eisend, M. How Humor in Advertising Works: A Meta-analytic Test of Alternative Models [J]. Marketing Letters, 2011, 22 (2): 115–132.

15. Elberse, A. and Verleun, J. The Economic Value of Celebrity Endorsements [J]. Journal of Advertising Research, 2012, 52 (2): 149–165.

16. Escalas, E. Narrative Processing: Building Consumer Connections to Brands [J]. Journal of Consumer Psychology, 2004, 14 (12): 168–180.

17. Feagin, S. L. and Maynard, P. Aesthetics [M]. 1997, New York: Oxford University Press.

18. Goel, A. 5 Actionable Email Marketing Statistics You Should Know [EB/OL]. (2017-11-26) [2020-06-20]. https://www.gmass.co/blog/5-actionable-email-marketing-statistics-know/.

19. Horton, D. and Wohl, R. Mass Communication and Para-social Interaction: Observation on Intimacy at a Distance [J]. Psychiatry, 1956, 19 (3): 215–229.

20. Influencer Marketing Hub. The State of Influencer Marketing 2019: Benchmark Report. [EB/OL]. (2020-02-19) [2020-06-20]. https://influencermarketinghub.com/influencer-marketing-2019-benchmark-report/.

21. Ismail, K. Why Nano-Influencers are a Social Media Marketers Secret Weapon. CMS Wire [EB/OL]. (2018-12-06) [2020-06-20]. https://www.cmswire.com/digital-marketing/why-nano-influencers-are-a-marketers-secret-weapon/.

22. Jones, G. Beauty Imagined: A History of the Global Beauty Industry [M]. 2010, Oxford and New York: Oxford University Press.

23. Kadushin, C. Understanding Social Networks: Theories, Concepts, and Findings [M]. 2012, Oxford: Oxford University Press.

24. Kapfere, J. -N. and Florence, P. V. Beyond Rarity: The Paths of Luxury Desire. How Luxury Brands Grow yet Remain Desirable [J]. Journal of Product & Brand Management, 2016, 25 (2): 120–133.

25. Kapferer, J. -N. The Artification of Luxury: From Artisans to Artists [J]. Business Horizons, 2010, 57 (3): 371–380.

26. Koeppel Direct. Rise of Live Streaming: Trends & Marketing Tips [EB/OL]. (2017-07-25) [2020-06-20]. https://www.koeppeldirect.com/drtvblog/rise-of-livestreaming-marketing-trends-tips/.

27. Limelight. Marketing Research: The State of Online Video 2019 [EB/OL]. [2020-06-20]. https://www.limelight.com/resources/white-paper/state-of-online-video-2019/.

28. Luxe Digital. The 15 Most Popular Luxury Brands Online In 2019 [EB/OL]. [2020-06-20]. https://luxe.digital/business/digital-luxury-ranking/most-popular-luxury-brands-2019/.

29. McCracken, G. Who is the Celebrity Endorser? Cultural Foundations of the Endorsement Process [J]. Journal of Consumer Research, 1989, 16 (3): 10–321.

30. Messaris, P. P. Visual Persuasion: The Role of Images in Advertising [M]. 1996, Thousand Oaks: Sage Publication.

31. MillwardBrown. Move Over, Gen Z is Here [EB/OL]. [2020-06-20]. http://www.millwardbrown.com/adreaction/genxyz/.

32. Neomam Studios. 13 Reasons Why Your Brain Craves Infographics [EB/OL]. [2020-06-20]. https://neomam.com/interactive/13reasons/.

33. Niekerk, A. and Conradie, M. Branding through Art: The Commercial Value of Visual and Linguistic Signs of Art [J]. South-North Cultural and Media Studies, 2016, 30 (2): 233–251.

34. Philosophy of Humor. Stanford Encyclopedia of Philosophy [EB/OL]. (2012-11-20) [2020-08-20]. https://plato.stanford.edu/entries/humor/#Sup.

35. Radice, R. 25 Brands to Follow for Visual Content Marketing [EB/OL]. [2020-06-20]. https://www.postplanner.com/blog/25-brands-visual-content-marketing/.

36. Russell, M., Mahar, J., and Drewniak, B. Examination of Stock Market Response to Publicity Surrounding Athletic Endorsers [J]. The Marketing Management Journal, 2005,

15 (2): 67-79.

37. Sam Hollingsworth. 7 Reasons Why Content Needs Amazing Images, Videos & Visuals [EB/OL]. (2018-10-05) [2020-06-20]. https://www.searchenginejournal.com/why-content-needs-amazing-images-videos-visuals/268911/#close.

38. Schank, R. C. Tell Me a Story: A New Look at Real and Artificial Memory [M]. 1991, New York: Atheneum.

39. Schouten, J. W. Selves in Transition: Symbolic Consumption in Personal Rites of Passage and Identity Reconstruction [J]. Journal of Consumer Research, 1991, 17 (4): 412-425.

40. Sirius Decisions. B2B Buying Study [EB/OL]. (2015-05-14) [2020-06-20]. https://www.businesswire.com/news/home/20150514005804/en/SiriusDecisions-Unveils-Results-Study-B-to-B-Buying#.Vdi77_lVikr.

41. Slater, D. Consumer Culture and Modernity [M]. 1997, Cambridge: Polity Press.

42. Smith, R. E. et al. Modeling the Determinants and Effects of Creativity in Advertising [J]. Marketing Science, 2007, 26 (6): 819-833.

43. Stackla. The Consumer Content Report: Influence in the Digital Age [EB/OL]. [2020-06-20]. https://stackla.com/resources/reports/the-consumer-content-report-influence-in-the-digital-age/.

44. Statista. U.S. Digital Advertising Industry—Statistics & Facts [EB/OL]. [2020-06-20]. https://www.statista.com/topics/1176/online-advertising/.

45. Statista. Value of the Cosmetics Market Worldwide from 2018 to 2025 [EB/OL]. [2020-06-20]. https://www.statista.com/statistics/585522/global-value-cosmetics-market/.

46. Staz, A. Survey Finds America's Most and Least Favorite States to Visit on Vacation [EB/OL]. (2019-07-16) [2020-06-20]. https://www.simplemost.com/most-least-favorite-us-states-vacation/.

47. Tynan, C., McKechnie, S., and Chhuon, C. Co-creating Value for Luxury Brands [J]. Journal of Business Research, 2010, 63 (11), 1156-1163.

48. Vézina, R. and Paul, O. Provocation in Advertising: A Conceptualization and an Empirical Assessment [J]. International Journal of Research in Marketing, 1997, 14 (2): 177-192.

49. Wallaroo Media. TikTok Statistics—Updated May 2020 [EB/OL]. (2020-08-25) [2020-09-03]. https://wallaroomedia.com/blog/social-media/tiktok-statistics/.

50. Young, J. (2020). US ecommerce Sales Grew 14.9% in 2019. www.digitalcommerce360.com.

51. 麦肯锡中国. 中国奢侈品报告2019［EB/OL］.（2019-04）［2020-06-20］. https：//www.mckinsey.com.cn/wp-content/uploads/2019/04/McKinsey-China-Luxury-Report-2019-Chinese.pdf.

52. 淘榜单&淘宝直播：2019淘宝直播生态发展趋势报告［EB/OL］.（2019-04-03）［2020-06-20］. http：//www.199it.com/archives/855530.html.

53. 章航英. 这个浙江小镇造了全球1/3的伞，5 000元一把高端伞能否撑起未来？［EB/OL］.（2019-08-03）［2020-06-20］. https：//www.sohu.com/a/337571872_114930.

后记

作为数字社交媒体时代的一个营销新范式，内容营销近年来获得蓬勃的发展，吸引了企业及营销从业人员的关注。虽然已经有不少企业在尝试推进内容营销在营销实践中的运用，但挑战依然不少，比如，整个营销界（包括营销学者及专业人士）对内容营销范式规律的系统提炼还不够，在缺乏科学指引的情况下，不少企业也只能摸着石头过河。

综合消费者行为、营销管理、心理学、社会学、传播学等领域的相关理论，本书建立并通过前沿案例诠释了一个科学、系统的内容营销框架，从而有助于指导企业的内容营销实践、营销人员的技能提升，以及高校营销、传播、广告专业学生的学习。

本书的内容营销框架涵盖以下主要部分：内容营销基础（起源、特征以及与传统营销的区别），内容营销战略（能实现的营销战略目标及实施路径，如确立品牌定位的内容手法），内容营销的常用技巧（如热点内容营销），进阶技巧（如直播），内容的传播策略，不同行业的内容营销，社会文化大环境下的内容营销，面向国际市场的内容营销。

总体而言，本书的框架与逻辑涵盖了内容营销的主要方面，并通过一系列国际前沿案例进行了深度阐述。本书的深度与广度，在目前国内图书市场上不多的同类书籍中尚不多见，适合广大营销从业人员及有兴趣的企业管理人员研读，并付诸实践。

后　记

　　当然，在数字商业时代，内容营销的商业模式及逻辑可能变化迅速，本书的不足之处，欢迎读者批评指正！

窦文宇

2021 年 1 月